CUARTELAZO Y TRAICIÓN

CRÓNICA DE UNA TRAGEDIA

Héctor Joel Velarde Mora

Primera edición: mayo del 2022.

Ciudad de México.

Registro INDAUTOR 03-2021-050713061000-01
ISBN 9798842627974.

Impreso y hecho en México.
Talleres de Editorial Ex libris.
Teléfono: +52 1 5584837044

La historia siempre ha tenido algo de teatral.
Álvaro Matute

*A **Ludivina** porque no sólo me acompaña, sino que me tolera, me completa y me exige crecer y volar.*

*A **mis once Velarde** que me enseñaron a reír.*

*A **las Lauras** que tanto me dieron.*

*A todos los **miembros del Taller de Narrativa de Margarito Cuéllar**, porque sin su participación no existiría este documento.*

Nota del autor

Siempre se ha creído que la historia de un personaje de cierta época, representa la historia de esa época. En realidad, es la época la que ha diseñado la personalidad de cada personaje y con ello sus acciones. Cada época tiene sus valores, sus principios, sus bases fundamentales humanísticas, culturales y sociales. Imposible imaginarse Europa del siglo XIX sin Napoleón Bonaparte, pero no hubiera existido Napoleón sin el hecho de que Francia se anexara aquella Córcega.

Francisco I. Madero, que no era un revolucionario, tuvo una participación temporal más bien corta en la Revolución Mexicana, pero sin Madero no hubiera existido nuestra revolución. Más aún, sin el sacrificio de Madero, no hubiéramos tenido esa revolución.

Es entonces, la muerte de Madero, lo que genera nuestra revolución y sus consecuencias sociales. Madero es el pretexto para generar la gesta revolucionaria del país, el botón de muestra de nuestra idiosincrasia. No hay historia sin personajes, pero cada personaje tiene su propia historia, sus propias pasiones e intereses. Reunidas en un momento específico, generan acciones específicas que, a su vez, son responsables de las reacciones ocurridas y, con ello, se genera la espiral interminable del crecimiento de un país.

Hoy día no se considera a la Revolución Mexicana exclusivamente como una gesta heroica, reconocemos que sus participes eran humanos y como tales se comportaron. Atrás quedaron los tiempos de idealizar y consagrar en un altar patrio a todos sus participantes. Este documento no pretende menospreciar los méritos de Madero y sus correligionarios, sino ubicar en el contexto del siglo XXI la gesta que desarrollaron al principio del siglo pasado.

Tampoco se trata de convertir en parias de la humanidad a quienes participaron en este tristísimo período de 15 días en nuestro México. En su momento la muerte de Madero y Pino Suárez generó opiniones encontradas, ex porfiristas, conservadores y ciertos miembros de la sociedad católica de la ciudad de México las consideraron esperadas y lógicas, pero en el norte del país generaron violentas protestas armadas.

La tragedia no puede ser la única manera de escribir la Historia, el final no tiene que ser siempre fatal. Narrar una historia específica debiera permitir un efecto purificador y aclarador de hechos y decisiones. Generar un punto de referencia para entender sus resultados y su actualidad. Facilitar la memoria y preservación colectiva de un hecho tan trascendente para nuestro país, como el inicio de la Revolución Mexicana y los cambios que generó en nuestra idiosincrasia.

La historia no son sólo efemérides y hechos, sino referentes de lo que somos y de lo que queremos ser y, en ella, todos los personajes tienen un contexto.

La historia nunca termina, siempre hay piezas faltantes, todos tenemos la palabra... ¿Quién tiene la última palabra?

Héctor Joel Velarde Mora

Índice

Prólogo

Madero y el costo de la democracia

Mucho se ha escrito sobre Francisco Madero, el apóstol de la revolución, pero hacía falta un trabajo de divulgación como el que ahora nos ofrece Héctor Joel Velarde Mora, dueño de una prosa ágil y capaz de resumir en un puñado de páginas los acontecimientos que culminaron en la llamada Decena Trágica. ***Cuartelazo y traición***, más que la crónica de una serie de acontecimientos que culminan en tragedia es la reunión de sucesos, momentos culminantes y anécdotas alrededor de hombres de la talla de Madero y Pino Suárez, abordados en esta historia, más que como mártires, como hombres de carne y hueso cuyo legado a la historia moderna de México es innegable.

En esta obra se dan cita tanto los hechos como los hombres que los protagonizaron, lo que sucede en el país antes y después del cuartelazo, los acercamientos y distanciamientos entre protagonistas y antagonistas y pone en claro que la suma de las contiendas regionales, si bien culmina en una revolución que libera al país del yugo porfirista, también lo tiñe de sangre y trae consigo consecuentes rupturas.

Queda claro durante el viaje por estas páginas que la revolución mexicana no fue un día de campo, sino el momento culminante de una refriega armada que además de dejar una secuela de miles de muertos, puso al día palabras como democracia, libertad y justicia, pero también otras palabras clave que le son propias al ser humano y que no pueden dejar de citarse: conjura y traición.

El autor nos recuerda en esta obra que lo que finalmente hace realidad el movimiento armado son las condiciones de opresión y miseria que viven los mexicanos y la decisión de un puñado de hombres con liderazgos regionales o desgajados del poder mismo, de llevar acciones definitivas que, a sangre, fuego y decisiones parlamentarias le dieran un peso específico a la democracia.

Las páginas de ***Cuartelazo y traición*** se nutren de momentos culminantes: por un lado, los discursos incendiarios, los planes de liberación y las proclamas, por el otro las batallas armadas, las circunstancias internas y externas que aceleran o retardan la revolución maderista. Para culminar en el cuartelazo, que a la vez que culmina un momento decisivo en la historia del país, es el parteaguas a la modernidad que diversos gobiernos y la sociedad mexicana edificarán a lo largo del siglo XX.

"¿Fue un golpe militar o fueron dos? ¿Huerta estaba involucrado en la rebelión de Reyes desde un principio, o aprovechó la oportunidad que le ofrecía Henry Lane Wilson, para hacerse del poder? ¿Por qué los senadores estaban tan interesados en la renuncia del presidente constitucional? ¿Qué tanto influyeron los diplomáticos extranjeros? ¿Querían salvar la vida del presidente? ¿Les interesaba, o convenía a los países extranjeros, la caída del gobierno? ¿Había hombres y armas suficientes para combatir a los desleales o éstos tenían la capacidad de resistir y aun superar a los fieles?", son preguntas que se hace el propio autor y que quedan en el aire como una moneda cuya cara o cruz es determinada por el lector.

Sin Madero y sus hombres no habría revolución ni las posibilidades de una democracia a la que aún aspiramos como nación, pero sin traición no hay mártires. Y sin mártires y sin tragedias la historia es aburrida. Héctor Joel Velarde se encarga, mediante una prosa rápida y bien documentada, de que las cosas no sean así.

Margarito Cuéllar

I. Introducción

En 1821, después de 10 años de desgastante lucha, se firmó la libertad. Ahora debíamos consolidarnos como nación y definir nuestra posición en el mundo. Desde el principio, México estuvo supeditado al expansionismo de otras naciones. Lo que de ninguna manera ha sido fácil de sobrellevar. (1)

México tuvo que resistir embates de Inglaterra, Francia, España y Estados Unidos, incluyendo un imperio austrofrancés fallecido y la pérdida de la mitad del territorio. Finalmente, Benito Juárez, Lerdo de Tejada y Porfirio Díaz lograron madurar a la joven república. En los primeros 80 años, nuestra existencia como nación independiente pendió de un hilo. Por ello fue que se generaron los principios básicos de nuestra diplomacia: "no intervención y autodeterminación de los pueblos".

Las importantes relaciones entre México y Estados Unidos han pasado por múltiples etapas, desde la confrontación militar hasta la negociación diplomática, pero siempre con alta carga de conflictos de interés. La existencia de México estuvo subordinada al choque entre la violenta expansión territorial y económica de Estados Unidos y la capacidad de la sociedad y gobierno mexicanos para resistir ese embate. (1 y 2)

Porfirio Díaz fue presidente de México desde los 46 años de edad. Para las clases dominantes es cuando se vive el mejor momento del país, con paz y prosperidad (*la belle époque mexicana*) y con el peso a la par del dólar estadunidense. Ocho mil 431 haciendas son poseedoras de 72% de las tierras cultivables del país, donde los más afortunados son los dueños de las tierras pulqueras. La Ciudad de México era el ombligo del país, el ejemplo hacia el exterior y la fuerza vectorial de la civilización mexicana. La Avenida Juárez era la zona más cara del mundo, un terreno costaba hasta 300 pesos por metro cuadrado y 16 mil pesos costaba una casa en la colonia Roma, aunque las mansiones de Reforma se conseguían por 200 mil pesos. Porfirio Díaz construye hospicios, manicomios y presidios, además de suntuosos monumentos... donde el ingeniero es Porfirio Díaz hijo. También se le da mucha importancia a la modernización de los puertos, porque permiten la salida de los productos nacionales, fundamentalmente agrícolas, mineros y petróleo. Para Porfirio Díaz, el lema fundamental era: "progreso científico y modernización". Los autos de moda costaban cuatro mil 150 pesos y la ciudad de México contaba con varias salas de proyección de cine (inventado apenas hacía 10 años) y con varios cineastas mexicanos destacados, sin embargo, el teatro de revista dominaba, con María Conesa de sólo 18 años y, en el toreo, el Califa era Rodolfo Gaona. (3)

Porfirio Díaz intentó utilizar a las naciones europeas como contrapeso al poderoso vecino del norte, por lo que diversificó las inversiones y los mercados. Con el lema "Orden y Progreso" estableció las condiciones requeridas para facilitar la inversión extranjera. Porfirio Díaz cuidó la integridad nacional, pero olvidó la evolución social, tan necesaria, de los habitantes del territorio nacional.

La primera Revolución Social del planeta sucedió en México en 1910, pero... ¿por qué se generó y en qué paró?

El gobierno mexicano acababa de celebrar el Centenario de la Independencia con lujo ostentoso. Millones de dólares en inversiones habían inundado el país, con lo que muchos países extranjeros consolidaban la que consideraban indispensable dependencia mexicana. México era un país rebosante de progreso. Era evidente el control extranjero sobre los sectores más importantes de la economía, las enormes diferencias en el nivel de riqueza, la concentración de tierra en unas cuantas manos, el rezago educativo.... y, el fortalecimiento del poder del Estado. (4)

El Estado tenía el control del Ejército y de la Policía, de las comunicaciones (carreteras, ferrocarriles y telégrafo) y del policultivo. Porfirio Díaz tenía más de 30 años gobernando el país, desde que se sublevó a Lerdo de Tejada y, era muy popular debido a su participación durante la invasión francesa. Se daba un rápido crecimiento de la clase media, que luchaba por poder político y económico, limitada por las fuerzas parlamentarias. (4)

México estaba comunicado por más de 20 mil kilómetros de vías férreas, con más de 15 millones de habitantes, con una minería rebosante, rico en petróleo, con una agricultura próspera, administrado con habilidad y eficiencia. (5)

A fines de 1910 se dieron tres coincidencias que actuaron como detonante: expropiación de las tierras comunales del país, integración política de las tierras anexadas luego de la Guerra México-americana y la rivalidad estadunidense-europea por las naciones de Hispanoamérica, donde México se vislumbraba como el líder natural. (4)

Porfirio Díaz aplicó las leyes liberales, hecho que generó que las tierras productivas quedaran en muy pocas manos, despojando a las comunidades indígenas y campesinas, amenazando la continuidad de la vida rural. (6)

De la expropiación de tierras, con lo que la comunidad campesina al sur de la Ciudad de México empezó a sufrir hambre, surgió el grito de "la tierra es de quien la trabaja", el crecimiento económico de las poblaciones méxico-americanas obligó a modificar la estructura económica del campo al sur del río Bravo y la clase media mexicana empezó a ser influenciada por la política expansionista estadunidense, interesada en crear caos político en nuestro país.

Cuando la Colonia, buena parte de las tierras quedó a cargo de la Corona española, donde los corregidores eran los funcionarios responsables de su administración, por lo que los pueblos autóctonos conservaron su tierra, su organización y cierta autonomía. A la Independencia se quedaron en sus tierras y las trabajaban de forma comunal. Dada la cantidad de movimientos político-militares de los primeros 50 años de independencia, estas comunidades mejoraron notablemente su economía. (4)

El porfiriato es el periodo comprendido entre 1877 y 1911, en que gobernó México Porfirio Díaz. Nació en Oaxaca en 1830, optó por la carrera de las armas y llegó a ser general. Tres veces contendió por la presidencia, siendo derrotado por Juárez y Lerdo de Tejada. Dos veces desconoció los resultados y se levantó en armas. En ambas se oponía a la reelección. En noviembre de 1876, a raíz del Plan de Tuxtepec, entró triunfante a la Ciudad de México y ganó las elecciones para ocupar la presidencia en 1877. Promovió una reforma constitucional para prohibir la reelección inmediata. En 1884 promovió otra reforma para autorizar una reelección inmediata y en 1890 eliminó cualquier restricción a la reelección. En 1903 amplió el periodo presidencial a seis años. (7)

En su primera etapa (1877-90) se dedicó a construir, pacificar, unir, conciliar y negociar. Sobre todo, se requería cohesionar las fuerzas políticas y regionales, terminando con los riesgos de los levantamientos y de la fragmentación territorial. Tampoco había identidad nacional total, muchas poblaciones permanecían aisladas en su cultura. Además, la tierra estaba en posesión de cinco mil hacendados, mientras millones de campesinos vivían en condiciones deplorables. (6 y 8)

De 1847 a 1853 en el sureste de Yucatán se desarrolló la llamada Guerra de Castas entre los mayas y los criollos, pero en 1884 estalló otra rebelión maya contra Porfirio Díaz, finalmente el Ejercito porfirista logró vencer y colocar un gobierno afín al Porfiriato, donde los diferentes Secretarios de Fomento (González Cosío, Escontría y Molina) dictaban el precio y la cantidad de henequén para la Harvester.

Buscó colocar en los gobiernos de los estados a quienes le fueran leales y contaran con apoyo regional. También concilió con los extranjeros, logrando obtener el reconocimiento internacional, incluso fue aceptado por los gobiernos de Estados Unidos, con quien había múltiples dificultades por deuda, asuntos de tierras, zonas limítrofes, contrabando, etc. (7)

Cuando no pudo recurriendo a la conciliación/negociación, utilizó la fuerza y la represión, haciendo famosa la instrucción: "*¡mátalos en caliente!*" A Chucho el Roto y a Heraclio Bernal les aplicó la ley fuga. (7)

En aquel entonces las votaciones eran indirectas, se votaba para elegir electores, que eran quienes realmente elegían diputados, senadores y gobernadores. Porfirio Díaz se encargó de mantener la farsa, pero siempre intervino en los nombramientos. Logró colocarse en la cúspide de una pirámide de lealtades y con ello fincó su edificio político. (7)

En la segunda etapa del porfiriato (1890-1911) se acentúa el centralismo y autoritarismo de su gobierno. Tal vez porque muchos que lo habían acompañado en su carrera habían muerto por edad o enfermedad. En esta época hubo tres personalidades relevantes. Joaquín Baranda, José Yves Limantour y Bernardo Reyes. (7)

Baranda, quien había sido gobernador de Campeche, se integró al gabinete en 1882 como ministro de Justicia, representaba a los liberales de la Reforma. Limantour fue ministro de Hacienda desde 1893, pertenecía al grupo de Los Científicos, quienes defendían un gobierno de instituciones de acuerdo a la teoría positivista, abogaban por un gobierno fuerte, que fomentara la economía y mejorara la salud y educación de la población. Bernardo Reyes, fue gobernador de Nuevo León y ministro de Guerra en varias ocasiones, con fuerte presencia en el noreste del país, representaba a los porfiristas clásicos. (7)

Porfirio Díaz fue muy permisivo con la Iglesia Católica, permitiéndole actividades educativas y de atención a enfermos y menesterosos, que el gobierno no tenía capacidad de cubrir. Se hizo una gran fiesta popular en 1892, cuando la coronación de la virgen de Guadalupe. Sin embargo, nunca abrogó las leyes liberales y, con ello, mantenía al clero en un puño. (7)

Desde 1890 y gracias al desarrollo del ferrocarril, se fue desarrollando una clase media, que podemos dividir en dos grupos: la regional, que creció de manera independiente en cada estado o región, y cuyas actividades principales eran la rama textil, el comercio, la banca local y la actividad agropecuaria. En 1892, don Evaristo Madero, abuelo de Francisco I Madero, funda en Monterrey el Banco de Nuevo León. El otro grupo de la clase media desarrollaba actividades nacionales, en donde participaban muchos de los llamados Científicos, es decir, los hombres detrás de Porfirio Díaz, dedicados a la banca de inversión, cerveceras, fábricas de papel, cementeras. La clase media regional estaba fuera de los límites de la política, mientras que la otra era parte de las decisiones importantes. (9)

Porfirio Díaz construyó en esos años obras monumentales, e introdujo los tranvías eléctricos a la capital del país. También se amplió la extensión y ancho de las vías férreas en todo el territorio nacional. Fue en esta época, 1899, que los liberales fundaron el Partido Liberal Antirreeleccionista Ponciano Arriaga en San Luis Potosí. (10)

El 17 de mayo de 1900, Porfirio Díaz inaugura las obras de desagüe del Valle de México, con una extensión de 47 kilómetros. El costo fue de dieciséis millones de pesos.

Porfirio Díaz trató de aprovechar la fuerza de cada uno de los grupos, explotándolo a su favor, pero al mismo tiempo capitalizaba sus rivalidades. Reyes pidió dinero en 1902 para modernizar el ejército, pero Díaz, temeroso de la fuerza que eso le daría a Reyes, le pidió regresara al gobierno de Nuevo León. Para 1904 el dominio de Los Científicos era evidente. Lograron implantar un vicepresidente que sucediera a Díaz en caso de fallecer (tenía más de 70 años), con lo que realmente estaban designando al sucesor. (7)

En la lucha entre Limantour y Reyes, Hacienda llevaba mano, la economía era el centro de la política. Al final, el conflicto entre estos dos hombres del presidente, no resolvería la sucesión presidencial y dividiría irreparablemente al grupo gobernante. (2)

En 1904 se reforma la Constitución para ampliar el periodo presidencial a seis años e incluir un Vicepresidente. En julio, la pareja Porfirio Díaz y Ramón Corral ganaron las elecciones. En 1905 se inaugura el primer curso de la Escuela de Aspirantes a la carrera militar. En junio de 1906 estalla la huelga en Cananea por negarse los dueños a igualar los sueldos de los mexicanos con los sueldos de los estadunidenses; el movimiento fue controlado al ingresar soldados yanquis a territorio nacional, sacrificando a muchos huelguistas. Otros terminaron en San Juan de Ulúa. Cananea era el mineral de cobre más importante del país. El gobernador Rafael Izabal permitió la entrada de los Rangers de Arizona. El movimiento fue originado por trabajadores mexicanos afiliados al movimiento floresmagonista. (3 y 10)

La estabilidad porfiriana y la introducción de los ferrocarriles incrementó el valor de la tierra y la necesidad de los estados norteños por conservar a sus trabajadores, lo que obligó a Porfirio Díaz a "modernizar" la política agraria, que consistió, a partir de 1900, en expropiar las tierras comunales y someter políticamente a sus pobladores. Los mayores beneficiados de esta política fueron los hacendados sureños, los inversionistas extranjeros y los caciques locales. Con el consiguiente descontento y rebeldía de la población general, siendo más importante en los estados de Morelos y Guerrero. La cercanía de estos estados a la Ciudad de México, y con ello la facilidad de obtener armas. La sierra, que facilitaba la guerra de guerrillas, dificultaba la represión de las fuerzas federales. (4)

Paulatinamente, Díaz fue perdiendo fuerza en la provincia, sobre todo en las zonas rurales, por lo que tuvo que recurrir cada vez con mayor frecuencia al autoritarismo y a la represión. La centralización se reprodujo en los estados, los gobernadores eran personalistas y autoritarios. Esto generó y dio fuerza a la oposición, formándose el Partido Liberal Mexicano y la creación de múltiples periódicos independientes. Paulatinamente se desarrolló el descontento social. (7)

Sonora, Chihuahua y Coahuila gozaban de una existencia prácticamente autónoma, remotos y aislados, tenían autosuficiencia política y económica. La llegada de Díaz al poder, y con ello los ferrocarriles y la influencia económica estadunidense, transformaron la frontera, generando un país entre dos países. Díaz consideró demoler los feudos de los caudillos norteños (Pesqueira, Terrazas, etc.). Coahuila y Nuevo León fueron más fáciles para Díaz, porque Benito Juárez ya había resquebrajado el poder de Vidaurri. (4)

Estos feudos norteños se habían visto favorecidos por la política colonial. La existencia de tribus bárbaras nómadas (apaches, comanches y otros) obligó a generar colonos militares, donde los ocupantes, además de ser dueños de la tierra, tenían la obligación de defenderla de posibles invasiones. El crecimiento de las poblaciones anexadas por Estados Unidos favoreció un "diluvio" de capital estadunidense, principalmente en minería, agricultura y transporte. La suma de la política colonial, la política porfiriana y la política estadunidense convirtió a la zona norte en privilegiada. Poseían más tierras y más ganado que el resto de México, tenían autonomía interna y el *deber* de portar armas. (4)

Al ascender a la presidencia Porfirio Díaz organizó su poder de manera férrea. Al mismo tiempo aumentó la riqueza nacional, se pagó la deuda pública, se multiplicaron las obras materiales, lo que le permitió conquistar múltiples consideraciones internacionales, que antes nunca hubo. Para la clase política, la paz lograda era un hecho definitivo. (8 y 11)

Los ferrocarriles enlazaron el norte de México con Estados Unidos, lo que le dio mayor valor a esa tierra. Al querer Porfirio Díaz expropiar las tierras en el norte, se encontró con la oposición, no de comunidades autóctonas ignorantes, sino de poderosos y ricos hacendados.

Díaz intentó incrementar su poder político al retirar la autonomía municipal y las autoridades estatales se dieron el derecho a nombrar dirigentes municipales. Lo que generó mayor descontento y pasión que la pérdida de tierras. La suma de estas acciones porfirianas favoreció que los estados del norte se unieran a la revolución de Madero. (4)

En 1907 se levantan los obreros textiles de Puebla, Río Blanco y Orizaba. La huelga textil de Tlaxcala, Puebla y Veracruz se debe a la cláusula que prohibía a los trabajadores recibir visitas en su domicilio. Río Blanco (de propietarios franceses) era tan moderna, que producía su propia energía eléctrica. Aquí se aplicó el "¡Mátalos en caliente!" y los huelguistas son fusilados. En 1908 hubo múltiples levantamientos armados contra Porfirio Díaz en Veracruz, Coahuila y Chihuahua, estados que rápidamente se unieron al Plan de San Luis de Madero. Mientras tanto, Porfirio Díaz inauguraba el tren Coatzacoalcos-Salina Cruz y las obras portuarias en este último sitio, que permitían un comercio tanto por el Pacífico como por el Atlántico. James Creelman le hace una entrevista en el Castillo de Chapultepec a Porfirio Díaz, donde éste señala: "el pueblo mexicano está preparado para seleccionar sus gobernantes sin peligro de revoluciones armadas, sin dañar el crédito nacional, ni estorbar el progreso del país". (3 y 10)

Porfirio Díaz generó una campaña feroz contra los yaquis y aunque lograron derrotar y capturar a Cajeme, su líder, jamás se logró extirpar la rebelión y la resistencia del Valle del Yaqui. Luis Terrazas en Chihuahua apoyó a los rebeldes de Tomochic y José María Maytorena brindó refugio a los yaquis. (4)

La Revolución Mexicana no fue un acto repentino. Antes del movimiento armado ya existía la semilla del descontento al sur de la Ciudad de México y en la frontera con Estados Unidos. En los estados norteños, además de las colonias militares, persistieron algunas zonas indígenas autóctonas, tanto cobrizas como de pieles rojas, que fueron afectadas, lo mismo por las políticas agrarias porfirianas como por las políticas del oeste estadunidense. De manera que, cuando la celebración del Centenario de la Independencia, las zonas agrícolas y ganaderas, del norte y del sur, eran verdaderos polvorines, esperando una oportunidad para explotar, cansados del abuso de los caciques arropados por el Gobierno. Con una clase media creciente y exigente.

Creció la clase media fronteriza al crecer en el norte el desarrollo obrero industrial, sostenido por la inversión extranjera y sus buenos salarios. Desgraciadamente este fenómeno inició una inflación altísima que redujo el poder adquisitivo de los obreros y hacía difícil obtener créditos. La inflación obligó al gobierno a incrementar los impuestos. A todo esto, se sumó la recesión estadunidense de 1907 y la crisis económica mundial de 1907-1908. (4 y 9)

El resultado fue que se dificultó el ascenso social y económico de la clase media, que luchaba con los pobres ingresos y los altos impuestos. Los puestos y empleos gubernamentales se convirtieron en premio a la fidelidad política, esto les permitía el dominio sobre las autoridades regionales, lo que terminó por desgastar el apoyo que gozaba Díaz entre la población urbana norteña. La clase media, surgida a la sombra del crecimiento material y económico veía con resentimiento a los dirigentes de las empresas extranjeras y a la oligarquía terrateniente, a quienes culpaban de la quiebra de sus negocios. (2, 4 y 9)

Desde 1888, gracias a las Leyes de Aguas, la Compañía Agricultora Limitada de Tlahualillo, expulsó a toda la población del valle del Río Nazas. No sólo tenía el control del curso del agua, sino que podía desecar terrenos para dedicarlos a la agricultura. Muchos terrenos desecados se quedaron sin explotar, con propósito especulador. (9)

Para 1907 la situación en La Laguna era catastrófica. La falta de lluvias disminuyó la corriente del río Nazas, la recesión estadunidense generó despidos masivos de trabajadores mexicanos del otro lado de la frontera, el aumento de impuestos por el gobierno de Díaz, la inflación existente... (4)

La política porfirista (agraria y económica) se manifestaba por la gran cantidad de concesiones a inversionistas estadunidenses, lo que fue indignando a los inversionistas mexicanos, generando una actitud "nacionalista" entre la clase media y los trabajadores industriales que se sentían discriminados ante la cantidad de privilegios para los extranjeros. Finalmente, la situación explotó con la huelga de Cananea y los enfrentamientos con los mormones en Chihuahua. Muchos mexicanos cruzaban la frontera para trabajar en Texas y Arizona, donde sufrían impactante discriminación, lo que generó en el verano de 1910 grandes manifestaciones contra Estados Unidos. La animadversión contra los estadunidenses no era generalizada, la mayoría de los ricos hacendados y los comerciantes norteños enviaban a sus hijos a estudiar a Estados Unidos. (4)

Díaz impuso un gobierno dictatorial y unipersonal, autoritario, con abuso de la información privilegiada. Un régimen anquilosado y corrupto que formó una gerontocracia impune, aplicando la ley de manera discrecional, con crecimiento económico, pero sin distribución equitativa de la riqueza. La *Pax Porfirista* se fincó a sangre y fuego, con ley fuga, ley *in situ* y mátalos en caliente. Orden, Paz y Progreso como visión de modernidad, pero el modelo porfirista pone atención al desarrollo individual y nunca colectivo, dejando fuera a la comunidad. El círculo íntimo de Porfirio Díaz era quien operaba el capital extranjero. Ese México no estaba preparado para funcionar en un mundo democrático. (12)

No podemos decir que el movimiento revolucionario mexicano se inició con los peones. En el norte del país los peones no se rebelaron contra, sino que se unieron a los hacendados, muchos terratenientes de Sonora y La Laguna encabezaron a sus peones. No se rebelaron a Díaz por hambre, sino por la necesidad de sobrevivir a la política porfirista. (4)

Los terratenientes y gobernantes de Sonora y Chihuahua, convertidos en caciques locales, se aliaron a Porfirio Díaz, siendo de facto los intermediarios de las compañías extranjeras. De manera que para trabajar en esas empresas se requería una carta de apoyo de dichos caciques, que, además, controlaban los bancos y con ellos, los créditos. (4)

En La Laguna, la familia Madero se oponía abiertamente a la política económica de Porfirio Díaz. Francisco I. Madero, intentando crear una oposición a Díaz, creó una coalición de hacendados para oponerse a la empresa Tlahualillo (anglo-estadunidense) que monopolizaba los derechos sobre el agua. Los Madero cultivaban guayule, sustituto del caucho, por lo que estaban enfrentados a la poderosa Rubber Company. Además, poseían un horno de fundición, con lo que amenazaban a la American Smelting and Refining Company. Muchos norestenses apoyaban a los Madero. (4)

Al mismo tiempo, en Yucatán estaban las disputas por el henequén (el oro verde), los productores yucatecos querían limitar su venta para conservar el precio, sin embargo, el Secretario de Fomento vendió gran cantidad del henequén almacenado a la International Harvester Company, llevando a la ruina a los hacendados peninsulares. (4)

Cuando el movimiento maderista, los hacendados yucatecos no se atrevieron a pedir apoyo a sus peones, ya que los trataban como esclavos y, a partir de la Guerra de Castas, los habían despojado de sus tierras. Mientras que los hacendados de La Laguna habían creado otro tipo de relación con sus peones, una relación paternalista, pagando salarios altos, proporcionando escuelas y servicios médicos, fundamentalmente para retenerlos y evitar su emigración hacia Estados Unidos. En el norte las tierras eran menos productivas, pero las extensiones eran enormes y la población escasa, por lo que había mejores salarios, ya que había mayores alternativas de trabajo (haciendas, minas, ferrocarril, frontera sur de Estados Unidos, etc.). Los hacendados norestenses tenían poderosos motivos para enfrentarse a Porfirio Díaz y contaban con el apoyo masivo de sus trabajadores. (4 y 9)

En La Laguna se aliaron hacendados, clase media y trabajadores de la industria y del campo contra Porfirio Díaz, generando el movimiento que llamamos Revolución Maderista de 1910. La heterogeneidad de la población (hacendados, clase media, peones, vaqueros y proletarios) se sumó a la crisis económica que había generado bajos salarios y desempleo. Esto, finalmente, fue el detonante para la insatisfacción por el estado de cosas en esa zona del país.

En La Laguna se unieron los diferentes descontentos de todos los sectores de la sociedad, para combinar fuerzas con los hacendados revolucionarios. La cercanía con Estados Unidos generó una auténtica frontera norte, lo que les permitió la fácil obtención de armas y sus poblados fueron utilizados como santuarios, donde se gestó el movimiento revolucionario. (4)

El régimen de Porfirio Díaz no fue derrotado por la aislada acción de la Revolución Maderista: participaron, de manera activa, importantes grupos económicos de Estados Unidos. Desde 1900, Díaz había iniciado un coqueteo con inversionistas europeos, en un franco desafío al poderío norteamericano. Éste, tal vez, fue su peor error y, por supuesto, la causa de su fin, ya que antes de tener el suficiente apoyo europeo ya había logrado el resentimiento de Estados Unidos. Los estadunidenses fueron retirándole su apoyo y comenzaron a buscar aliarse con los enemigos de Díaz. (4)

Para los gobiernos de Estados Unidos, basados en el llamado "destino manifiesto", desde México hasta Panamá era su territorio. Díaz, era conocedor de la prepotencia estadunidense y por eso trató de oponerse a su influencia. Lo que se hizo de manera más evidente a partir de la victoria estadunidense sobre España en 1898 y su comportamiento con Cuba y Puerto Rico. Para México, Estados Unidos seguía siendo una amenaza para su unidad territorial. (2 y 4)

Poco a poco, al paso del tiempo, las medianas empresas estadunidenses se fueron transformando en grandes consorcios, hasta convertirse, en México, en grandes monopolios, que dominaban los negocios mexicanos. Situación que, por supuesto, alarmaba a Porfirio Díaz. (4)

Los periódicos nacionales ya se habían percatado de ello y desde 1908 era motivo de editoriales nacionalistas, donde se mencionaba y se criticaba la dependencia económica con el poderoso país del norte. El nacionalismo mexicano desde siempre ha sido defensivo, fundamentado en nuestras raíces. Está constituido por la integración de Nación, Familia e Individuo. Es un nacionalismo modesto si lo comparamos con los de otros países, pero mucho más humano. (4 y 7)

El nacionalismo mexicano incluye la libre determinación de los pueblos y, por supuesto, excluye a cualquier tipo de dictadura o imperialismo.

El grupo de los Científicos tampoco veía con buenos ojos el crecimiento de la inversión estadunidense en México, porque tenían ligas más estrechas en Europa y porque los inversionistas europeos eran más fáciles de convencer. Además, los europeos no tenían ninguna dificultad en aceptarlos como socios en sus inversiones. En general, para 1908, se consideraba que la inversión europea era el contrapeso que garantizaba la independencia política de México y, al mismo tiempo, permitiría la internacionalización y neutralidad mexicana. (4)

Ante el temor de otra invasión estadunidense, por motivos económicos, Díaz y los Científicos, pensaban que la mejor defensa era la inversión europea, estos países podrían negociar con Estados Unidos, evitando una invasión. Se lograron inversiones desde Francia, Alemania, Gran Bretaña y Japón. Aunque al mismo tiempo el gobierno mexicano quería evitar la enemistad estadunidense y, por supuesto, pretendía controlar la vida económica de México. Francia y Alemania no quisieron enfrentarse directamente a las compañías estadunidenses, prefirieron invertir en la banca y en algunas industrias incipientes. La única potencia que desafió a Estados Unidos fue Gran Bretaña, quien decidió invertir en petróleo, construcción de puertos y en el ferrocarril de Tehuantepec. (4)

Para sustituir al ejército como fuerza de presión y de seguridad interna, Porfirio Díaz había fundado la Policía Rural. Los rurales eran policías profesionales y bien pagados, pero apenas sumaban unos cuantos miles de hombres. Un ejército debilitado y unos cuántos rurales no podrían contener el ímpetu de la Revolución Maderista. (4)

En 1908, impulsado por Limantour, Porfirio Díaz fundó Ferrocarriles Nacionales de México, donde el gobierno mexicano era el principal accionista, en franca oposición a los ferrocarriles estadunidenses que dominaban el comercio ferroviario nacional, a tal punto que el inglés era el idioma oficial de los ferrocarrileros y que era más barato transportar mercancías desde Estados Unidos que transportar mercancía mexicana dentro del país. La nacionalización de los ferrocarriles no pudo ser aprovechada, económicamente, por el gobierno de Porfirio Díaz. (2 y 4)

El crecimiento petrolero de México, la nacionalización ferrocarrilera, la inversión europea, los intereses comerciales estadunidenses y el "destino manifiesto", entre otras cosas, generaron la decisión del gobierno estadunidense de apoyar a los revolucionarios norteños, considerando indispensable un cambio de gobierno en México, con tendencia favorable a los Estados Unidos. (4)

Porfirio Díaz impulsó el crecimiento económico e industrial de México, pero decidió debilitar al ejército, seguramente con la intención de evitar golpes de estado, como los sucedidos en todo el medio siglo pasado, incluyendo los suyos.

El crecimiento del mexicano no fue paralelo al crecimiento industrial o económico nacional, la educación y la democracia nunca se desarrollaron. Coincidieron una etapa luminosa y una oscura. Se tuvo paz, pero era una paz sangrienta y violenta. Con una esclavitud aceptada y legalizada, ejemplificada principalmente por los pueblos mayas y yaquis. **(13)**

El 26 de mayo de 1910 se crea, por decreto presidencial, la Universidad Nacional de México, dependiente del ministerio de Instrucción Pública a cargo del licenciado Justo Sierra. La integran las escuelas Nacional Preparatoria, Jurisprudencia, Medicina, Ingeniería, Bellas Artes y de Altos Estudios[1].

El general Díaz hizo todo lo posible para quitar cualquier atractivo a la carrera militar, convirtió al ejército en una institución policíaca. Se trabajó para acabar con el espíritu militar. Aunque se estableció una Academia Militar donde se adiestraron buenos militares, el reclutamiento de los soldados seguía siendo por leva y se les sometía a las peores condiciones posibles. Porfirio Díaz, a lo largo de su gobierno, mantuvo una reducción constante del presupuesto militar, confiado en que su "Pax Porfirista" evitaría rebeliones. (4 y 14)

Ante el temor de otra invasión estadunidense, por motivos económicos, Díaz y los Científicos, pensaban que la mejor defensa era la inversión europea, estos países podrían negociar con Estados Unidos, evitando una invasión y, por lo tanto, no necesitaba un ejército grande ni fuerte. Para sustituir al ejército como fuerza de presión y de seguridad interna, Porfirio Díaz había fundado la Policía Rural. Los rurales eran policías profesionales y bien pagados, pero apenas sumaban unos cuantos miles de hombres. Un ejército debilitado y unos cuántos rurales no podrían contener el ímpetu de la Revolución Maderista. (4)

La entrevista que en 1908 Porfirio Díaz dio a James Creelman, hizo creer a la clase media que finalmente habría elecciones y, con ello, la posibilidad de acceder a los puestos públicos. En la entrevista, Díaz aseguró que el pueblo había madurado lo suficiente para participar democráticamente, que debían formarse partidos políticos que contendieran en las elecciones.

La entrevista de Creelman fue publicada en México por El Imparcial, los días 3 y 4 de marzo de 1908, pero se había efectuado en diciembre de 1907. El debate se dio entre el miedo a perderlo todo de unos cuantos y la esperanza de hacerse de algo en casi todos los demás. Precisamente era lo que esperaba Díaz que sucediera, dando espacio a voces diferentes a las de siempre. Madero respondió con una defensa a las libertades públicas y una reflexión sobre el poder absoluto. (15)

1 La primera Universidad de México se debió a la cédula real de Felipe II del 21 de septiembre de 1551, que inauguró sus cursos en enero de 1553. En 1833, Valentín Gómez Farías la mandó clausurar por su docencia reaccionaria y pontificia, y creó seis planteles de educación superior, dependientes de la Dirección de Instrucción Pública.

La mayoría de quienes leyeron la entrevista periodística, sabían que sólo era eso, que Porfirio Díaz no pensaba dejar el poder. Probablemente sólo Madero creyó que era una promesa de Porfirio Díaz para democratizar el país. (5)

Un grupo radical e importante opositor al régimen de Díaz fue el Partido Liberal de los Hermanos Flores Magón, que para entonces era de tendencia anarquista. Perseguidos por el Gobierno, se refugiaron en Estados Unidos, desde donde organizaron huelgas y levantamientos. Su periódico, *Regeneración,* contaba con 25 mil suscriptores. En 1906 habían publicado una serie de propuestas de solución a la problemática nacional: obligar a los propietarios rurales a hacer productiva toda su extensión territorial, generar una economía de mercado, generar políticas democráticas, pagar salarios mínimos y no contratar niños. (4 y 5)

La clase alta mexicana había fundado el Partido Nacional Democrático, también opositor a Díaz, pero cuyo único objetivo era sustituir a Porfirio Díaz por Bernardo Reyes y romper la hegemonía de los *Científicos.* Este grupo era antiyanqui y era presidido por Benito Juárez Maza.[2] (4 y 9)

La simultaneidad de la crisis económica, la oposición política y la intervención extranjera hicieron explotar la bomba revolucionaria. Los Científicos trataron de resolver la crisis cargándole la mano a la clase media. La situación se complicó con el regreso de los trabajadores mexicanos desde Texas y Arizona. (4)

Para 1910, la inversión estadunidense en México era la más importante en Amétrica Latina, llegando a superar los mil millones de dólares. Porfirio Díaz intentó intimidar a los estadunidenses con dos acciones que resultaron contraproducentes: darle asilo a José Santos Zelaya, expresidente nicaragüense, derrocado por fuerzas de Estados Unidos y negarle a la Marina de Estados Unidos el abastecimiento de carbón en Baja California. Fueron las "gotas que derramaron el vaso". (2 y 4)

Sin embargo, documentos de la época consideran que la verdadera causa de la caída de Porfirio Díaz fue el tiempo tan prolongado que se tomó para nombrar un sucesor. Todo el país estaba seguro que Díaz fallecería sin terminar su período presidencial y que el vicepresidente sería el sucesor. Bernardo Reyes quería ese puesto de vicepresidente. (4)

---

2 *En las elecciones de 1910, Benito Juárez Maza ganó la gubernatura de Oaxaca, falleció en abril de 1912.

Lo más probable es la suma de situaciones: Porfirio Díaz envejecido podría empezar a perder fuerzas, por lo tanto, Bernardo Reyes y otros militares veían ahí una oportunidad, los Científicos habían acomodado a Corral en la Vicepresidencia, esperando esa oportunidad, los grupos antirreeleccionistas veían la oportunidad y, por supuesto, los inversionistas estadunidenses querían participar de esa oportunidad. Todo alrededor de la edad de Porfirio Díaz, lo que no era poca cosa...

En septiembre de 1910 se celebraron las fiestas por el Centenario de la Independencia. España devolvió a México un uniforme de Morelos y Francia las Llaves de la Ciudad que se habían llevado a la muerte de Maximiliano. (10)

El aparato gubernamental dependía de la voluntad de Porfirio Díaz, quien llenó de fueros y privilegios políticos y económicos a un seleccionado grupo que se apoderó de las tierras comunales, controlando las actividades agrícolas e industriales, generando múltiples motivos de descontento en la población. (9)

Esa coyuntura política le permitió a Madero crear el Partido Antirreeleccionista, donde la mayoría de sus miembros pertenecían a la clase media. Evaristo, su abuelo, y los hermanos de su padre rechazaron participar en el Partido. Incluso don Evaristo escribió una disculpa al Presidente Díaz. Porfirio Díaz pensó que este partido serviría para quitarle fuerza a los otros partidos existentes. Madero quien pensaba que era imposible ganar, porque no había garantías, creía que al participar en la contienda iría sembrando el camino de la democracia. (4 y **16**)

Emilio Vázquez Gómez funda en la ciudad de México el Partido Antirreeleccionista, que tiene como antecedente el Club Antirreeleccionista de México, fundado días antes. Los principales objetivos del partido son la defensa de la democracia, el respeto al sufragio, la no reelección, la observancia estricta de la Constitución, la libertad municipal y el respeto a las garantías individuales.

En mayo de 1909 se había fundado el Centro Antirreeleccionista de México, donde, por supuesto, participó Madero, quien además fundó otros múltiples clubes en todo el país. Casi al mismo tiempo que los reyistas fundaban el Partido Nacionalista Democrático. El 19 de mayo de 1909, a la fundación del Centro Antirreeleccionista, confluyeron un grupo de liberales mexicanos inconformes con el gobierno de Porfirio Díaz, entre ellos sobresalen Francisco I. Madero, Emilio Vázquez Gómez, José Vasconcelos, Filomeno Mata, Luis Cabrera, Alfredo Robles Domínguez, Patricio Leyva y muchos más. Allí surgieron los conceptos de ¡No reelección!, ¡Sufragio efectivo! y ¡Democracia! El 16 de abril de 1910, por intermediación del gobernador de Veracruz, Teodoro Dehesa, se reunieron Francisco I. Madero y Porfirio Díaz, en la casa de este último. Madero entendió que Díaz no quería dejar la presidencia. (10 y 17)

En 1909, Evaristo Madero había escrito a su nieto, recomendándole se olvidara de la política y pusiera más atención a sus negocios, incluso le escribió: "Tú amenazas al General Díaz, pero te quedarás diciendo y no harás nada, pues estás muy lejos de conocer el país en que vivimos." (18)

Madero escribió en *La Sucesión Presidencial* que, bajo la apariencia bonancible del régimen porfirista, la situación nacional iba en franco declive, fundamentalmente porque no había ni libertad ni democracia. También señaló que Díaz había liquidado el militarismo, basándose en ello decidió su levantamiento armado y más tarde, esa confianza ocasionó su muerte en 1913. (11)

Madero, antes de presentar su libro, escribió para *El Demócrata*: "El Ejército forma parte del pueblo y siempre está con el pueblo". En su intervención en la Convención Antirreeleccionista afirmó: "..los oficiales del Ejército identifican su vida con la Patria, es una injuria negar que palpitan de amor nacional; el pueblo y el ejército estarán con nosotros para respetar la voluntad popular...". (11)

Con Bernardo Reyes en una misión en Europa, Porfirio Díaz dio el siguiente paso. Madero fue detenido poco antes de las elecciones, Porfirio Díaz fue declarado ganador de las elecciones el 10 de julio. Ante las súplicas de los familiares de Madero, Díaz liberó a Madero el 22 de julio, pero con la prohibición de dejar la ciudad. Madero, el seis de octubre se expatrió a los Estados Unidos, desde donde lanzó el Plan de San Luis. (4 y 5)

Mucho se comentó en los diarios de ambos países (México y EEUU) sobre la relación entre la Standard Oil y el movimiento maderista. Incluso hubo una investigación al respecto por el Senado estadunidense. (19)

Tanto Porfirio Díaz como Francisco I. Madero creían que la oportunidad de un México democrático dependería de la clase media, lo erróneo de su pensamiento se centró en el tamaño de la clase media de esa época. La clase media era el factor dinámico de ese México, pero era tan pequeña que no logró ser el factor regulador de la sociedad, no pudo lograr la cotidiana práctica de la democracia. Las grandes masas no estaban preparadas, el pequeño grupo oligárquico no quería ningún cambio, la clase media, en quien caería la responsabilidad, era muy pequeña, apenas unos pocos millares de ciudadanos. (5)

En 1910 todo mundo entendía la gran importancia que había tenido la pacificación del país lograda por Porfirio Díaz. Eso era algo imposible de olvidar después de tantos años de estado de guerra permanente. Pero todos sabían que Porfirio Díaz no podría vivir eternamente, que su muerte estaba cercana y nadie quería que Ramón Corral lo sucediera en el poder. Por eso los grupos políticos peleaban por la vicepresidencia. El vicepresidente ganador en 1910 sería el próximo presidente mexicano. Toleraban a Corral porque el general Díaz lo controlaba y regulaba, pero a la muerte de Díaz nadie podría controlar su autocracia y su soberbia.

La inversión mexicana estaba en manufacturas, servicios públicos o comercio, que los inversionistas extranjeros despreciaban por lo pobre de sus ganancias. Los extranjeros invertían en la banca de inversión, ferrocarriles, minería, petróleo y tierras, los tres primeros de ellos significaban 73% de la inversión total y, de ellos, 77% era inversión extranjera. (2 y 9)

II. La revolución maderista

El 19 de octubre de 1910, el cabo de rurales Francisco Cárdenas mata en Acayucan, Ver. a Santana Rodríguez, viejo luchador antirreeleccionista y liberal. (10)

Una vez que escapó Madero de San Luis Potosí, se giró una orden de aprehensión en su contra, solicitada el 21 de octubre de 1910 y publicada el 25 de octubre por el Juzgado de distrito en San Luis Potosí, por conato de rebelión y ultrajes al presidente de la república. La misma orden incluía a Roque Estrada por ultrajes al presidente de la república.

Se señala que Francisco Madero era natural de Parras y residente de San Pedro de las Colonias, de 37 años, agricultor, casado, de 1.63 mts., de complexión gruesa, piel blanca, cabello castaño oscuro, cejas espesas y ojos cafés. Frente ancha, cara redonda, nariz roma, barba castaña oscura recortada.

En el grupo íntimo de Francisco I. Madero figuraban tres reyistas importantes: Venustiano Carranza, Francisco Vázquez Gómez y Luis Cabrera, quienes, ante el exilio de Reyes, decidieron unirse al grupo antireelecionista. (20)

Aunque en el México de 1910 había múltiples conflictos económicos y sociales, que afectaban a la población más desprotegida y a la clase media que iba emergiendo, el propósito de Madero siempre fue cambiar el juego político; Madero creía que, habiendo democracia, lo demás se daría espontáneamente. La intención de Madero nunca fue destruir el sistema y generar otro. Sólo luchaba por integrar la democracia a la vida habitual del mexicano.

El manuscrito del Plan de San Luis de Francisco I. Madero fue redactado en prisión. Se menciona a Ramón López Velarde[3] como participante inicial. Se concluyó e imprimió en San Antonio, Tx. Siempre en primera persona, resume el pensamiento político de Madero. Declaraba nulas las elecciones, desconocía a Porfirio Díaz y justificaba la lucha armada. Le ponía fecha: 20 de noviembre de 1910. (5 y 17)

---

3 López Velarde se decía orgulloso de haber sido el más humilde de sus soldados (18)

En San Antonio, declara al llegar: "vengo a este suelo libre huyendo de un déspota, que no tiene otra ley que su capricho". Rápidamente lo acompañan sus aliados y parientes. (16)

Madero se dio el título de Presidente Provisional y en base al principio de No Reelección, invitó al pueblo a levantarse en armas, pidiendo al Ejército Federal se convirtiera en el Libertador de la Patria. En Estados Unidos se dijo perseguido político y pidió la simpatía que siempre habían otorgado a los pueblos que luchaban por la libertad.

El Plan de San Luis fue ampliamente distribuido. Los brotes de insurrección se extendieron por todo el país, aunque en Chihuahua, donde Abraham González tomó el liderazgo, estaba el grupo mayor. Mientras Madero mandaba propaganda desde San Antonio, algunos empezaron a contrabandear armas para el movimiento. Aquiles Serdán era uno de esos. **(21)**

Madero debió cruzar hacia México por Ciudad Porfirio Díaz, hoy Piedras Negras, el 20 de noviembre de 1910, donde Catarino Benavides lo esperaría con 400 hombres armados, pero sólo logró reunir 20 combatientes. Por lo que Madero no cruzó. Desde el hotel Hutchins de San Antonio, Tx., Madero enviaba armas y dinero a los grupos revolucionarios. (17)

Fracasó el complot del 20 de noviembre. Los conspiradores de la metrópoli fueron encarcelados previamente, los disturbios de Torreón fueron sofocados rápidamente, la revolución urbana resultó inútil, por eso tomó la revolución el giro campesino. (21)

El primero de diciembre protestó como presidente, por última vez Porfirio Díaz. El 04 de diciembre de 1910 se levanta en armas Pascual Orozco en Ciudad Guerrero, Chihuahua. Unos días después Cástulo Herrera y Pancho Villa toman Casas Grandes. En Sonora, Maytorena convenció a los yaquis y también se levantan siguiendo el Plan de San Luis. En La Laguna se levantan Pereyra y Castro, tomando Gómez Palacio.

Pascual Orozco era alto, musculoso, moreno, de pocas palabras y buen tirador, nacido en 1881 en Guerrero, Chih. Transportaba minerales a lomo de mula, llegando a tener todo un convoy, que le permitía vivir con desahogo. El 21 de noviembre atacó a la guarnición de Guerrero. Durante el tiroteo se le añadieron múltiples ciudadanos y montañeses. Los federales se rindieron, por falta de parque, el 4 de diciembre, en lo que fue el primer triunfo de la Revolución. (10)

Pascual Orozco buscó unirse al otro grupo de revolucionarios chihuahuenses. La reunión se llevó a cabo en Guerrero, después de su triunfo. Para entonces, ya estaba con Villa José de la Luz Soto, con algunos otros hombres, entre ellos algunos rancheros estadunidenses avecindados en Chihuahua. (10)

El 10 de diciembre de 1910 se habían reunido por primera vez Pascual Orozco y Pancho Villa, en Ciudad Guerrero, en la sierra Tarahumara. Como Orozco tenía más hombres, Villa que era de mayor edad, decide ponerse a las órdenes de Orozco. Orozco y Villa dominaban las rutas del ferrocarril. (22)

Abraham González había convencido a Francisco Villa de unirse al movimiento, Villa se alió con otros 12 hombres, entre quienes estaban Tomás Urbina y Ceferino Pérez y, por órdenes de González, se presentó a Cástulo Herrera, ranchero de Chihuahua, quien comandaba las fuerzas armadas de Abraham González. Pronto Villa tenía 375 hombres a su cargo. Siendo Cástulo bastante indeciso, Villa decidió ser quien diera las órdenes. Los federales en Chihuahua estaban al mando del general Juan N. Navarro, quien contaba entre sus tropas con el coronel Manuel Tamborel y el mayor Vito Alessio Robles. Pese al esfuerzo de Villa, los federales derrotaron a los rebeldes. (10)

Navarro logró también derrotar a los orozquistas y recuperó Guerrero el 7 de enero de 1911, fusilando a todos los prisioneros que había hecho. También logró derrotar a Villa, recuperando las ciudades previamente tomadas por los revolucionarios en Chihuahua. En enero Villa se había movido hacia Parral, armando en el camino una red de apoyos, relaciones, abastecimiento, reclutamiento. Logra reunir 300 hombres y el 7 de febrero llega a Guadalupe, rumbo a Ciudad Juárez. (10 y 22)

En Cuatro Ciénegas, nombrado capitán por Venustiano Carranza, se levantó en armas Cesáreo Castro. Mientras en Tamaulipas, entre otros, se levantaba Maclovio Herrera, quien era originario de El Parral. El 22 de enero de 1911 se unió a la revolución Pablo González. (10)

El 30 de enero de 1911 renunció a la gubernatura de Chihuahua Alberto Terrazas, su lugar lo ocupó el coronel Miguel Ahumada. Porfirio Díaz movió a Miguel Ahumada de Jalisco a Chihuahua, dado que había tenido gran éxito como gobernador en Chihuahua de 1892 a 1903 y era estimado entre la población. Madero esperaba cruzar de El Paso a Cd. Juárez el 5 de febrero, pero los revolucionarios no lograban dominar a los federales. Los triunfos se alternaban de uno y otro lado. Ese 5 de febrero, el coronel federal Antonio Rábago entró con sus tropas a Ciudad. Juárez. Villa tomó Camargo el 7 de febrero, pero el 9, los federales recuperaron la plaza. Finalmente, el 14 de febrero de 1911, Madero se internó al país con 132 hombres débilmente armados. (10, 16 y 17)

Madero cruzó la frontera por Zaragoza, a 25 kilómetros al noroeste de Juárez, siendo el Ingeniero Eduardo Hay su jefe de estado mayor y su tesorero su hermano Raúl (segundo hermano con el mismo nombre), con un total de 120 hombres de tropa. Al lograr Madero entrar a México, tomó el mando de las fuerzas revolucionarias en Chihuahua, fuerzas revolucionarias mal organizadas y peor armadas. Ese día envió a un representante a Washington, para negociar un préstamo. El grupo se dirigió al sur del estado, hacia Casas Grandes, que suponían pobremente protegida, dado que el grueso del ejército federal estaba en Cd. Juárez. Tardó 20 días en llegar a Casas Grandes, donde los revolucionarios, al mando de Abraham González se enfrentaban a las fuerzas de Agustín Valdés. Se sumaron al ataque a Casas Grandes el 6 de marzo. El general Samuel García Cuéllar llegó con una fuerza federal de 500 hombres bien armados, no tuvo dificultad para vencer a los rebeldes, aunque perdió un brazo. Madero terminó herido en un brazo y Eduardo Hay perdió un ojo y fue hecho prisionero. La cruenta batalla fue ganada por los federales, los rebeldes huyen hacia Bustillos, donde Madero decide reagruparse con Orozco y Villa. Por instrucciones de Madero, todas las tropas traían un listoncito tricolor en la solapa o en el sombrero. La mayoría traía, además, diferentes medallas de diferente material y diferentes imágenes religiosas. La mayor parte de la tropa rebasaba los 35 años de edad. El coronel Hay logra huir de Chihuahua y escapa en busca de Madero. (10, 16 y 17)

Por entonces Zapata abrazó el Plan de San Luis y se levantaron Figueroa y Andrew Almazán en Guerrero, Iturbe y Banderas en Sinaloa, Moya en Zacatecas y muchos más en otros poblados. (10)

En 1911 los combates se fueron generalizando, aunque el grupo principal se encontraba en Chihuahua. En los enfrentamientos militares se alternaban las victorias de cada bando. Al mismo tiempo, algunos grupos magonistas iniciaron su propio movimiento armado y, se apoderaron de Mexicali. **(5 y 23)**

La única rebelión formal sucedió en Chihuahua, pero no fue sólo un movimiento armado, sino una verdadera insurrección de masas. Madero había politizado a miles de personas. Los líderes de la Revolución Maderista pertenecían a la clase media y sus seguidores tanto clase media como clases populares, y muchos eran mestizos. (4)

También hubo levantamientos en Veracruz, Durango, Zacatecas, Coahuila y Sinaloa, aunque estos fueron reprimidos rápidamente por sus respectivos gobernadores. En la capital de la república, la vida continuaba sin ningún sobresalto. (5)

Los oradores de los mítines antirreeleccionistas y los periódicos de oposición habían denunciado muchas injusticias del porfiriato. La manipulación que se hizo en las elecciones de 1910 convenció a muchos de la ilegitimidad del triunfo de Díaz. (4)

La población de Chihuahua había vencido a los apaches y se habían enfrentado en Tomochic en 1892 al ejército federal, lo que les hizo creer que eran fuertes y capaces de ganarle al Ejército de Porfirio Díaz. Al ingresar Madero, en febrero de 1911 a Chihuahua, se generó un movimiento armado popular imposible de detener. (4)

La mayoría de los líderes de la Revolución Maderista no tenían vínculos con el Partido Antirreeleccionista. Pancho Villa no tenía ninguna filiación política, pero tenía relaciones amistosas con algunos dirigentes maderistas. En el sur, Zapata aprovechó el movimiento norteño, específicamente el artículo 3 del Plan de San Luis que refería la necesidad de devolver las tierras a los despojados, para generar su levantamiento. Y con él, otros más, todos sin filiación política previa. (4 y 23)

Sin embargo, a los pocos días del reingreso de Madero al país, los líderes de su partido ya dominaban a la mayoría de los grupos armados existentes, tanto en donde había ex reyistas y hacendados con pretensiones políticas, clase media, desempleados, campesinos despojados de tierras y hasta peones fieles a sus patrones, etc. (4)

La mayoría de los líderes y patrocinadores del movimiento revolucionario luchaban por una reforma política, pero no consideraban reformas sociales. Fundamentalmente su pretensión era el control de su propio estado. Sólo los magonistas buscaban el cambio social. (4 y 23)

Lo que pasaba en México es que se necesitaba un cambio de mandos en el gobierno, era indispensable generar nuevas políticas económicas, desarrollar industrias nacionales y llevar la modernidad a todos los rincones nacionales. La clase media había crecido lo suficiente como para pedir un pedazo del crecimiento, un pedazo del pastel económico y político. La Revolución Maderista sólo aspiraba a cambiar de presidente, ¡pero México necesitaba otros cambios!

Aunque los políticos no aceptaron el reto que les daba la historia, el pueblo sí lo hizo. El pueblo no quería cambio de persona, sino de modelo social, por eso no se apagaron las voces que apoyaban a Madero, incluso a pesar del triunfo de Madero.

Abraham González, líder del Partido Antirreeleccionista en Chihuahua era un ex ranchero, que había perdido las elecciones para gobernados contra Luis Terrazas y, Pascual Orozco, resentido porque Terrazas, siendo gobernador, no lo había apoyado con algunas concesiones, se unieron y comandaron al grupo revolucionario en Chihuahua. Silvestre Terrazas, oveja negra de la familia Terrazas, dueño del periódico de oposición *El Correo de Chihuahua* se les sumó. (4)

Pero en Chihuahua muchos líderes no reconocían un control general del movimiento, por lo menos al principio, entre los que se cuenta a Toribio Ortega, Heliodoro Arias y Francisco Villa, que pertenecían al campesinado. Pero al grupo de Villa pertenecían muchos no campesinos, podemos enumerar a Tomás Urbina, Nicolás Fernández y Fidel Ávila. El grupo de Villa representaba la mezcla comunitaria y social del movimiento maderista en Chihuahua. (4)

Con Madero había campesinos, indios despojados de tierras, vaqueros seminómadas, peones acasillados y hasta propietarios ausentistas. La ideología del movimiento expresa algo de cada uno de estos grupos. (5)

El 14 de marzo, Abraham González considera que es más factible tomar Ciudad Juárez. A fines de marzo de 1911 Madero tenía una fuerza de dos mil 500 hombres, en Bustillos, nombró coronel a Pascual Orozco y mayor a Francisco Villa, que lidereaban al Ejército Libertador. Se encaminan hacia Ciudad Juárez. En Bauche derrotan a los federales. Mientras en Estados Unidos inician las conversaciones entre el gobierno de Porfirio Díaz y la junta revolucionaria. Entre la gente del gobierno estaban Oscar Braniff, Rafael Hernández y Toribio Esquivel. Por los revolucionarios Francisco Vázquez Gómez, Francisco Madero padre y Gustavo A. Madero. Con Madero iban algunos extranjeros (Viljoen, Garibaldi, Sommerfeld, Creighton) con experiencia militar, pero sin tropas. Roque González Garza, de 25 años, era el Jefe del Estado Mayor y responsable de evitar conflictos entre Orozco y Villa y entre ellos dos y los extranjeros. Se asignó el salario de $1.00 diario a los soldados revolucionarios. Con esa fuerza decidieron avanzar hacia Ciudad Juárez, siempre a lo largo de las vías ferroviarias. En el camino se unen fuerzas magonistas desde Sonora, Villa es el encargado de coordinarlos y controlarlos. La estrategia consistía en fingir que se aprovecharían las vías férreas para atacar Chihuahua capital. Mientras los federales destruían las vías centrales, los revolucionarios tomaron la vía del noroeste, que cruza la Sierra Madre. Llegaron a Ciudad. Juárez el 19 de abril, después de 12 días de marcha continua, pidiendo al General Juan Navarro, quien tenía 800 hombres, la rendición de la plaza. Los maderistas acamparon en el río para garantizar el agua de sus caballos. El cuartel general se acomodó en la casa Smelter, del lado estadunidense del río. Madero se acomodó a un par de kilómetros de Ciudad Juárez, en una casucha de adobe que llamaron "la casa gris". (10, 17 y 22)

Desde marzo de 1911 se habían reunido en Nueva York, Limantour y Vázquez Gómez con la intención de encontrar una fórmula para lograr la paz. Llama la atención que en el documento correspondiente no se menciona la necesidad de la renuncia de Porfirio Díaz a la presidencia. El resultado inmediato fue el rompimiento de Madero con Vázquez Gómez y con Roque Estrada. Para entonces Madero ya no quería a Porfirio Díaz en la presidencia, las relaciones entre ellos nunca volvieron a ser iguales. (11)

Los maderistas tienen la moral alta, porque ya le han perdido el respeto a los federales, pero las tropas de Navarro tienen fusiles de mayor alcance y, además, están apostados en las azoteas. Por otro lado, los rebeldes no obedecen a un mando único, son más un grupo tribal en armas que un ejército. Los villistas son un arsenal humano, son su propia intendencia, llevan dos cananas terciadas en el pecho, otra a la cintura (algunos doble), con las bolsas del chaleco repletas de balas, sabedores que nadie los va a resurtir durante la refriega. Los orozquistas no traen cananas, traen corbata y sombrero texano. La vestimenta de la mayoría estaba en estado desastroso, algunos casi desnudos, no hay uniformes. Aunque es abril, se habla de un calor terrible. (22)

El 19 de abril, frente a Ciudad Juárez, Federico González Garza pide a Navarro la rendición de la plaza. Hasta la "casa gris" llegaron los representantes de Porfirio Díaz buscando negociar con Madero, quien cruza a El Paso para comprar ropa adecuada. Lograron una tregua de cinco días a partir del 21 de abril, para pactar la paz. Por ese tiempo Porfirio Díaz había enfermado, sus representantes eran Limantour, Oscar Braniff, Carbajal y Esquivel Obregón. Madero presentó un pliego petitorio extenso, que no aceptaron los mediadores. La tensión entre los ejércitos iba en aumento, exacerbada por la escasez de víveres de ambos bandos. Las pláticas no lograban un acuerdo, los revolucionarios se contradecían, los días pasaban, Porfirio Díaz ni se moría ni renunciaba. Ni Orozco, ni Villa ni Blanco creían en las negociaciones, pensaban que Madero estaba pactando. A Madero le ponen línea telefónica a El Paso.

El ejército de Estados Unidos incrementaba el número de sus efectivos frente a la frontera. El 22 se concertó un armisticio de diez días. Madero traía una tropa de más de tres mil hombres, al mando de Pascual Orozco. Porfirio Díaz cambia de negociadores, ahora encabezados por Francisco Carbajal, a la junta revolucionaria se agrega Pino Suárez. Ese 22 de abril de 1911, Federico González Garza comunicó que Madero conviene como condiciones de paz: incluir en la Constitución la No Reelección, 14 gobernadores interinos, evacuación de las fuerzas federales de Sonora, Chihuahua y Coahuila, renuncia de Ramón Corral a la vicepresidencia, inclusión de cuatro maderistas en el gobierno de la República, libertad a reos políticos, indemnizar a las víctimas de la Revolución y el pago de haberes a las fuerzas revolucionarias. (10, 11. 17 y 22)

Era una extraña revolución que iba de Ciudad Juárez a Chihuahua ida y vuelta, con el gobierno a la defensiva y los rebeldes que no sabían bien a bien qué hacer, ¡cuándo ni cómo! Sólo Villa parece interesado en los detalles: botas, armas, municiones y follaje para los caballos. Organiza convoyes con harina, azúcar, café, maíz y vacas. Las reses las hacían llegar desde Bauche, a 29 kilómetros de distancia. Un hotel de El Paso anunciaba que desde su terraza se podía apreciar la Revolución Mexicana. Un buen número de fotógrafos y reporteros estadunidenses cubren la noticia. Madero aprovecha para enviar una carta a *El Paso Morning Times*, justificando el tener a Villa entre sus tropas, a quien nombra coronel. El 27 de abril se asciende a general a Pascual Orozco y coroneles a Garibaldi, Blanco y Raúl Madero. A Roque González lo nombran teniente coronel. (22)

El 30 de abril, la madre de Madero, por telegrama, le pide que insista en la renuncia de Porfirio Díaz. Los revolucionarios festejan la batalla del 5 de mayo, como si fuera una ceremonia religiosa, hacen una ceremonia muy significativa, con varios oradores. El 6 de mayo se rompen las pláticas conciliadoras. Madero lanza un manifiesto y decide avanzar hacia la Ciudad de México. Durante el armisticio, Madero fue visitado por su esposa, su madre y algunos niños de su familia, quienes estuvieron presentes en la ceremonia del 5 de mayo. (10)

Existen documentos que refieren que entre el 30 de abril y el 1 de mayo de 1911 se reunieron en los márgenes del río Bravo Francisco I. Madero, Francisco Vázquez Gómez, Juan Sánchez Azcona, Abraham González, Pascual Orozco, Venustiano Carranza, José María Pino Suárez y Francisco Villa, donde fijaron las directrices para concertar la paz con Porfirio Díaz. Hay constancia de que Vázquez Gómez consideraba que no se estaban cumpliendo todas las exigencias de los revolucionarios. Carranza insistía en la renuncia de Porfirio Díaz. Los militares revolucionarios coincidían más con los delegados del gobierno que con los civiles insurgentes. Sin embargo, prevalecía un espíritu de conciliación. Fue la toma de Ciudad Juárez lo que permitió presionar al gobierno y con ello lograr el acuerdo final. (11)

El 7 de mayo Madero consideró moverse de Ciudad Juárez y buscar otro lugar para negociar, sin embargo, Porfirio Díaz señaló en un documento que su voluntad conciliadora se interpretó como debilidad, que no puede renunciar sin garantizar que no habría anarquía nacional y que el ejército redoblará esfuerzos. Algunos interpretaron que señalaba que podría renunciar si se garantizaba que al retirarse no había anarquía. (17 y 22)

La demora de casi un mes reta a la disciplina, hay discusiones entre las tropas de los diferentes grupos, Villa se enfrenta a Garibaldi, la revolución no ha ganado ninguna batalla importante, es una revolución que no revoluciona. (22)

Porfirio Díaz escribió el 7 de mayo de 1911: En noviembre inició una revolución en Chihuahua. México pidió reformas políticas y administrativas. He solicitado al Congreso reformas para garantizar el sufragio efectivo y la no reelección. También he enviado un proyecto de ley para regular las responsabilidades del servidor público. Les pido depongan las armas, terminando con los horrores de una guerra civil. Ciudadanos patriotas y de buena voluntad se han ofrecido para actuar como conciliadores. Esto permitió un cese al fuego. Pero los jefes rebeldes han interpretado nuestros actos como signos de debilidad, por lo que han exagerado sus demandas, evitando un arreglo concertado. Las renuncias exigidas del presidente y vicepresidente dejarían al país desprotegido, impidiendo que se garantice la tranquilidad adecuada para unas elecciones. El poder, en estos momentos no es sino una amarga e inmensa responsabilidad. No es posible cumplir con esa exigencia sin dejar desamparado al país. Dejar la Soberanía Nacional en un grupo armado, abriría un periodo de anarquía. El presidente de la República, por respeto a la ley, se retirará con el decoro correspondiente, seguro de haber cometido muchos errores, pero siempre con la intención de servir a la Patria con lealtad. El Gobierno necesita del esfuerzo generoso del pueblo para salvar a la Patria. (10)

A pesar de la oposición de Madero, Pascual Orozco y Francisco Villa atacaron y lograron tomar Ciudad Juárez el 10 de mayo de 1911, triunfo que determinó el fin del porfiriato. Desde ahí, Madero dirigió la Revolución, contando con el apoyo descarado de Estados Unidos. (4 y 8)

La actitud de Estados Unidos, la toma de Ciudad Juárez y la incapacidad del gobierno para sofocar los múltiples levantamientos a lo largo del país, demostraban la fragilidad de Porfirio Díaz. La oligarquía, temerosa de perder su poder, abandonó a Díaz y empezó a negociar con Madero, quien temía que la Revolución creciera y se hiciera ingobernable. (4)

El documento que Madero publicó, requería que Francisco León de la Barra supliera a Porfirio Díaz. Venustiano Carranza exigía a Madero que se presentara en la Ciudad de México al frente de un ejército ganador, que no hiciera concesiones, reclamando: ¡Revolución que transa se suicida! (11)

Viljoen aseguraba que las fuerzas rebeldes no podrían derrotar a Navarro. Pasa el tiempo y los federales no reciben refuerzos. El ejército liberador decidió atacar a la guarnición federal. En tres días Orozco y Villa derrotaron al General Navarro y lograron el control absoluto de la ciudad. Los federales se rinden por falta de agua y víveres.

El 8 de mayo, Madero prepara la retirada, algunos hablan de ir a Chihuahua, otros hablan de Sonora: Estados Unidos no quiere balazos cerca de El Paso. Entre 8:30 y 10:30 de la mañana hubo algunas escaramuzas, que Madero consideró accidentales. Por la tarde hubo una balacera de mayores dimensiones. Se han pretextado muchos motivos para que los rebeldes desobedecieran a Madero, nada está claro. Orozco y Villa, probablemente decidieron forzar las acciones, al parecer un rebelde dispararía a los federales y, en caso de respuesta, se sumarían otros ocho rebeldes, luego diez y luego 50 y de esa manera se haría grande la bola. Pascual Orozco se cortaba el cabello en El Paso y Blanco y Villa habían cruzado la frontera para comer. La realidad es que a las 4 de la tarde, a partir de dos villistas empezó la balacera, que paulatinamente fue creciendo hasta generalizarse. (22)

Orozco refiere:" ...no se sabe quién inició el tiroteo, los nuestros tomaron una trinchera enemiga, el punto de choque fue El Molino Montemayor." Garibaldi asegura que entraron por el oeste de la ciudad. Madero dio órdenes de cesar el fuego. La gente de Orozco tomó el puente internacional de Juárez a El Paso. Los rebeldes no obedecieron a Madero. Se suspende el fuego a las 5:30. Orozco y Villa regresan en taxi, cruzando por el puente El Columpio. Hubo una acalorada discusión entre Madero y los tres rebeldes. Blanco retiró sus tropas, Villa dijo que ya era imposible parar los tiros, Orozco aseguraba que ya había dado la orden de parar el fuego. (22)

Finalmente, Madero desiste, si quiere dirigir la revolución, debe aceptar que se trata de una revolución armada. A las 6:30 de la tarde se recrudece el combate. Raúl Madero logra tomar el norte de Ciudad Juárez. Los maderistas cortaron el abastecimiento de agua a la ciudad. Hay un cese al fuego a medianoche, pero a las 3:30 reinicia el tiroteo, Orozco ordena un ataque múltiple para cercar a los federales. Villa por el sur con 650 hombres, Garibaldi llevaba 480 hombres y Orozco 500. Blanco permanece de reserva con 250 hombres. Otro grupo se fue a Bauche, para evitar la llegada de refuerzos federales. Villa simula retirarse, pero en realidad da un rodeo y llega por atrás de las trincheras federales. Los enfrentamientos eran tan cercanos, que los cañones no servían, se utilizaban bombas de mano. Con Villa venía un grupo sonorense formado de mineros que sabían usar la dinamita. (22)

Al amanecer del día 9 la situación era confusa, las bajas rebeldes mayores a 30 por ciento, con más de 12 horas de combate y un frente muy amplio. Con barretas los rebeldes tiran las casas para ir avanzando y los federales disparan sin apuntar, desde los techos. Los reporteros refieren que durante todo el tiempo la música nunca dejó de tocar. Los rebeldes se turnaban para ir a comer. Prosigue el tiroteo en medio de un terrible calor. Villa y Orozco desconectados, cada quien atacaba por su cuenta. Madero recibía partes confusos. Por la noche Villa ataca al corralón de Navarro, al que llama el cuartel de los Cowboys. Los defensores no han comido, ni bebido, ni descansado. Orozco y Garibaldi dominan el norte de la ciudad, Villa libera a los presos. (22)

Por la mañana del 10 de mayo los maderistas avanzan casa por casa. Navarro se reagrupa con las tropas restantes en el cuartel del 15° batallón. El cerco se ha estrechado. Villa tirotea a una columna de caballería que pretendía salir. A las 10 de la mañana, Villa decide descansar con 100 hombres. Blanco refuerza a Orozco con sus 250 hombres. A mediodía se rinden los federales. Garibaldi recibe la rendición de Navarro. Villa se despierta y va por Madero a la "casa gris". (22)

La toma de Ciudad Juárez fue una decisión de los militares revolucionarios no concertada con Madero. En términos reales, dice Roque Estrada: ¡fue un acto de insubordinación militar! La delegación porfirista había logrado minar la unidad revolucionaria, pero al perder Ciudad Juárez, habían perdido la partida. Madero ganó una batalla que no quería luchar y, tal vez, no merecía ganar. (16, 22 y **24**)

Documentos porfiristas de la época señalan que Pascual Orozco, José de la Luz Blanco y Francisco Villa no estaban presentes en la toma de Ciudad Juárez, lo que habla de una completa indisciplina de las fuerzas armadas revolucionarias o del grado de división que habían logrado los delegados porfiristas, o de la desesperación de las fuerzas revolucionarias. (25)

De febrero a mayo de 1911 hubo combates en los estados de Chihuahua, Sonora, Durango, Coahuila, Nuevo León, Hidalgo, Tlaxcala, Puebla, Morelos, Guerrero, Veracruz, Tabasco, Chiapas, Yucatán y Nayarit. Sucediendo muchos actos bochornosos, el mayor de ellos en Torreón, donde las fuerzas de Benjamín Argumedo mataron a cientos de ciudadanos chinos. Todavía el 17 de mayo Benjamín G. Hill, de las fuerzas maderistas, ataca y toma la población de Navojoa, Sonora. (10)

Aunque las desigualdades eran patentes, la violencia anti porfirista no se generalizaba porque el pueblo estaba inerme. La elección de 1910 dio motivo para que la violencia se produjera, entonces el pueblo tomó las armas. La impreparación castrense y la necesidad de enrolar adeptos al ejército revolucionario, impidió seleccionar a los elementos y establecer sus jerarquías militares. Lo espontáneo impedía la disciplina. Finalmente, se impuso el valor y la audacia de algunos. Aunque se reconocía la jefatura de Madero, cada jefe de grupo revolucionario se comportaba con autonomía e improvisación, arriesgando su vida por decisión propia.

La delegación porfirista negociadora tenía como intención principal evitar la intervención armada de Estado Unidos y generar un gobierno de transición, para lo que se nombró a Francisco S. Carbajal como mediador oficial. Carbajal identificó la división entre civiles y militares revolucionarios, de lo que informó y trató de sacar provecho. Al mismo tiempo, Figueroa en Guerrero y Zapata en Morelos mantenían su guerrilla en actividad, sin respetar el armisticio pactado entre los revolucionarios maderistas y el gobierno. (11)

El día 11, Madero organizó su gobierno, convirtiendo a Ciudad Juárez en capital de la República, organizando los servicios públicos, políticos y aduanales. El ejército revolucionario fue licenciado el 13 de mayo. Villa recibió diez mil pesos. El 17 de mayo se reinstalaron las conferencias para restablecer la paz, firmándose el convenio a las 22:30 horas. Porfirio Díaz y Ramón Corral firmarían sus renuncias antes de terminar el mes de mayo. El presidente interino será Francisco León de la Barra. El 21 de mayo se firmó el acuerdo definitivo. El gobierno interino se encargaría de las indemnizaciones correspondientes, cesando por completo las hostilidades. (10)

El 21 de mayo se firmaron los tratados de paz, conocidos como Tratados de Ciudad Juárez. El 25 de mayo renunció Porfirio Díaz. También lo hizo Madero y Francisco León de la Barra, Secretario de Relaciones Exteriores, asumió el poder, contando con el reconocimiento del gobierno de Estados Unidos. (16, 17, 22 y 23)

El 21 de mayo se firmó el convenio definitivo de paz. Dejando a los revolucionarios divididos, con Pascual Orozco y Vázquez Gómez inconformes. El convenio fue firmado por Francisco Vázquez Gómez, José María Pino Suárez, Francisco Madero padre y Francisco Carbajal. Terminando las hostilidades en todo el país, el gobierno se obligaba a reparar las vías férreas y telegráficas y se licenciaban las fuerzas revolucionarias. El Ejército Federal no se modificaba, los asuntos sociales quedaban pendientes y el antiguo régimen económico y jurídico permanecía sin cambios. En los acuerdos de Ciudad Juárez no estaban incluidas las restituciones de tierras a los comuneros y campesinos. (11 y 23)

El primero de abril de 1911, en su informe presidencial, Porfirio Díaz reconoció los múltiples levantamientos. Francisco Bulnes sometió una enmienda constitucional para terminar con la reelección presidencial. Iniciaron las conversaciones entre gobierno y revolucionarios, inicialmente con nulos avances, por lo que Madero resuelve avanzar hacia el sur. Sin embargo, Orozco y Villa rompen el armisticio y atacan y toman Ciudad Juárez, el 10 de mayo de 1911. Posteriormente los revolucionarios tomaron Colima, Durango, Cuernavaca, Torreón, Pachuca y Acapulco. El 24 de mayo los ciudadanos de la Ciudad de México se apostaron frente a la casa de Porfirio Díaz, pidiendo su renuncia. Díaz la presentó al día siguiente. El 31 de mayo se embarca rumbo al exilio. (10)

La Revolución Maderista encontró un régimen viejo, anquilosado, dividido e incapaz de responder con la habilidad y premura requeridas. La amenaza de una invasión estadunidense y el debilitamiento del control social hicieron su parte. (2)

La firma del Tratado de Ciudad Juárez dejaba en pie las instituciones porfiristas. Designado como Presidente Interino, Francisco León de la Barra tenía el compromiso fundamental de organizar las próximas elecciones. (4)

Antes de la Revolución maderista, la figura de Porfirio Díaz resumía el orden y el progreso del país. Jorge Vera, a la renuncia de Díaz, escribió: "...será una eventualidad que quienes triunfen en las próximas elecciones sean hombres de Gobierno, que conozcan las necesidades sociales, económicas y materiales de la Nación, que conozcan los métodos para dirigir a los mexicanos y encauzarlos de manera armónica y benéfica..."(11)

Porfirio Díaz tuvo que renunciar, no sólo por la toma de Cd. Juárez, sino por las tomas sucesivas de Chilpancingo, Torreón y Pachuca, además que Zapata ya estaba en Xochimilco. Un grupo de estudiantes oposicionistas en la capital de la República y un grupo de desterrados, desde París, le pidieron su renuncia. En la sesión de la Cámara de Diputados del 24 de mayo de 1911, hubo una trifulca porque no se anunció la renuncia presidencial. (26)

El Partido Liberal había iniciado su propia revolución desde octubre de 1910, con sus propios líderes y demandas, Santana Rodríguez en Veracruz y José María Leyva en Baja California; a este se les unió un grupo de filibusteros estadunidenses, que pretendían generar un país socialista con California unificada. California no cesó su revolución luego de los tratados de Ciudad Juárez. (10)

Finalmente, el Presidente Díaz presentó su renuncia, aduciendo que conservar el puesto sería derramar más sangre mexicana, abatir el crédito de la Nación, derrochar la riqueza de la Patria y exponerse a conflictos internacionales. (2 y 11)

José Yves Limantour, abogado dedicado a la economía, secretario de Hacienda desde 1893 y líder de los llamados "científicos" quienes creían que sólo la evolución de la ciencia aplicada lograría el crecimiento económico nacional, fue responsable de pagar la gran deuda que tenía México con las potencias extranjeras, con lo que logró estabilizar el peso. Fue incluido en la lista de quienes debían renunciar junto con Porfirio Díaz. En su renuncia, Limantour señaló dejar más de 60 millones de pesos en dinero disponible y sin deuda. (8 y 27)

Porfirio Díaz renuncia el 25 de mayo de 1911, aceptada por 165 diputados, con la excepción de los licenciados Benito Juárez Maza y José Peón del Valle. Al tomar posesión De la Barra como presidente interino, recibe más de 62 millones de pesos, que le entrega el secretario de Hacienda saliente, José Yves Limantour. De los que se pagaron más de 642 mil pesos a Gustavo A. Madero, como gastos de la revolución. El gabinete de De la Barra incluía a varios maderistas: Emilio Vázquez Gómez, Rafael Hernández, Ernesto Madero, Francisco Vázquez Gómez y Manuel Bonilla. (10)

En un manifiesto, desde Ciudad Juárez, Madero asegura haber vencido al antiguo régimen. Abraham González anuncia que los gobernadores de los Estados serían destituidos. Parecía que el porfiriato estaba liquidado. Sin embargo, se mostraron las ambiciones personales, impaciencias e indisciplinas de ciertos revolucionarios; los sobrevivientes del régimen anterior se creían en la obligación de preconizar el orden previo a través del desorden que produjeron. La falta de hombres preparados para la vida pública era la infortunada herencia de Porfirio Díaz. (11)

Orozco protesta porque Madero impide fusilar a Navarro, le calienta la cabeza a Villa apegándose al Plan de San Luis, ya que Navarro había fusilado a todos los prisioneros en Guerrero. El pensamiento de Orozco no es democrático, sino vengativo. Intenta hacer preso a Madero, quien lo llama traidor y lo destituye. La tropa apoya a Madero y Pascual Orozco pide perdón sollozando. Villa reconoce su error y pide a Madero ser fusilado por traidor. Orozco nunca volverá a ser leal a Madero, Villa nunca volverá a traicionar a Madero. (10 y 16)

El Paso funciona como retaguardia de los revolucionarios, ahí están bajo cuidado médico los heridos de los tres días. Los rebeldes saquean Ciudad Juárez y Abraham González le pide a Villa controle a la tropa. Villa le responde que faltan alimentos, medicinas y jabón. Madero anuncia su gabinete con Venustiano Carranza como secretario de Guerra. Orozco, molesto, acusó a Madero de no preocuparse por la comida de su gente y le aseguró que sería un mal presidente. (22)

Pese al manifiesto, tanto Madero como Roque Estrada señalaron el incumplimiento de ciertos puntos del Plan de San Luis, lo que significaba, tácitamente, aceptar que se había llegado a un acuerdo político con el antiguo régimen. Los mayores incumplimientos se dieron en asuntos relacionados con la propiedad y usufructo de la tierra. El ofrecimiento de restituir la tierra lo hizo Madero en el Plan de San Luis, el Tratado de Ciudad Juárez habla de atender el problema de acuerdo a la Constitución. La realidad es que pasaron las semanas y nadie tocaba el tema. Vázquez Gómez descargó sobre Madero la responsabilidad. Ese incumplimiento favorecía al antiguo régimen, lo que generó divisiones en el grupo revolucionario. La Revolución se debilitó desde el interior.

En cuanto la situación se calmó, Madero formó el Partido Constitucional Progresista, donde Francisco Vázquez Gómez no tuvo cabida[4]. Pascual Orozco se hizo objeto de todo tipo de invitaciones a la rebeldía contra Madero, tanto por los magonistas, como por los reyistas o los vazquezgomistas. (24)

---

4 *Vázquez Gómez asemejó a Madero con Díaz, al obligar la candidatura de Pino Suárez a la vicepresidencia. (15)

Para llegar a la Ciudad de México, Madero se internó de Ciudad Juárez a El Paso, de ahí, por Texas, hasta Ciudad Porfirio Díaz (hoy Piedras Negras). Pasó por Monclova y Torreón, llegando a la capital del país el 7 de junio de 1911 a las 12:08, donde lo recibieron más de cien mil personas, pese a que en la madrugada previa hubo un fuerte temblor de tierra. (10)

Ese día, nada eclipsó la victoria de Madero. A las 4:26 de la mañana del 7 de junio de 1911 se sintió en la Ciudad de México, y en toda la República, un temblor oscilatorio que hizo caer casas, muros y columnas. La gente empezó a salir despavorida a las calles, gritando y rezando, invocando a Dios para que salvaguardara sus vidas. Se le llamó el terremoto maderista, tuvo una magnitud de 7.8 grados, con su epicentro en la costa de Michoacán. Dejó 40 víctimas mortales, al desplomarse el cuartel del Regimiento de Artillería en Rivera de San Cosme. También provocó daños importantes en el altar de la iglesia de San Pablo, grietas en las calles, provocando que se flexionaron los rieles del tranvía. 250 casas quedaros destruidas, la mayoría en Santa María la Ribera. Desde las 8 de la mañana la gente empezó a emocionarse con la llegada de Madero. Barrieron las calles, movieron los escombros y sacaron sus banderas para recibirlo. Se esperaba su llegada a las 10 de la mañana, pero el ferrocarril llegó después de las 12:00. **(28 y 29)**

Francisco I. Madero, a los 37 años de edad, hizo su entrada triunfal a la Ciudad de México, junto con un temblor de tierra. Más de cien mil personas lo aclamaron. No se tenía noticias de un desborde popular semejante: espontáneo, natural, genuino. El gentío le pide que se quede en Palacio. Madero ganó las elecciones con amplia mayoría de votos, pero debemos acotar que hubo más abstenciones que votantes. (5, 16 y 17)

El 12 de junio inició una gira por los estados de Morelos y Guerrero. En Cuernavaca fue recibido por Emiliano Zapata y los hermanos Miranda. Madero y Zapata tuvieron ese día su primera entrevista. Los días siguientes se entrevistó con los hermanos Figueroa y Almazán. En Iguala lo recibieron Francisco Figueroa y la señorita Eucaria Apreza. En Chilpancingo se alojó en la misma casa donde lo había hecho Benito Juárez en 1855. (10)

Durante las primeras semanas del interinato de De la Barra[5] se hicieron muchos esfuerzos para dar la impresión de que no hubo vencedores ni vencidos, pero la luna de miel no duró mucho, el distanciamiento entre diferentes grupos revolucionarios se dio por la

5 *De la Barra gobernó del 1 de abril al 6 de noviembre de 1911.

impaciencia agraria, lo que se incrementó gravemente al tomar el poder Madero y Pino Suárez. (11)

El gobierno de transición debería convocar a nuevas elecciones y restablecer la paz social mediante negociaciones con los rebeldes. De la Barra entendía a Estados Unidos, había sido embajador en Washington. También sabía que Bernardo Reyes conspiraba en Texas. De la Barra respondió a las demandas de protección para los estadunidenses. (2)

Madero funda el Partido Constitucional Progresista, dando inicio a sus mayores diferencias con los hermanos Vázquez Gómez, quienes se quedan al frente del Club Antirreeleccionista, al que se le suma el Partido Liberal Puro. Madero y Pino Suárez son candidatos del Constitucional Progresista. Los reyistas, ante el regreso a México de Bernardo Reyes, reinician su campaña. **(29)**

Las tropas de Zapata se negaron a licenciarse y devolver las armas. León De la Barra no estaba dispuesto a transigir, mandó a Victoriano Huerta a derrotar a Zapata. Huerta llegó a Cuernavaca el 10 de agosto. Almazán negoció con Huerta un armisticio. Aureliano Blanquet y el 29° batallón llegaron a reforzar a Huerta. El 14 de agosto regresa Madero a Morelos, buscando a Zapata. Madero buscó a los hermanos Zapata acompañado de Juan Andrew Almazán, de sus hermanos Julio y Raúl y de Eduardo Hay. La reunión fue en Cuautla[6]. Los zapatistas no reconocían el gobierno de León de la Barra y exigían la salida de Morelos del ejército federal. (10)

De la Barra, durante su interinato, intentó derrotar a Zapata. No lo logró, pero generó un ambiente de desconfianza entre Madero y Zapata. Ese agosto de 1911, Madero se entrevistó con Zapata en Cuautla. Zapata quería a Raúl Madero como jefe militar de Morelos al mando de tropas exrevolucionarias de Hidalgo y a Eduardo Hay como gobernador de Morelos. Madero intentó negociar con León de la Barra, quien, en vez de ello, nombró a Victoriano Huerta como jefe militar con la obligación de desaparecer al ejército de Zapata. El gobierno interino reclama: "el Gobierno no pacta con facinerosos". Esto reavivó las hostilidades, provocó recelo y animosidad de los zapatistas que se sintieron burlados por Madero. Zapata no era correligionario de Madero, nunca lo fue, sólo le gustó el artículo tercero del Plan de San Luis. Zapata tenía su propia revolución. (16 y 17)

---

6 En esa ocasión se llevó a cabo la boda de Emiliano Zapata con Josefa Espejo Sánchez, a quien apodaban "La generala", rica hija de hacendados morelenses. Zapata previamente se había casado con Inés Alfaro Aguilar y con Luisa Merino. Algunos historiadores cuentan hasta 28 mujeres diferentes. (10)

Victoriano Huerta notó que la prensa y la opinión pública era hostil a Zapata, pero que Madero defendía a Zapata. Zapata era un guerrillero a quien con facilidad se podía destruir.*[7] (30)

Huerta retardó la campaña contra Zapata. Quería que se definiera quien sería el próximo presidente, De la Barra o Madero. Huerta podía acabar con Zapata y su movimiento, con lo que crecería su prestigio militar, pero Madero no se lo perdonaría. (30)

Desde ese entonces Madero y Victoriano Huerta tuvieron dificultades. Madero quería congraciarse con Zapata y su movimiento. Huerta no les informaba o les mentía sobre sus movimientos en Morelos, tanto a Madero como a De la Barra. (17)

A espaldas de Madero y con la autorización de León de la Barra+[8], Victoriano Huerta llevó sus fuerzas a Yautepec, mientras Madero conferenciaba en Cuautla con Zapata, lo que Madero le reclamó en una carta del dos de noviembre de 1911, ya presidente electo[9]. Acusándolo de haber traicionado su relación de amistad y haber puesto en peligro su vida. (10 y 31)

Andrés Molina Enríquez escribe su Plan Texcoco, donde pretende dar solución al problema agrario. Plan que fue rechazado y perseguido por León de la Barra. En ese tiempo Emilio Vázquez Gómez renuncia a la secretaría de Gobernación en el gabinete de De la Barra. (29)

En el Plan de San Luis, Madero se proclamaba Presidente Provisional de México y llamaba a un levantamiento contra Porfirio Díaz para noviembre de 1910. El 20 de noviembre de 1910, no se sublevó ninguna de las fuerzas en que Madero confiaba. El 18, en Puebla, había sido masacrada la Familia Serdán[10], sólo hubo unos pocos levantamientos, de pequeños grupos de hombres armados, en diversas partes del país. El dos de noviembre de 1911, la Cámara de Diputados declaró oficialmente electos a Francisco I. Madero y a José María Pino Suárez, como Presidente y Vicepresidente de la República, respectivamente.

---

7 Joaquín Piña, periodista de El Imparcial y Excelsior, presenta su opinión y experiencia como si Huerta le hubiese dado una entrevista (50)

8 De la Barrera era vacilante y cobarde, su situación de Presidente Interino falsa (30)

9 °CARTA DE MADERO A HUERTA DEL 2 DE NOVIEMBRE DE 1911: A su llegada a Morelos, acudí a saludarlo, buscando un arreglo pacífico a la sublevación zapatista. Lo traté a usted con todas las consideraciones posibles, buscando formar lazos de verdadera amistad. Sin embargo, usted decidió encaminarse a Yautepec con sus fuerzas, haciéndome creer que sólo iban a realizar maniobras militares. Finalmente usted inició sus actividades militares, haciendo inútiles mis actividades pacificadoras y conciliadoras. Dado que yo estaba en esos momentos conferenciando con Zapata, usted puso en riesgo mi vida, ya que Zapata pudo creer que yo era parte de la trampa. Le dirijo esta carta para señalar lo que realmente sucedió. Tal vez usted actúa de acuerdo a órdenes recibidas por su superioridad, pero pudo hacérmelo saber, dado que yo iba en una misión de paz. Misión que usted entorpeció. (29)

10 Durante la gira política de Madero en campaña por el Estado de Puebla en 1910, se conocen don Francisco I. Madero y su seguidor, Aquiles Serdán, el 20 de mayo.

El día de las elecciones, en la Ciudad de México votó 95% de la población, pero en el resto del país hubo pocos votantes.

Durante el gobierno de De la Barra hubo levantamientos, revoluciones, conflictos internacionales, cuartelazos y disturbios de todo tipo. Donde lo más llamativo fueron las acciones de Emiliano Zapata quien, el 28 de noviembre de 1911, ya siendo presidente Madero, lanzó su "Plan de Ayala", con el consiguiente pillaje y devastación del estado de Morelos. Desde Juchitán, en Oaxaca, se inició una lucha fratricida. En Sinaloa hubo múltiples disputas y asesinatos. Varios generales intentaron un levantamiento armado a favor de Bernardo Reyes. (29)

III. El pensamiento de Madero

Francisco I. Madero no fue ni un político ni un revolucionario, ni un agricultor ni un espiritista de tiempo completo, pero creía que todo era parte de la misma misión que le habían encomendado en las sesiones espiritistas. A lo largo de su vida, que no fue muy larga, fue haciendo aquello que le pareció correcto.

Educado familiarmente en la religión católica, estuvo algún tiempo como alumno de un colegio jesuita, pero al llegar a Europa fue acercándose al espiritismo. El espiritismo le permitió crear su propio concepto del bien y del mal. La mayoría de sus acercamientos espiritistas fueron a través de Raúl, un hermano suyo que había muerto en situación trágica cuando pequeño. El espiritismo le permitió tener una conciencia social y con ella fue que intentó modificar la situación del México porfirista que le tocó vivir.

Su conciencia social le permitió acercarse al movimiento liberal de los Flores Magón y a colocar su interpretación de los pensamientos liberales en algunos diarios locales. También hizo aportaciones en varias revistas espiritistas,

Cuando decidió involucrarse en la política, escribió un libro, que denominó *La Sucesión Presidencial de 1910*, donde explicaba a la población la importancia de la democracia y la relevancia de que emitieran su voto en las próximas elecciones presidenciales. En ese mismo libro expuso su opinión sobre el Porfiriato y su herencia política. En cierto momento se entrevistó con Porfirio Díaz y le obsequió un ejemplar de *La Sucesión Presidencial.*

La vorágine política le hizo recorrer el país abriendo clubes políticos antirreeleccionistas y en el momento oportuno, su destino lo llevó a ser candidato a la Presidencia en la elección de 1910. Fue apresado por haber apoyado un discurso donde se ofendía, de alguna forma, a Porfirio Díaz. En las elecciones ganó la dupla Porfirio Díaz/Ramón Corral y Madero acudió al Congreso a solicitar revisión, llamándose ganador, pero no adjudicado, El Congreso concluyó que la elección de Díaz había sido legal y, entonces Madero decidió tomas las armas y publicar un Manifiesto denominado *Plan de San Luis,* donde se llamaba Presidente Electo y solicitaba al pueblo lo apoyara en su lucha reivindicadora. Amenazaba con iniciar una lucha armada el 20 de noviembre de 1910 con ese propósito.

Si bien escribió algunos artículos periodísticos, un libro y el *Plan de San Luis,* no puede decirse que haya sido un prolífico escritor. Sin embargo, sí era un contumaz y consistente escritor de cartas. Escribía prácticamente todos los días: a sus familiares, a sus amigos, a sus correligionarios antirreeleccionistas. Muchas de sus cartas se conservan en diferentes archivos históricos y pueden revisarse con libertad.

Eso ha permitido contar con un pensamiento político de Madero, que nos facilita conocer su opinión sobre la situación política y social de México en 1910.

Me limitaré a referirme a los puntos que más me han llamado la atención de su Plan de Gobierno para las elecciones de 1910, lo señalado en la *Sucesión Presidencial de 1910*, lo escrito en el *Plan de San Luis,* lo comentado en sus cartas, algunos discursos y lo señalado por algunos de sus amigos en los múltiples libros que se han escrito sobre el ideario de Madero.

Plan de gobierno Madero/Vázquez Gómez 1910

1. Mi mandato será regulado por la Ley. Restableceré el imperio de la Constitución, regulando su correcto funcionamiento, modificándola para garantizar el sufragio efectivo y la no reelección, acabando con las candidaturas oficiales y fomentar las convenciones para la designación de candidatos. Cuando las leyes sean de aplicación imposible o inadecuadas, se presentarán al Congreso para ser reformadas.

2. Las entidades federativas reformarán sus constituciones estatales para prohibir la reelección de Gobernadores y Presidentes Municipales, aboliendo las Jefaturas y Prefecturas Políticas.

3. Establecer las medidas pertinentes para elevar el nivel económico, intelectual y moral de las clases proletaria e indígena, para lo que, entre otras cosas, combatiremos los monopolios y los privilegios. La instrucción pública tendrá especial atención, privilegiando la libertad de enseñanza.

Dedicaré el Erario al fomento de la instrucción pública, creando el mayor número posible de escuelas primarias, urbanas y rurales, a fin que las luces de la enseñanza lleguen al último rincón de la República. Crearé mayor número de escuelas secundarias en beneficio del país en general.

4. Garantizar la independencia de los poderes públicos, respetando los poderes legislativo y judicial, para que el primero sea el reflejo de la voluntad nacional y el segundo la garantía de los derechos de los ciudadanos.

5. Garantizar la libertad de expresión y pensamiento.

6. Generaré iniciativas de ley para asegurar la pensión a los obreros mutilados y pensiones a sus familiares, cuando éstos pierdan la vida en el servicio de una empresa.

7. Mexicanizar el personal ferrocarrilero.

8. Desarrollar la riqueza pública, invirtiendo los fondos públicos en beneficio del país

9. Fomentar la agricultura e irrigación, creando Bancos Refaccionarios e Hipotecarios y construyendo presas y pozos artesanos.

10. A la minería y a la industria se les seguirá fomentando, siempre que no sea en detrimento de los intereses generales de la Nación.

11. Al capital extranjero le daré franquicias, pero ningún privilegio. Los monopolios son una amenaza para los intereses generales del pueblo, los combatiré con los medios legales. Haré que se presenten a las Cámaras las iniciativas de Ley necesarias.

12. Los impuestos serán repartidos con equidad y proporcionalmente al capital de cada empresa, aboliendo las igualas que son desventajosas a las pequeñas empresas.

13. Iniciaré una campaña enérgica y constante contra el alcoholismo, por todos los medios legales y presentando al Congreso iniciativas de ley para dicho objeto.

14. Mejorar la situación del Ejército, suprimiré los actuales medios de reclutamiento, lo reformaré para que pueda prestar servicios más eficaces, a la altura de su misión. Haré que se establezca la instrucción militar obligatoria en toda la

República, procurando que sea eficaz y práctica. Se establecerá un sistema de milicia que obligue a los ciudadanos a seguir practicando periódicamente los ejercicios militares, todo ciudadano mexicano podrá ser, en cualquier momento, un buen soldado.

15. Estrechar buenas relaciones con los países extranjeros, muy especialmente con los latinoamericanos, con Estados Unidos procuraré relaciones fraternales, en base al respeto de nuestra soberanía, integridad y dignidad.

Que el general Díaz resuelva obrar patrióticamente, aceptando un arreglo satisfactorio, que se resigne a luchar contra nosotros en el campo de la Democracia.

La aspiración suprema de la Nación es ser gobernada por la Ley, debemos unirnos fraternalmente todos los mexicanos, olvidando odios, rencores, ambiciones personales e inspirándonos únicamente en el amor a la Patria.

20 de abril de 1910 (32 y 33)

En su libro *La Sucesión presidencial de 1910*, Madero escribió claramente lo que pensaba de la dictadura porfirista:

"Cuando una dictadura aparenta respetar las leyes y la Constitución, va minando la libertad, oprimiendo los espíritus, hasta que la cortesía se convierte en servilismo, que es el medio para satisfacer las ambiciones, sobre todo cuando se pierde el deseo de trabajar para cumplir los deseos materiales. Paulatinamente se envenena el pueblo y muere el germen de las aspiraciones y de la responsabilidad. La actual administración sólo premia las acciones de quienes le sirven y adulan. La administración de justicia sirve para dar forma legal a los despojos que se hace a los más desprotegidos. Entre nosotros gozan de más prerrogativas los extranjeros, por lo que con frecuencia preferimos litigar en el extranjero. El gobierno nos ha declarado ineptos e incapaces para gobernarnos, por lo que designa directamente a los funcionarios públicos. Estas prácticas han logrado acabar con nuestro patriotismo. Indudablemente existen mexicanos con méritos para gobernar, pero no los conocemos, porque el poder absoluto ha aniquilado las fuerzas ciudadanas. Y eso, nos impide mejorar, sólo repetimos nuestros actos. Al no respetar el gobierno la ley, el pueblo, paulatinamente tampoco lo hace en su vida diaria. Los que se dan cuenta están amordazados de temor. Esto también disminuye el amor a la Patria. Estamos durmiendo bajo la fresca sombra de un árbol envenenado, soñando en el progreso material, arrullados en la voluptuosidad del bienestar, enervados por la inacción y con nuestras facultades paralizadas. En el gobierno predomina la corrupción, ya sea especulando con los secretos de Estado o concesionándolos. Los funcionarios públicos se burlan de la ley y gozan de impunidad absoluta". (34)

Madero señalaba que no era culpable Porfirio Díaz de su larga permanencia en el poder, puesto que nadie se había manifestado nunca en contra. (21)

El contacto personal de Madero con el surco, el taller y la fábrica, le permitió conocer de cerca la vida proletaria, sus sufrimientos, abnegaciones y necesidades insatisfechas. El Pensamiento cooperador y justo de Madero logró que en 1910 la población trabajadora y sencilla lo escuchara y lo apoyara a partir de sus mítines políticos. La clase alta les llamaba el "Partido de la Tilma y el Huarache". (35)

Madero señala que la precaria situación de ciertos grupos depende de su escasa instrucción, de su deficiente cultura, de su rudimentaria educación, por lo que propuso una escuela diferente, que además de dar conocimiento, enseñe a sacarle provecho al alfabeto y a la aritmética. Debe enseñar a pensar, para saber, prever y actuar en consecuencia. Madero considera el sentimiento y credo religioso como parte de la vida privada del individuo, por lo que propone una escuela laica. Por lo mismo, considera que el Estado no debe inmiscuirse en ese tema, pero debe respetar y hacer respetar esa libertad individual. En consecuencia, ninguna Iglesia debe participar en asuntos de Estado. Madero cree en la libertad de conciencia, de pensamiento, de asociación, de expresión y de prensa. Pero respetando las reglas de convivencia social. (35)

Madero proclama que la solidez de un régimen político y el afianzamiento del progreso social dependen del mejoramiento económico, de las mejores condiciones de vida de los trabajadores, de la mejor calidad de los productos, de la equidad en el repartimiento del trabajo y de sus ganancias, con una justa y equilibrada riqueza nacional. Madero señaló la justa necesidad del alza equitativa de los salarios y la participación de los obreros en las ganancias y utilidades de las fábricas. (35)

La concepción maderista de la propiedad y el uso de la tierra, en cambio, era muy compleja. Considera la justa distribución de la propiedad y el incremento de su producción, la tierra ociosa e improductiva debía desaparecer. El latifundio, por ser un monopolio de explotación no tenía razón de ser, aunque aceptaba que ciertos tipos de cultivo requerían de grandes extensiones de terreno, para no incrementar el costo del producto. También entendía que ciertos cultivos requerían de gran inversión de capital. Reconocía que el clima podía dañar la siembra y cancelar la cosecha, con el indudable costo para todos. De manera que desde el *Plan de San Luis* ya habla de grande y pequeña propiedad, pero consideraba que el gobierno debía darle apoyo a la pequeña en toda la extensión del país. Aunque reconocía la necesidad de devolver las tierras arrebatadas a los pueblos indígenas, no creía en la propiedad comunal, que consideraba inviable económicamente y porque, inevitablemente crearía cacicazgos, tiranías y coyotaje. Excepto que hubiera una organización con especificación de tareas y funciones, con jerarquías y responsabilidad laborales, supervisores e, incluso, instructores. El ideal agrario de Madero era la granja familiar, donde la cooperación comunal se limitaría a la adquisición colectiva de maquinaria y la organización reglamentaria para la venta y distribución de los productos. Este ideal, requería, además de tiempo, educación de los campesinos y participación honesta de los empleados del gobierno responsables de la organización, más la creación de reglamentos y sanciones a los infractores. Consideraba que la fracción de la propiedad influiría en el desarrollo de la agricultura, la riqueza nacional y la democracia, pero, señalaba que para ello deberemos generar un cambio efectivo en el personal administrativo. (35 y **36**)

Madero, después de la entrevista entre Creelman y Porfirio Díaz, consideraba que éste cada día se iría comprometiendo más con la libertad y la democracia de la próxima campaña electoral. Madero creía que Díaz se abriría a la democracia tanto en la elección presidencial como en las estatales. (36)

A mediados de noviembre de 1908, Madero escribe en su cuaderno de mediumnimidad: "Ud. tiene que combatir a un hombre astuto, falso, hipócrita. Ya sabe las antítesis que debe proponer, contra astucia, lealtad; contra falsedad, sinceridad; contra hipocresía, franqueza." B.J.[11] Luego de dar a las prensas su libro, se retira por 40 días al desierto de su Rancho Australia. Tenía 35 años. Madero identifica en el mexicano corrupción del ánimo, desinterés por la vida pública, desdén por la ley y tendencia al disimulo, al cinismo y al miedo, que pueden traducirse fácilmente en sumisión al extranjero. Cuando Madero le entrega un ejemplar a Porfirio Díaz, la dedicatoria señala: *Ud. no es capaz de encontrar un sucesor más digno que la ley.* **(37)**

11 *Suponemos Benito Juárez el espíritu que le dictó el párrafo.

Una vez publicado su libro, Madero se presentó en la Ciudad de México para promover su lectura. Ahí entró en contacto con José Vasconcelos, joven entusiasta del Ateneo de la Juventud[12]. A Vasconcelos le pareció que Madero era un joven valiente y con recursos. Se entendieron y diseñaron una campaña para concientizar a la ciudadanía, invitándolos a votar. Vasconcelos asegura haber redactado el lema "Sufragio efectivo, no reelección". Se decidió generar un periódico que permitiera exponer sus ideas políticas. A ambos les sorprendió el entusiasmo que despertaron entre los obreros durante los mítines realizados. En los múltiples mítines que realizaron encontraron a Roque Garza, a Federico González Garza y a Luis Cabrera. Madero aconsejó a Vasconcelos tomar un curso de oratoria. El semanario se llamaría *El antirreeleccionista* y el responsable sería Vasconcelos. (36)

Madero siempre consideró que pretender resolver la problemática política de una nación con la fuerza de las armas, como exigían los Flores Magón, era contraproducente, descabellado y fuera de lugar, ya que, señalaba, una revolución causa más daño al país que un mal gobierno. Ante la represión porfirista, Vasconcelos trató de obligar a Madero a tomar las armas, pero éste siempre lo rechazó. Vasconcelos sabía que Madero no ganaría las elecciones y aclaraba: "¡de no haber revolución armada, me expatriaré!" (36)

Durante la campaña en 1910, Madero mantuvo correspondencia libertaria con Filomeno Mata y Heriberto Frías, promoviendo la campaña antirreeleccionista y pacífica. Como Madero había enfermado de litiasis vesicular y ardía en fiebre, los responsables directos de la campaña antirreeleccionista eran González Garza y el Licenciado Vázquez Gómez. Resuelto el problema biliar, Madero requirió mucho tiempo después de convalecencia en Tehuacán, Puebla., meses que aprovechó para incrementar su experiencia epistolar con los grupos liberales de México. (36)

El 24 de junio de 1911, ya con la revolución triunfante, escribió un manifiesto, donde señala: "no esperen que la situación económica y social mejore bruscamente, pues eso sólo se puede obtener por medio del esfuerzo constante y laborioso de toda la sociedad. La prosperidad y la riqueza sólo podrá lograrse practicando el ahorro". (37)

12 + El Ateneo de la Juventud lo inició Alfonso Caso para realizar discusiones filosóficas contra el positivismo, buscando justificar lo espiritual entre los jóvenes cultos de la ciudad de México, tomó forma a la llegada del escritor dominicano Pedro Henríquez Ureña. En promedio, sus integrantes tenían 23 años. Aunque era un grupo apolítico, la mayoría simpatizaba con Madero. (21)

Escribió en noviembre 20 de 1912: "me preocupo por el prestigio de las instituciones democráticas, los gobiernos democráticos traerán los beneficios de un gobierno libre". Durante su presidencia fomentó la formación de partidos políticos, porque consideraba que mientras más "ideas" hubiera en la Cámaras y en la Suprema Corte, los resultados serían mejores, pues enriquecerían la vida pública del país. Siempre pensó que la comprensión y la justicia causarían la paz en el país. (38)

Madero tenía fe, lo empujaba el poder avasallante de la verdad. No era Madero un político de oficio ni de demagogia. Su ideología iba más allá de sus planes. Señalaba: "Yo, de mis amigos recuerdo lo bueno y olvido todo aquello que parezca un agravio" ... Predicaba que los valores deben prevalecer sobre los impulsos del instinto. (21)

Vasconcelos asegura que no fue la miseria lo que promovió el descontento contra Díaz, sino el anhelo y ansia de libertades. Insiste en que la exigencia del grupo antirreeleccionista era fincar las bases para el progreso nacional en libertad. (35)

Madero promueve dos valores fundamentales: la honradez y el hábito de trabajar. Para progresar, en cualquier sentido, lo primero es desearlo, luego diseñar un plan de conducta que eleve el alma, permitiendo generar acciones concretas bien planeadas y, finalmente, después luchar formalmente para lograrlo. (39)

La doctrina maderista no terminó con la muerte de Madero. Para Madero el problema era exclusivamente político: la dictadura. Lo que explica la frase: "Sufragio efectivo, no reelección", que condensa su objetivo y su estrategia. Sufragio efectivo incluye limpieza en el conteo electoral, pero también libertad y conciencia ciudadana en la voluntad popular. La no reelección incluye un no al continuismo y a la imposición. Madero considera que el continuismo engendra absolutismo. La idea de Madero era liberar a México de la tiranía e instaurar una democracia. Nunca pretendió cambiar la constitución existente. Madero era contrario al centralismo, excepto en lo relativo a la enseñanza, porque creía en la necesidad de tener una identidad nacional. Siempre rechazó la simulación legal. Aunque no se asumía como liberal, los Derechos Humanos, para Madero eran preceptos indispensables. Como los franceses, creía en la Libertad, la Igualdad y la Fraternidad, pero con su personal interpretación. La Libertad debe estar sujeta a leyes, respetando los derechos de los demás. Todos son iguales ante la ley y todos deben recibir las mismas facilidades para desarrollar sus capacidades. Para él, la Fraternidad es el altruismo. Para lo único que Madero no era tolerante eran quebrantar premeditadamente la honestidad y la rectitud, con perjuicio social. El Estado, de acuerdo a Madero es delegado por la sociedad, no es el patrón. Madero consideraba que la asociación del capital con el esfuerzo (muscular o intelectual) de los individuos, es lo que permite la producción de los bienes y servicios indispensables para el desarrollo social. La actividad y no el capital, es indispensable para la producción, pero es el capital lo que permite la actividad individual. El capital y el trabajo son fuerzas concurrentes que deben coordinarse para la prosperidad colectiva. La lucha entre ellos, sólo produce subordinación y entorpecimiento. Madero propone un sistema cooperativo con sindicalismo genuino con normas especificadas, legales y justas. Madero no habla de caridad sino de la justa retribución por un esfuerzo y un trabajo realizado. Ningún beneficio sin esfuerzo, ningún derecho sin responsabilidad. (35)

A Madero le gustaba oír música clásica, asistía con frecuencia a los conciertos que dirigía Meneses en el Conservatorio, donde pedía con frecuencia que tocaran a Tchaikovsky. La Obertura 1812 de Tchaikovsky lo hacía llorar, al parecer por asociación con la Independencia Mexicana. (21 y **40**)

Arnaiz en 1963, en el cincuentenario de La Tragedia, resumió el ideario maderista:

1. La libertad es un bien sólo concedido a los pueblos dignos.

2. Las luchas de las ideas son luchas redentoras, de donde brota la luz.

3. El poder absoluto corrompe a quienes lo ejercen y a quienes lo sufren.

4. No se sabe de lo que es capaz un pueblo luchando por su libertad.

5. No hay esfuerzo perdido cuando lleva un buen fin.

6. Unamos nuestros esfuerzos para el engrandecimiento de México.

7. Más vale un puñado de valientes que una legión de tímidos.

8. Los pesimistas reflejan su miedo en los demás.

9. Al pueblo que abdica su libertad, la fatalidad lo persigue.

10. Quienes se humillan ante los poderosos son los más déspotas con los débiles.

11. No juzgues a un hombre por un acto, sino por los actos de su vida entera.

12. El sentimiento que me guía es el amor a la patria. (18)

Madero identifica, durante el gobierno de Porfirio Díaz, seis dificultades mayores: Agrario, Leva, Xenolatría, No política de conciliación, Ley Fuga, Reelección indefinida, que son las que trata de resolver en su ideario. Debemos reconocer que Madero posee una cultura media, con vagos conceptos políticos y sociales. Sin embargo, es un hombre recto, amable y honrado. (38)

Se inicia en la política ayudando a crear el "Club Político Benito Juárez", que lo lleva a la Ciudad de México donde, en una convención "casi secreta", propone la no reelección sin éxito. Decide esperarse hasta 1909, donde su principal interés es la elección del vicepresidente. Su propuesta era que el gobierno estuviera formado por: Porfirio Díaz con un Vicepresidente, parte de las cámaras y los gobernadores elegidos por el partido. (38)

Vasconcelos escribe a la renuncia de Díaz: el propósito de Madero era despertar el alma de la Nación, no predicaba venganza, sino amor a los compatriotas. Todo su corazón lo abrió a la luz y toda la República le cupo dentro. Por su parte, Cosío Villegas señala: la bandera maderista era de reivindicación, reivindicación de libertad individual, del individuo contra el poder opresor, de la Ley ante la fuerza. (41)

IV. El plan de San Luis

En junio de 1910, Madero salió de la capital mexicana para su última gira. Ninguna campaña electoral mexicana había sido tan extensa y activa. Madero había visitado 22 estados de la República y fundado cien clubes antirreeleccionistas. En Saltillo y San Luis Potosí sufrió de serias hostilidades de parte del gobierno, que pretendía boicotear su campaña. Monterrey fue impresionante, a pesar del gran despliegue policiaco que impedía que 10 mil personas se acercaran al candidato, cerca de 1500 rompieron el cerco y lograron reunirse fuera de la casa de los Madero. Desde el balcón, Francisco I. Madero y Roque Estrada, condenaron la conducta de la policía. (41)

A las 8:30 de la noche, Madero y Estrada subieron al automóvil que los llevaría a la estación de tren, varios hombres vestidos de civil, les marcaron el alto, ordenándole a Estrada que se entregara; Madero inició una discusión que Estrada aprovechó para ocultarse en la casa. Madero siguió su camino a la estación, pero el tren fue detenido con la intención de aprehender a Estrada. Madero fue detenido por "proteger a un fugitivo". (41)

Sara, la esposa de Madero, rehusó separarse de su lado por miedo a la ley fuga. Al día siguiente Roque Estrada decidió entregarse para dejar en libertad a Madero, pero ya había cargos contra Madero: sedición, fomentar rebelión e insultar a las autoridades. (41)

Madero sabía que debía sacar provecho de la situación. Lanzó una proclama explicando las circunstancias de su arresto, acusaba al gobierno de su encarcelamiento y el de sus partidarios y los alentaba a ejercer sus derechos. Publicó también una carta abierta a Díaz en que decía: "La nación está cansada del continuismo y demanda ser gobernada por la constitución y no con paternalismo", si insistían en la reelección "...serían responsables ante la nación, ante el mundo civilizado y ante la historia por las consecuencias". Se generalizaron las protestas a la represión. El arresto del único candidato que se había atrevido a desafiar a la dictadura, lo hacía más popular. (41)

El 26 de junio se llevaron a cabo las elecciones primarias, los detenidos fueron llevados a la prisión de San Luis Potosí, ya que los crímenes se habían cometido ahí. Las elecciones secundarias del 8 de julio, reafirmaron el triunfo de Porfirio Díaz. Madero y su partido sometieron al Congreso un expediente sobre el fraude en las elecciones, apelando a su nulidad. El 16 de septiembre, el general Díaz se dirigió al Congreso y, declaró que las elecciones se habían celebrado con regularidad. El 4 de octubre, Díaz y Corral fueron declarados reelectos. (41)

José Yves Limantour, ministro de finanzas del general Díaz y amigo de la familia Madero, había aconsejado que solicitaran cumplir su condena en la ciudad de San Luis Potosí, fuera de la prisión. Madero y Estrada caminaban todas las tardes, las caminatas comenzaron a ser más largas. El 5 de octubre regresaron después de oscurecer, pero a la casa de Julio Peña. De ahí salieron la madrugada del 6 de octubre en el tren que los dejaría, treinta y dos horas después, en Nuevo Laredo, Tamaulipas. (41)

El 9 de octubre llegó la señora Madero a San Antonio, al *Hutchins House.* Madero declaró que no buscaba ayuda de Estados Unidos, sino hospitalidad y comprensión. La posición de Madero se comprometió. Durante su campaña política había denunciado "los males de la revolución" y la repulsión que le causaba el uso de la fuerza. Había evitado la violencia, pero, al parecer, ya se habían agotado todos los recursos pacíficos, el siguiente paso era poner en marcha el plan revolucionario. (41)

Conciudadanos:- No vaciléis pues un momento: tomad las armas, arrojad del poder a los usurpadores, recobrad vuestros derechos de hombres libres y recordad que nuestros antepasados nos legaron una herencia de gloria que no podemos mancillar. Sed como ellos fueron: invencibles en la guerra, magnánimos en la victoria.- SUFRAGIO EFECTIVO, NO REELECCIÓN.- San Luis Potosí, octubre 5 de 1910.- Así terminaba Madero su plan revolucionario, dado a conocer desde San Antonio en Texas.

Proclamándose presidente de la Junta Revolucionaria, publicó el plan de San Luis, fechado el 5 de octubre, para evitar repercusiones internacionales. **(42)**

PLAN DE SAN LUIS.

Manifiesto a la nación

Los pueblos, en su esfuerzo constante porque triunfen los ideales de libertad y justicia, se ven precisados en determinados momentos históricos a realizar los mayores sacrificios.

Nuestra querida patria ha llegado a uno de esos momentos: una tiranía que los mexicanos no estábamos acostumbrados a sufrir, desde que conquistamos nuestra independencia, nos oprime de tal manera, que ha llegado a hacerse intolerable. En cambio de esa tiranía se nos ofrece la paz, pero es una paz vergonzosa para el pueblo mexicano, porque no tiene por base el derecho, sino la fuerza; porque no tiene por objeto el engrandecimiento y prosperidad de la patria, sino enriquecer a un pequeño grupo que abusando de su influencia, ha convertido los puestos públicos en fuente de beneficios exclusivamente personales, explotando sin escrúpulos todas las concesiones y contratos lucrativos.

Tanto el Poder Legislativo como el Judicial están completamente supeditados al Ejecutivo; la división de los Poderes, la soberanía de los Estados, la libertad de los Ayuntamientos y los derechos del ciudadano, sólo existen escritos en nuestra Carta Magna; pero de hecho, en México casi puede decirse que reina constantemente la Ley Marcial; la justicia en vez de impartir su protección al débil, sólo sirve para legalizar los despojos que comete el fuerte; los jueces, en vez de ser los representantes de la justicia, son agentes del Ejecutivo, cuyos intereses sirven fielmente; las Cámaras de la Unión no tienen otra voluntad que la del dictador; los gobernadores de los Estados son designados por él y ellos a su vez designan e imponen de igual manera las autoridades municipales.

De esto resulta que todo el engranaje administrativo, judicial y legislativo obedece a una sola voluntad, al capricho del Gral. Porfirio Díaz, quien en su larga administración ha demostrado que el principal móvil que lo guía es mantenerse en el poder a toda costa.

Hace muchos años se siente en toda la República profundo malestar, debido a tal régimen de Gobierno, pero el Gral. Díaz con gran astucia y perseverancia, había logrado aniquilar todos los elementos independientes de manera que no era posible organizar ninguna clase de movimiento para quitarle el poder de que tan mal uso hacía. El mal se agravaba constantemente, y el decidido empeño del Gral. Díaz de imponer a la nación un sucesor y siendo éste el Sr. Ramón Corral, llevó ese mal a su colmo y determinó que muchos mexicanos, aunque carentes de conocida personalidad política, puesto que había sido imposible labrársela durante 36 años de dictadura, nos lanzásemos a la lucha intentando reconquistar la soberanía del pueblo y sus derechos en el terreno netamente democrático.

Entre otros partidos que tendían al mismo fin, se organizó el Partido Nacional Antirreeleccionista proclamando los principios de Sufragio Efectivo y No-Reelección, como únicos capaces de salvar a la República del inminente peligro con que la amenaza la prolongación de una dictadura cada día más onerosa, más despótica y más inmoral.

El pueblo mexicano secundó eficazmente a ese partido y respondiendo al llamado que se le hizo, mandó sus representantes a una Convención, en la que también estuvo representado el Partido Nacionalista Democrático que asimismo interpretaba los anhelos populares. Dicha Convención designó sus candidatos para la Presidencia y Vice-Presidencia de la República, recayendo esos nombramientos en el Sr. Dr. Francisco Vázquez Gómez y en mí, para los cargos respectivos de Vice-Presidente y Presidente de la República.

Aunque nuestra situación era sumamente desventajosa porque nuestros adversarios contaban con todo el elemento oficial, en el que se apoyaban sin escrúpulos, creímos de nuestro deber, para mejor servir la causa del pueblo, aceptar tan honrosa designación. Imitando las sabias costumbres de los países republicanos, recorrí parte de la República haciendo un llamamiento a mis compatriotas. Mis giras fueron verdaderas marchas triunfales, pues por doquier el pueblo electrizado por las palabras mágicas de Sufragio Efectivo y No-Reelección, daba pruebas evidentes de su inquebrantable resolución de obtener el triunfo de tan salvadores principios. Al fin, llegó un momento en que el Gral. Díaz se dio cuenta de la verdadera situación en la República y comprendió que no podría luchar ventajosamente en el campo de la Democracia y me mandó reducir a prisión antes de las elecciones, las que se llevaron a cabo excluyendo al pueblo de los comicios por medio de la violencia, llenando las prisiones de ciudadanos independientes y cometiéndose los fraudes más desvergonzados.

En México, como república democrática, el Poder Público no puede tener otro origen ni otra base que la voluntad nacional y ésta no puede ser supeditada a fórmulas llevadas a cabo de un modo fraudulento.

Por este motivo el pueblo mexicano ha protestado contra la ilegalidad de las últimas elecciones, y queriendo emplear sucesivamente todos los recursos que ofrecen las leyes de la República, en la debida forma pidió la nulidad de las elecciones ante la Cámara de Diputados, a pesar de que no reconocía en dicho cuerpo un origen legítimo y de que sabía de antemano que no siendo sus miembros representantes del pueblo, sólo acatarían la voluntad del Gral. Díaz a quien exclusivamente deben su investidura.

En tal estado las cosas, el pueblo, que es el único soberano, también protestó de un modo enérgico contra las elecciones, en imponentes manifestaciones llevadas a cabo en diversos puntos de la República, y si éstas no se generalizaron en todo el territorio nacional, fue debido a la terrible presión ejercida por el gobierno que siempre ahoga en sangre cualquier manifestación democrática, como pasó en Puebla, Veracruz, Tlaxcala, México y otras partes. Pero esta situación violenta e ilegal no puede subsistir más.

Yo he comprendido muy bien que si el pueblo me ha designado como su candidato para la Presidencia, no es porque haya tenido oportunidad de descubrir en mí los dotes del estadista o del gobernante, sino la virilidad del patriota resuelto a sacrificarse si es preciso, con tal de conquistar la libertad y ayudar al pueblo a liberarse de la odiosa tiranía que lo oprime.

Desde que me lancé a la lucha democrática sabía muy bien que el Gral. Díaz no acataría la voluntad de la Nación y el noble pueblo mexicano, al seguirme a los comicios, sabía también perfectamente el ultraje que le esperaba, pero a pesar de ello, el pueblo dio para la causa de la libertad un numeroso contingente de mártires cuando éstos eran necesarios, y con admirable estoicismo concurrió a las casillas a recibir toda clase de vejaciones.

Pero tal conducta era indispensable para demostrar al mundo entero que el pueblo mexicano está apto para la democracia, que está sediento de libertad y que sus actuales gobernantes no responden a esas aspiraciones.

Además, la actitud del pueblo antes y durante las elecciones, así como después de ellas, demuestra claramente que rechaza con energía al gobierno del General Díaz y que si se le hubieran respetado sus derechos electorales, hubiese sido yo el electo para el puesto de Presidente de la República.

En tal virtud, y haciéndome eco de la voluntad nacional, declaro ilegales las pasadas elecciones y quedando por tal motivo la República sin gobernantes legítimos, asumo provisionalmente la Presidencia de la República, mientras el pueblo designa, conforme a la ley, sus gobernantes. Para lograr este objeto es preciso arrojar del poder a los audaces usurpadores que por todo título de legalidad ostentan un fraude escandaloso e inmoral.

Con toda honradez declaro que consideraría una debilidad de mi parte y una traición al pueblo que en mí ha depositado su confianza, no ponerme al frente de mis conciudadanos, quienes ansiosamente me llaman de todas partes del país para obligar al Gral. Díaz, por medio de las armas, a que respete la voluntad nacional.

El Gobierno actual, aunque tiene por origen la violencia y el fraude, desde el momento que ha sido tolerado por el pueblo, puede tener, para las naciones extranjeras ciertos títulos de legalidad hasta el 30 del mes en curso, en que expiran sus poderes; pero como es necesario que el nuevo gobierno, dimanado del último fraude, no pueda recibir el poder, o por lo menos se encuentre con la mayor parte de la Nación protestando contra esa usurpación con las armas en la mano, he designado el domingo 20 del entrante noviembre, para que de las seis de la tarde en adelante, todas las poblaciones de la República se levanten en armas bajo el siguiente plan:

1.- Se declaran nulas las elecciones para Presidente y Vicepresidente de la República, Magistrados a la Suprema Corte de Justicia de la Nación y Diputados y Senadores, celebradas en junio y julio del corriente año.

2.- Se desconoce al actual gobierno del Gral. Díaz, así como a todas las autoridades cuyo poder debe dimanar del voto popular, porque además de no haber sido electas por el pueblo, han perdido los pocos títulos que podían tener de legalidad, cometiendo y apoyando con los elementos que el pueblo puso a su disposición para defender sus intereses, el fraude electoral más escandaloso que registra la historia de México.

3.- Para evitar hasta donde sea posible los trastornos inherentes a todo movimiento revolucionario, se declaran vigentes, a reserva de reformar oportunamente por los medios constitucionales, aquellas que requieran reforma, todas las leyes promulgadas por la actual administración y sus reglamentos respectivos, a excepción de aquellas que manifiestamente se hallen en pugna con los principios proclamados en este plan. Igualmente se exceptúan las leyes, fallos de tribunales y decretos que hayan sancionado las cuentas y manejos de fondos de todos los funcionarios de la administración porfirista en todos sus ramos, pues tan pronto como la revolución triunfe se iniciarán la formación de comisiones de investigación para dictaminar acerca de las responsabilidades que hayan podido incurrir los funcionarios de la Federación, de los Estados y de los Municipios.

En todo caso, serán respetados los compromisos contraídos por la administración porfirista con gobiernos y corporaciones extranjeras antes del 20 del entrante.

Abusando de la ley de terrenos baldíos, numerosos pequeños propietarios, en su mayoría indígenas, han sido despojados de sus terrenos, ya por acuerdos de la Secretaría de Fomento o por fallos de los tribunales de la República. Siendo de toda justicia restituir a sus antiguos poseedores los terrenos de que se les despojó de un modo tan arbitrario, se declaran sujetos a revisión tales disposiciones y fallos y se exigirá a los que los adquirieron de un modo inmoral, o a sus herederos, que los restituyan a sus primitivos propietarios, a quienes pagarán también una indemnización por los perjuicios sufridos. Sólo en el caso de que esos terrenos hayan pasado a tercera persona antes de la promulgación de este plan los antiguos propietarios recibirán indemnización de aquellos en cuyo beneficio se verificó el despojo.

4.- Además de la Constitución y leyes vigentes, se declara ley suprema de la República el principio de No-Reelección del Presidente y Vice-Presidente de la República, Gobernadores de los Estados y Presidentes Municipales, mientras que se hagan las reformas constitucionales respectivas.

5.- Asumo el carácter de presidente provisional de los Estados Unidos Mexicanos, con las facultades necesarias para hacer la guerra al gobierno usurpador del general Díaz.

Tan pronto como la capital de la República y más de la mitad de los estados de la federación estén en poder de las fuerzas del pueblo, el presidente provisional convocará a elecciones generales extraordinarias para un mes después y entregará el poder al presidente que resulte electo, tan pronto como sea conocido el resultado de la elección.

6.- El presidente provisional, antes de entregar el poder, dará cuenta al Congreso de la Unión del uso que haya hecho de las funciones que le confiere el presente plan.

7.- El día 20 de noviembre, de las seis de la tarde en adelante, todos los ciudadanos de la república tomarán las armas para arrojar del poder a las autoridades que actualmente la gobiernan. Los pueblos que estén retirados de las vías de comunicación lo harán desde la víspera.

8.- Cuando las autoridades presenten resistencia armada, se les obligará por la fuerza de las armas a respetar la voluntad popular; pero en este caso las leyes de la guerra serán rigurosamente observadas, llamándose especialmente la atención sobre las prohibiciones relativas a no usar balas expansivas ni fusilar a los prisioneros. También se llama la atención respecto al deber de todo mexicano de respetar a los extranjeros en sus personas e intereses.

9.- Las autoridades que opongan resistencia a la realización de este plan serán reducidas a prisión para que se les juzgue por los tribunales de la República cuando la revolución haya terminado. Tan pronto como cada ciudad o pueblo recobre su libertad, se reconocerá como autoridad legítima provisional al principal jefe de las armas, con facultad para delegar funciones en algún otro ciudadano caracterizado, quien será confirmado en su cargo o removido por el Gobierno Provisional.

10.- El nombramiento de gobernador provisional de cada estado que haya sido ocupado por las fuerzas de la Revolución, será hecho por el presidente provisional. Este gobernador tendrá estricta obligación de convocar a elecciones para gobernador constitucional del Estado tan pronto como sea posible, a juicio del presidente provisional. Se exceptúan de esta regla los estados que de dos años a esta parte han sostenido campañas democráticas para cambiar de gobierno, pues en éstos se considerará como gobernador provisional al que fue candidato del pueblo, siempre que se adhiera activamente a este plan.

En caso de que el presidente provisional no haya hecho el nombramiento de gobernador, que este nombramiento no hubiere llegado a su destino o bien que el agraciado no aceptare por cualquier circunstancia, entonces el gobernador será designado por votación entre todos los jefes de armas que operen en el territorio del estado respectivo, a reserva de que su nombramiento sea ratificado por el presidente provisional tan pronto como sea posible.

11.- Las autoridades dispondrán de todos los fondos que se encuentren en las oficinas públicas para los gastos ordinarios de la administración y para los gastos de la guerra, llevando las cuentas con toda escrupulosidad. En caso de que esos fondos no sean suficientes para los gastos de la guerra, contratarán empréstitos, ya sean voluntarios o forzosos. Estos últimos sólo con ciudadanos o instituciones nacionales. De estos empréstitos se llevará también cuenta escrupulosa y se otorgarán recibos en debida forma a los interesados, a fin de que al triunfar la revolución se les restituya lo prestado.

Transitorios

A.- Los jefes de las fuerzas voluntarias tomarán el grado que corresponda al número de fuerzas a su mando. En caso de operar fuerzas militares y voluntarias unidas, tendrá el mando de ellas el jefe de mayor graduación, pero en caso de que ambos jefes tengan el mismo grado, el mando será del jefe militar.

Los jefes civiles disfrutarán de dicho grado mientras dure la guerra, y una vez terminada, esos nombramientos, a solicitud de los interesados, se revisarán por la Secretaría de Guerra que los ratificará en su grado o los rechazará, según sus méritos.

B.- Todos los jefes, tanto civiles como militares, harán guardar a sus tropas la más estricta disciplina, pues ellos serán responsables ante el gobierno provisional de los desmanes que cometan las fuerzas a su mando, salvo que justifiquen no haberles sido posible contener a sus soldados y haber impuesto a los culpables el castigo merecido.

Las penas más severas serán aplicadas a los soldados que saqueen alguna población o que maten a prisioneros indefensos.

C.- Si las fuerzas y las autoridades que sostienen al general Díaz fusilan a los prisioneros de guerra, no por eso y como represalia se hará lo mismo con los de ellos que caigan en poder nuestro; pero, en cambio, serán fusilados dentro de las veinticuatro horas y después de un juicio sumario, las autoridades civiles o militares al servicio del general Díaz que, una vez estallada la revolución, hayan ordenado, dispuesto en cualquier forma, transmitido la orden o fusilado a alguno de nuestros soldados.

De esta pena no se eximirán ni los más altos funcionarios; la única excepción será el general Díaz y sus ministros, a quienes en caso de ordenar dichos fusilamientos o permitirlos, se les aplicará la misma pena, pero después de haberlos juzgado por los tribunales de la república, cuando haya terminado la revolución.

En el caso de que el general Díaz disponga que sean respetadas las leyes de guerra, y que se trate con humanidad a los prisioneros que caigan en sus manos, tendrá la vida salvada, pero de todos modos deberá responder ante los tribunales de cómo ha manejado los caudales de la nación y de cómo ha cumplido con la ley.

D.- Como es requisito indispensable en las leyes de guerra que las tropas beligerantes lleven algún uniforme o distintivo y como sería difícil uniformar a las numerosas fuerzas del pueblo que van a tomar parte en la contienda, se adoptará como distintivo de todas las fuerzas libertadoras, ya sean voluntarias o militares, un listón tricolor, en el tocado o en el brazo.

Conciudadanos: Si os convoco para que toméis las armas y derroquéis al gobierno del general Díaz, no es solamente por el atentado que cometió durante las últimas elecciones, sino por salvar a la patria del porvenir sombrío que le espera continuando bajo su dictadura y bajo el gobierno de la nefanda oligarquía científica que, sin escrúpulos y a gran prisa, están absorbiendo y dilapidando los recursos nacionales, y si permitimos que continúen en el poder, en un plazo muy breve habrán completado su obra: habrán llevado al pueblo a la ignominia y lo habrán envilecido, le habrán chupado todas sus riquezas y, dejándolo en la más absoluta miseria, habrán causado la bancarrota de nuestras finanzas y la deshonra de nuestra patria, que débil, empobrecida y maniatada se encontrará inerme para defender sus fronteras, su honor y sus instituciones.

Por lo que a mí respecta, tengo la conciencia tranquila y nadie podrá acusarme de promover la revolución por miras personales, pues está en la conciencia nacional que hice todo lo posible para llegar a un arreglo pacífico y estuve dispuesto hasta a renunciar mi candidatura siempre que el general Díaz hubiese permitido a la nación designar aunque fuese al vicepresidente de la república, pero dominado por incomprensible orgullo y por inaudita soberbia, desoyó la voz de la patria y prefirió precipitarla en una revolución antes de ceder un ápice, antes de devolver al pueblo un átomo de sus derechos, antes de cumplir aunque fuese en las postrimerías de su vida, parte de las promesas que hizo en la Noria y Tuxtepec.

Él mismo justificó la presente revolución cuando dijo: "Que ningún ciudadano se imponga y perpetúe en el ejercicio del poder y ésta será la última revolución".

Si en el ánimo del general Díaz hubiesen pesado más los intereses de la patria que los sórdidos intereses de él y de sus consejeros, hubiera evitado esta revolución haciendo algunas concesiones al pueblo, pero ya que no lo hizo...¡tanto mejor!, el camino será más rápido y más radical, pues el pueblo mexicano en vez de lamentarse como un cobarde, aceptará como un valiente el reto, y ya que el general Díaz pretende apoyarse en la fuerza bruta para imponerle un yugo ignominioso, el pueblo recurrirá a la misma fuerza para sacudir ese yugo, para arrojar a ese hombre funesto del poder y para reconquistar su libertad.

Conciudadanos: no vaciléis, pues, un momento: tomad las armas, arrojad del poder a los usurpadores, recobrad vuestros derechos de hombres libres y recordad que nuestros antepasados nos legaron una herencia de gloria que no podemos mancillar. Sed como ellos fueron: invencibles en la guerra, magnánimos en la victoria.

SUFRAGIO EFECTIVO. NO REELECCIÓN

San Luis Potosí, 5 de octubre de 1910

Francisco I. Madero

Nota.- El presente plan sólo circulará entre los correligionarios de más confianza hasta el 15 de noviembre, desde cuya fecha se podrá reimprimir; se divulgará prudentemente desde el 18 y profusamente desde el 20 en adelante. (18)

En el *Plan de San Luis,* Madero justifica el inevitable movimiento armado, declara que después de agotar los recursos legales para declarar nulas las elecciones, y dispuesto a no permitir que "esta situación violenta e ilegal continúe", se asume como presidente provisional hasta "que el pueblo eligiera su gobierno de acuerdo a la ley", proclamando el principio de "no reelección". (42)

Madero se comprometió a respetar todas las obligaciones de gobierno contraídas antes de la revolución, a convocar elecciones tan pronto las condiciones fueran adecuadas y a ser escrupuloso con los fondos públicos empleados. Al triunfo de la revolución, las leyes y decretos promulgados durante el régimen de Díaz serían revisados, y revocados los que estuvieran en conflicto con los principios del movimiento. Señaló el 20 de noviembre de 1910 para dar inicio a la lucha armada. Desde San Antonio se enviaron a México copias del plan, dinero, municiones y pertrechos. (41)

En la Ciudad de México, el 17 de noviembre la prensa informó del complot. Para entonces, cientos de sospechosos habían sido arrestados. El 18, Aquiles Serdán y la mayor parte de su familia resultaron muertos, al enfrentarse a sus captores. (41)

El 19 de noviembre, Madero salió de San Antonio con destino a Ciudad Porfirio Díaz. Cruzó la frontera, pero se encontró con la sorpresa de que el ejército que lo esperaba era muy pequeño. Descorazonado, regresó sobre sus pasos. (41)

Gracias a los tratados de Ciudad Juárez, Madero convirtió el Plan de San Luis en su programa de gobierno, lo que aseguraría los intereses populares. De golpe terminaba con la revolución e iniciaba la democracia. Con la firma de esos tratados, Madero se ganó la gloria y Díaz el respeto. Los puestos públicos no serían el premio a una revuelta, sino el resultado de una elección democrática. (21)

Madero, imperturbable, cumplió los acuerdos con lealtad, se desprendió de honores y escolta. No entraría a la capital a la cabeza de un ejército, sino aclamado por todo el pueblo. Después de Ciudad Juárez, Madero exigía una patria libre. (21)

Muy pronto quedó claro que De la Barra y Madero perseguían fines y destinos distintos. La Madre de Madero le advierte: imponte ante De la Barra, quítale el mando a Huerta y manda a Blanquet lejos, te están haciendo una contrarrevolución. Sin embargo, Madero decidió esperar hasta estar en la presidencia. Madero renunció a ejercer el poder, amparado en la Constitución, pero con ello negaba la legitimidad de su revolución, los revolucionarios se sintieron traicionados. Madero no era diplomático, no actuaba por cálculo, sino por pálpito. Señalaba: *"prefiero hundirme en la ley, que sostenerme sin ella"*. Mostraba incapacidad para el arte de la política, para esa relojería fina de los medios y los fines. (41)

Madero entró a la capital el 7 de junio, medio millón de habitantes lo recibió en júbilo. El *caballito* se cubrió de muchachos desde el pedestal hasta los hombros. Las campanas de la catedral y los 90 templos de la ciudad tocaban a rebato. Madero significaba la libertad y la unión. Se alojó en una casa en Tacubaya y fundó el Partido Constitucional Progresista. (21 y 29)

V. MADERO PRESIDENTE

Tal vez la Revolución Maderista sea la única revolución nacional donde el triunfo de las armas no obligó a la toma del poder, la única lucha armada que generó en una elección democrática. El ganador no se impuso por las armas, sino que se desprendió de ellas para ganar una elección. Aunque Madero derroca a Porfirio Díaz por una revolución armada, no llega a la presidencia como resultado de su asonada, a diferencia del innumerable grupo de presidentes mexicanos del siglo XIX. A la toma de Ciudad Juárez, pide la renuncia del gobierno recientemente electo (Díaz y Corral) y entonces toma el poder un presidente interino (De la Barra) con la función de evitar dejar acéfalo el gobierno nacional y preparar unas elecciones que designen al presidente que terminará el periodo no terminado por quienes renunciaron. Díaz renuncia en mayo y Madero gana las elecciones en noviembre de 1911. No toma el poder con su ejército, sino que asciende a la magistratura nacional como consecuencia de unas elecciones libres. Situación nunca antes vista en nuestro país. Cada asonada generaba un presidente derrocado y otro que se imponía por la fuerza de las armas, hasta que otro hiciera lo mismo.

El sistema educativo era tan pobre que solamente el 38 por ciento de la población sabía leer y escribir y en su mayoría vivía en las grandes metrópolis. El sistema de enseñanza se recargaba en las escuelas rurales ubicadas en las haciendas o ranchos. Aunque algunos estados tenían colegios privados, a éstos sólo podían acceder los económicamente pudientes. Los estados del centro y norte acaparaban al mayor número de ciudadanos letrados, en el sur se contabilizaba un 8-9 porciento de alfabetizados.

El sistema electoral era participativo. La comunidad escogía un representante y éste votaba a nombre de todos. El elegido tenía que saber leer y escribir. El resultado eran pobres votaciones y los mismos electores siempre. Un sistema poco democrático. Los únicos que exigían democracia eran los miembros de la clase media, que durante el Porfiriato eran unos cuantos miles.

No se había visto en Ciudad de México una multitud en las calles como la que recibió a Madero aquel jubiloso 7 de junio de 1911, la ciudad tenía una emoción diferente a la Semana Santa o a la noche del grito. Gente de todas las clases sociales lo esperó jubilosa en la estación Corona de la calle Sullivan. Entre ellos la viuda y la hermana de Aquiles Serdán. Esperanza Echeverría, de las tropas zapatistas con un sable en la mano controlaba a la muchedumbre. La viuda de Serdán entregó un ramo de flores a Sara, la esposa de Madero. Juan Flores del Campo le compuso una canción. El tren llegó a las 12:20 del mediodía. El tránsito al zócalo llevó más de 2 horas. Al paso de Madero se oían aplausos, campanadas, cohetes y vivas. Durante todo el recorrido recibió ramos de flores desde los balcones y azoteas, los edificios se engalanaron con banderas tricolores. Desde el balcón presidencial, De la Barra y Madero saludaron a la multitud agolpada en el zócalo. (43)

La noche previa en la ciudad hubo un temblor, que la prensa calificaba como "sin precedentes", dejando centenares de víctimas y tiró casas, muros y columnas. Se rompieron las cañerías, se levantaron los rieles del ferrocarril y hubo varios incendios. "¡El día que Madero llegó/ hasta la tierra tembló!" (44)

Madero pacta con Díaz para preservar la institucionalidad liberal y democrática. En 1911, a la renuncia de Porfirio Díaz, se celebran elecciones extraordinarias en México, resultando electo como Presidente de la República, don Francisco I. Madero, con 98 porciento de los votos. El 6 de noviembre de 1911, Madero asumió la presidencia. Entra al Castillo de Chapultepec escoltado por Pascual Orozco y Ambrosio Figueroa[13]. La mayor preocupación de Madero era promover la democratización política. Conformó un gabinete incluyente y plural. Decidió respetar la separación de poderes (ejecutivo, legislativo y judicial), impulsando la descentralización y el federalismo y respetando la autonomía de los ayuntamientos. Promulgó una nueva ley electoral que incluía el voto directo y universal. De ser el líder de una revolución, Madero pasó a ser el líder de un partido político. (16, 17 y 39)

Fue motivo de asombro la popularidad y la fuerte base democrática con las que Francisco I. Madero comenzó su gobierno. Al triunfo de su revolución las expectativas de cambio estaban puestas en él. Lo rápido de los acontecimientos generó una reacción en su contra, por aquellos que temían perder sus privilegios, por lo que pronto iniciaron una campaña para derrocarlo. Los que lo acompañaron en su revolución,

13 *En 1910 se afilió al antirreeleccionismo y se lanzó a la lucha armada. En mayo de 1911 sus fuerzas ocuparon la ciudad de Cuernavaca, lo que propició un distanciamiento con Zapata. Gobernador de Morelos del 4 de octubre de 1911 al 22 de julio de 1912, fue fusilado por Victoriano Huerta el 23 de junio de 1913 **(45)**

pero que sentían que había dejado intacto al viejo sistema, terminaron por desconocerlo. El gobierno de Madero sólo fue una pequeña tregua, un intento por resolver los viejos problemas. Pronto perdió el respaldo y su popularidad cayó a los suelos. De la victoria al desencanto en 15 meses. Terminó asesinado y convertido en apóstol de la democracia. **(46)**

Una vez en la Presidencia, Madero dejó el aparato estatal en manos de antiguos porfiristas, también ofreció puestos a muchos de sus familiares, incluso su hermano Gustavo era su mano derecha. Abraham González fue su Secretario de Gobernación. Su ingenuidad política se nota en la frase: "Si tenemos libertad, todos nuestros problemas están resueltos". Sus parientes, Ernesto Madero y Rafael Hernández ocuparon cargos en el gabinete maderista, pese a ser del grupo de los *Científicos,* muy cercanos al presidente Díaz. Estos nombramientos molestaron a Gustavo, quien le reprochó a Francisco que hubiera incluido a esos parientes, Ernesto Madero en Hacienda y Rafael Hernández en Fomento. (4, 40, 46 y **47)**

El primer acto de Madero presidente fue comisionar a Gabriel Robles Domínguez, para entablar conversaciones de paz con Zapata. Sin embargo, no llegaron a tener un acuerdo. Zapata solicitaba cambiar al gobernador electo, retirar las fuerzas federales y la expedición de una Ley Agraria. El representante del gobierno exigía la rendición incondicional de los zapatistas y la salida de Zapata del estado de Morelos. Zapata entonces proclama el Plan de Ayala. (29)

De las primeras medidas de Madero al iniciar su gestión presidencial, fueron regresar a Sonora a los indios yaquis que habían sido deportados a Yucatán por Porfirio Díaz y cancelar las concesiones oficiales a las haciendas que enganchaban prisioneros en el Valle Nacional. (36)

Cuando tomó posesión Madero, el periódico *Nueva Era,* órgano de la revolución, empezó a atacar a Victoriano Huerta, a quien llamaban reyista, Huerta fue a dar explicaciones a Madero, comprendiendo que entablar una polémica era la muerte. Logró convencerlo. (30)

En el segundo semestre de 1912 se dio el cambio en el Congreso, ahora la mayoría era gobiernista, pero la vocación libertaria por parte de Madero permitió fuertes discusiones parlamentarias. En esa misma época se incrementaron las presiones del embajador Henry Lane Wilson. (11)

Los días 16, 17 y 18 de enero de 1913, en la casa de Gustavo Madero, se reunieron los diputados leales a su hermano Francisco, con la intención de revisar el futuro del régimen. La XXVI legislatura había iniciado trabajos en septiembre de 1912 y el gobierno se encontraba paralizado, en 4 meses no se había logrado ningún acuerdo. Francisco I. Madero consideraba que, una vez asumida su tarea pública, en poco tiempo tendrían la madurez cívica necesaria para dirigir la marcha del país. (46)

Gustavo Madero, ante la incongruencia e inexperiencia de los diputados maderistas, a quienes llamaban "los porristas", no pudo sacar adelante las reformas necesarias para consolidar la democracia en el país. El grupo más oposicionista al maderismo tenía las mejores mentes y los de mayor experiencia en asuntos legislativos. Eran intelectuales reconocidos, oradores elocuentes, además tenían prestigio entre los liberales. Gustavo Madero era el eje de sus ataques, quien entendió que el pragmatismo para los negocios no servía en la política. (46)

Muchos cambios hizo Madero en su gabinete en poco tiempo. Por su gabinete circularon personajes de todas las filiaciones políticas, la intención era amalgamar el pensamiento y crear una conciencia nacional, pero no le alcanzó el tiempo para lograr la meta. Pino Suárez encausaba un movimiento renovador, tratando de mantener la tendencia popular del movimiento maderista, pero Ernesto Madero luchaba por congraciarse con las clases altas, que le permitieran manejar la Hacienda Pública sin tropiezos. Jesús Flores Magón, en la Ciudad de México, editaba una versión moderada e independiente de *Regeneración*, cuando Abraham González fue nombrado gobernador de Chihuahua, Jesús se hizo cargo de la cartera de Gobernación, dejada vacante por González. Pero Flores Magón peleaba continuamente con "los porristas", por lo que Madero lo cambió por Rafael Hernández[14]. (11, 16 y **48**)

El senado no era de Madero, ahí no tenía mayoría, ahí traía mano De la Barra, el expresidente. Madero tenía mayoría con los diputados, pero la tribuna era dominada por el "triángulo luminoso" de Lozano, Olaguibel y García Naranjo, ninguno de ellos era maderista, después se les sumó un cuarto orador experto: Querido Moheno, quien la tomó contra Pino Suárez[15]. Aunque "los porristas" querían apoyar a Madero, su capacidad oratoria no se podía comparar con la habilidad verbal de esos cuatro, pese a que entre los diputados maderistas estaba Urueta, al que se le llamaba el Príncipe de la Palabra, porque era un gran orador. (48)

Madero, en septiembre de 1912, dijo al Congreso: "...la libertad florece solamente bajo la protección de la ley". Se negaba a creer que los mexicanos no estuvieran preparados para la democracia. La prensa de

14 *Primo de Madero,que había ocupado una cartera en el gobierno provisional de De la Barra.(25)

15 +Les llamaban el cuadrilato porfirista (40)

oposición y los líderes políticos contrarios continuaban obstaculizando su administración. Existía una atmosfera de inquietud. (46)

En diciembre de 1912, en Saltillo, Carranza comentó: "la debilidad está comprometiendo los ideales de la Revolución". Y pidió a los gobernadores de origen revolucionario que se unieran para afrontar cualquier situación que pudiera presentarse. (46)

El gobierno maderista, cargado de ingenuidad e inexperiencia, no desarrolló ningún programa para asegurar la estabilidad política, o resolver la problemática social, o la crisis económica existente. Compartía dos convicciones con *los Científicos*: modernizar México a través de la inversión extranjera y generar grandes propiedades agrarias. Madero era un terrateniente con vocación filantrópica. Su política agraria consistía en grandes haciendas administradas por hacendados, justos y generosos, que eliminarían la servidumbre por deudas. (4)

Madero apoya a la clase obrera, constituyó la Oficina Nacional del Trabajo, que se encargaba de las huelgas y estudiaba las legislaciones laborales, promovió el derecho laboral, redujo la jornada de trabajo y generó la indemnización por accidente laboral. Funda la Casa del Obrero y admite la libre asociación colectiva de obreros en sindicatos. Fomentó la primera Convención de la Industria Textil y, a partir de ello se mejoraron salarios y condiciones de trabajo. (17 y 42)

En el terreno educativo incrementó el presupuesto y construyó escuelas primarias y rurales. Estableció comedores escolares y repartió ropa y zapatos a los estudiantes, fundó casas para estudiantes, escuelas nocturnas para obreros, educación especial para indígenas y apoyó a la cultura y educación universitaria. Madero incrementó en 50% el presupuesto para educación. La educación es la base de la democracia, decía, las ciudades son un islote en un mar de incultura. (17, 21 y 42)

En el terreno agrario creó la Comisión Nacional Agraria y la Secretaría de Fomento, con la intención de negociar créditos a la agricultura y prohibió las tiendas de raya. Sin embargo, no regresó las tierras expropiadas por Porfirio Díaz a los ejidatarios. Tuvo varias reuniones con Zapata, sin lograr acuerdos en ese punto. (17)

Zapata hablaba de la propiedad de la tierra, de la restitución de los ejidos y de los derechos de los pueblos al reparto agrario, mientas que Madero hablaba de reformas entre propietarios de haciendas y campesinos. **(49)**

Luis Cabrera, uno de los diputados *renovadores* de la XXVI Legislatura presentó un proyecto de Ley Agraria, que señalaba: "se declara de utilidad pública nacional la reconstitución de los ejidos para los pueblos", considerándola urgentísima en el orden político. Se proponía que la propiedad de la tierra fuera de la Federación y su usufructo de los pueblos. (49)

Madero generó la Inspección de carreteras, caminos y puentes y construyó la presa del Mexe en Hidalgo. Inició el proceso de preferir a los mexicanos en los puestos administrativos de los ferrocarriles y designó inspectores de la explotación petrolera. Muchas de las medidas implementadas por el gobierno maderista tendrían que haber dado frutos a lo largo de sus 5 años de periodo presidencial, ya que tenían la intención de reconstruir la economía soberana del país. (17)

En las casas de la Ciudad de México se seguía cocinando con carbón vegetal, como en los tiempos de Moctezuma, Madero construyó la tubería para dotar de gas los hogares capitalinos. Con Necaxa empezó la electrificación del país. (21)

En el informe presidencial del 1 de abril de 1912, Madero agradece a Estado Unidos haber suspendido las actividades relacionadas con una intervención militar, señalando que el presidente de Estados Unidos había prohibido vender armas a los revolucionarios. En septiembre de 1912, reconoce 17 reclamaciones de ciudadanos residentes de Texas y Arizona, por daños infringidos por la revolución de 1910. (1)

En los pocos meses de su gobierno, Madero dio libertad política, democratización, mejoramiento laboral, desarrollo agrícola, fortalecimiento de la industria nacional y justicia imparcial, pero no tuvo tiempo ni habilidad para resolver los problemas de la tenencia de la tierra. Por otro lado, pecó de inoportuna franqueza, falta de diplomacia, excesiva tolerancia y la inclusión en su gabinete de oportunistas. Carecía de malicia, sagacidad y suspicacia. (17)

Durante su gobierno se registraron cinco partidos políticos (el Constitucional Progresista, el Católico Nacional, el Liberal Evolucionista, el Popular Obrero y el Antirreeleccionista) porque su idea era generar muchas mejoras a las condiciones sociales y para ello quería múltiples ideologías, sin embargo, en la práctica lo que realmente sucedió es no llegar a acuerdos y desde luego a ningún resultado... Por ejemplo, para unos era "urgente" la Ley Agraria y para otros era irrelevante tratar el tema. (42)

En su libro *La Sucesión Presidencial en 1910*, asegura su vocación democrática, no deseaba ser revolucionario, rechazaba la violencia, confiaba en la fuerza del voto. Pero su ideario político no consideró los conflictos sociales existentes, tampoco se imaginaba gobernando con el apoyo de los militares. Consciente de pertenecer a un clan, jamás abandonó esa idea, por lo que en su gobierno hubo 10 parientes con algún puesto público. Los quince meses de su presidencia fueron desgastantes y, finalmente: ¡mortales! (50)

Sólo logró cumplir siete de las promesas del Plan de San Luis: a) libertad electoral, b) sufragio efectivo, c) elecciones federales para renovar totalmente la Cámara de Diputados, parcialmente la de Senadores y la Suprema Corte de Justicia, d) inicia un Federalismo efectivo, ya que los gobernadores tenían amplio poder sin dependencia del centro, e) respeto a los Tribunales y Juzgados, f) no intervención en los dictámenes de la ley (por ejemplo: el gobernador de San Luis Potosí, Rafael Cepeda, su amigo, le pidió destituyera a un juez porque éste apoyaba a los jóvenes que se negaban a ser reclutados y Madero no accedió) y g) estableció la Comisión Nacional Agraria, aunque sin mucho apoyo en el Congreso. Andrés Molina Enríquez, fue el que más apoyó la cuestión agraria, influyendo sobre Luis Cabrera. (42)

Pero Madero genera un enfrentamiento legal con las grandes empresas, intenta una Ley Agraria y acotar los privilegios de las compañías mineras y petroleras. Estas decisiones socio-políticas de Madero, desarrolla la animadversión y la asociación de los grupos afectados por estas intenciones maderistas. (39)

Desde sus primeros discursos, Madero señaló que la prosperidad, tanto individual como nacional, depende del trabajo, por eso le dedicó gran impulso a la educación, sobre todo desarrollando escuelas rurales, confiado en generar constructores civilizados del futuro. (50)

Madero decidió sostener al viejo ejército federal y licenciar al ejército revolucionario, con la intención de mantener el control de obreros y campesinos. Suponía que el Ejército Federal le permitiría oponerse a los revolucionarios radicales y evitaría que los conservadores retomaran el poder. Se enfrentó al Ejercito Libertador del Sur de Emiliano Zapata, cuando en junio de 1911 se negó a devolver la tierra expropiada por Porfirio Díaz, aduciendo que no había pruebas de quien era el legítimo dueño. Pronto estalló la guerra en Morelos. (4)

El ejército constituido y educado por Porfirio Díaz quedó intacto, con todos sus elementos y su organización, tal cual pasó al servicio de Madero, de acuerdo al documento firmado en Ciudad Juárez, para garantizar la tranquilidad y el orden públicos. De esa manera, la Revolución Maderista quedaba a merced del Ejército Federal, dislocado de las tropas insurgentes. La disolución de las tropas revolucionarias se dio de manera paulatina y con grandes dificultades, debido a la evidente autonomía de cada jefe revolucionario. Licenciar al ejército revolucionario le impidió a Madero consolidar su presidencia, debilitó su fuerza y su autoridad. (11)

La situación del Ejército era inmejorable. La Revolución no lo había derrotado. Se conservaba íntegro, con sus tradiciones y prestigio: antiguos jefes y una oficialía joven e impetuosa. La Nación y Madero sentían un profundo respeto por el Ejército. (30)

En Celaya, Alfredo Robles Domínguez era un ferviente partidario de Madero. Orquestador de la rebelión de noviembre de 1910, fue hecho prisionero antes de la fecha programada. En ese tiempo los ricos de Celaya fundaron un grupo de apoyo contra Madero. Al triunfo de los maderistas en Ciudad Juárez, algunos se convirtieron en revolucionarios de última hora (Juan Bautista Castelazo, Cándido Navarro y Francisco Franco), pero el único con actividades militares fue Franco, apoyado por Robles. Durante la presidencia de León de la Barra, Castelazo ocupó la gubernatura de Guanajuato. Vázquez Gómez apoyaba a Navarro. Las disputas entre ellos se mantuvieron hasta las elecciones. Los trabajadores agrícolas y fabriles habían iniciado una movilización social importante, fundamentalmente salarial. Madero llegó en campaña el 29 de septiembre. Durante el mitin en Celaya, fue evidente que la gente gritaba ¡Pino No! Para 1912 seguía la polarización y la huelga de los trabajadores. Múltiples rebeliones se dieron en Guanajuato durante los primeros meses del gobierno de Madero, la mayoría secundando los movimientos celayenses. Madero tuvo que enviar fuerzas federales a sofocar el movimiento rebelde. **(51)**

Madero no estaba suficientemente preparado para gobernar ese México post-porfirista, su bagaje político y su conocimiento en la administración pública no era la necesaria. Mucha voluntad y ánimo político, pero sin experiencia. **(52)**

Una conspiración salió de Bernardo Reyes en diciembre de 1911. A los 11 días el levantamiento fue controlado. Reyes adelantó los tiempos, el triunfo de Madero era reciente, todavía conservaba la confianza de los revolucionarios y, por supuesto, tenía aún el apoyo de Estados Unidos. Reyes se rindió rápidamente. (4)

Pascual Orozco, alma de la revolución de 1910 en Chihuahua, desconoce a Madero e inicia una nueva revolución. Villa se le enfrenta, pero es derrotado. José González Salas, desde la ciudad de México, se dirige a combatir a Orozco. En Rellano ganan los sublevados y González se suicida. Se envía a Huerta a combatir a Orozco. (29)

Mucho más importante fue la insurrección de Pascual Orozco en marzo de 1912. Frustrado porque Madero no lo apoyó en su intento por ser gobernador de Chihuahua una vez que Abraham González fue nombrado secretario de Gobernación, se negó a conformarse con la compensación económica que recibió de Madero al licenciar a su ejército y no le pareció suficiente con ser nombrado Jefe Militar del estado. Reorganizó su ejército, se apoyó en maderistas desilusionados, se alió con Zapata y consiguió financiamiento de Estados Unidos y de terratenientes de Chihuahua. La rebelión orozquista fue muy violenta, aunque sólo duró 4 meses, Victoriano Huerta lo derrotó en Rellano, Bachimba y Ojinaga. Fracasó principalmente porque los porfiristas y conservadores preferían a Madero que a un revolucionario con intenciones de modificar socialmente al país. Durante la campaña contra Orozco, Huerta tuvo un altercado con Pancho Villa, al que intentó fusilar. (4, 17, 20 y 24)

Pascual Orozco era un gran problema para Madero desde la insubordinación en Ciudad Juárez, cubierto de laureles y de la lisonja popular, era tierra fértil para la intriga de los enemigos de Madero. Madero quería a Abraham González como gobernador y González quería ser gobernador. A Orozco sólo le ofrecieron el mando militar de la zona, pero no podían darle el grado de general, porque antes de la revolución no era militar, por lo mismo no le podían dar la Secretaría de Guerra. Licenciaron su ejército, pero el dinero que le tocó era apenas la mitad de lo que consideró como adecuada y, por supuesto, muchísimo menor que la que recibió Gustavo A. Madero por parte del Congreso. Al rebelarse, azuzado por Vázquez Gómez y por Terrazas, lo siguieron sus rurales. Campa y Argumedo apoyaron a Orozco desde Torreón y, en Coralillo, con miles de hombres, se enfrentaron y derrotaron a los federales. Es Huerta quien logra derrotar a Orozco. (16)

Cuando Madero designó a Huerta para enfrentar a Pascual Orozco, Huerta sólo le pidió que lo dejara escoger los elementos para la campaña. Buscó elementos para garantizar el éxito de la División del Norte. (30)

Marchó a Torreón con lentitud, en el camino iba conociendo a sus subordinados, aprovechó a los oficiales entusiastas para levantar el ánimo de toda la División. No atacó a Pascual Orozco hasta que estuvo convencido del éxito. Huerta siempre pensó que al éxito se llega despacio, buscando la oportunidad ideal, su fuerza era saber esperar. (30)

En el primer combate, en la Sierra de Banderas, pudo derrotar definitivamente a los orozquistas, pero eso significaba escaso éxito, tal vez lo hubieran ascendido, pero Huerta quería ser Ministro de Guerra. Consideraba que mientras más larga es la campaña, es más productiva. Así que prolongó la campaña, la marcha victoriosa, logrando un triunfo apoteósico. (30)

En espera de la llegada de Huerta, Villa vuelve a ser derrotado por los orozquistas. Huerta gana batallas en Tlahualillo y en Conejos, donde se le unen las tropas de Villa. En Rellano, Huerta derrota a Orozco, quien intenta llegar a Jiménez para reorganizarse. Ahí es donde sucede el altercado entre Villa y Huerta por una yegua, Huerta decide fusilarlo, pero Raúl Madero le salva la vida a Villa. El último combate se desarrolla en el cañón de Bachimba. Orozco se refugia en Ciudad Juárez. Huerta regresa a la ciudad de México convertido en héroe y en General de División. Después regresa a Chihuahua, el dos de septiembre toma Ciudad Juárez y el 4 Ojinaga, terminando con el movimiento de Orozco. Al regresar a la Ciudad de México es relevado del mando y desaparece la División del Norte. (29)

La rebelión de Orozco generó a Madero y su gobierno un gran quebranto, incrementó la indisciplina en el Congreso y brotaron incontables apologistas de don Porfirio. El triunfo de Huerta colocaba al gobierno a expensas de las bayonetas. La turbulencia creció. El soporte de Madero ya no fue la democracia sino la fuerza de su ejército, pero no era un ejército maderista, sino uno porfirista. (16)

En octubre de 1912 la guarnición de Veracruz se levantó al mando de Félix Díaz, hijo de un hermano de Porfirio Díaz. Intentó que los generales porfiristas lo apoyaran, pero la mayoría lo consideraban un hombre débil e incompetente. Al recibir el apoyo de los ciudadanos de Veracruz, en lugar de marchar hacia la capital del país, se entretuvo en fiestas y agasajos. (4)

El embajador Henry Lane Wilson, de Estados Unidos, pidió a su país apoyo para el movimiento de Félix Díaz, sin conseguirlo. Finalmente, Joaquín Beltrán hizo prisionero a Díaz, quien fue sometido a Consejo de Guerra por traición y sentenciado a muerte. Félix Díaz salvó la vida, porque su abogado aseguró que había renunciado al ejército antes de levantarse en armas, por lo tanto, no era un militar sino un civil. (16)

Madero se comportó con blandura, a Reyes lo recluyó en la prisión de Santiago Tlatelolco, donde gozaba de prerrogativas y privilegios, que aprovechó para seguir conspirando contra Madero. Félix Díaz fue condenado a muerte, pero la Suprema Corte anuló la sentencia y lo trasladó a la penitenciaría de la ciudad, sin que Madero se opusiera.

Incluso, Madero señaló que podría dar amnistía a los conspiradores si demostraban que habían actuado por motivos patrióticos. (4)

A Madero ya le había tocado sufrir en carne propia dos escisiones revolucionarias, durante su corta vida política: la operada entre los Flores Magón y el maderismo y la sucedida entre Madero y los Vázquez Gómez. Cada una con sus características propias. (11)

Francisco I. Madero cooperó financieramente con los magonistas, a manera de suscripciones a *Regeneración* o cuando apoyó económicamente a Paulino Martínez que estaba preso[16]. Intrigas dentro del Partido Liberal los fue separando, inicialmente de manera ideológica y finalmente de forma personal. La mayor diferencia era el método personal de oponerse cada quién al Régimen Porfirista, aunque para 1909 ambos coincidían en la necesidad de emplear la violencia. (11)

Debe mencionarse que el gobierno estadunidense persiguió a los anarquistas Flores Magón, mientras que prohijó a Madero, pero además tenían muchas más diferencias que afinidades políticas. Tal vez su única coincidencia era evitar la reelección de Díaz. Madero presumía de nacionalista y confiaba en los procedimientos políticos, mientras que los Flores Magón abrazaron el anarquismo. Ricardo Flores Magón acusó a Madero de querer instalar una república similar a la estadunidense, que siguiera oprimiendo al pueblo mexicano. Madero recorrió el país, mientras Ricardo Flores Magón nunca regresó a México. Madero no hablaba de destrucción, sino de respetar la propiedad privada, organizando un gobierno electo y responsable. La lucha de Madero era por integrar a la nación, robustecer la familia y dignificar al individuo, mientras que Ricardo Flores señalaba en *Regeneración* que no se puede esperar nada bueno de los gobiernos, porque la autoridad se encarga de mantener las desigualdades. (11)

La separación de Madero con los hermanos Vázquez Gómez tuvo otro origen: el Dr. Francisco Vázquez Gómez era reyista, pero cuando en 1909 Bernardo Reyes decidió no oponerse a Porfirio Díaz, se sumó al grupo Antirreeleccionista y en la fórmula con Madero, iba como vicepresidente. Debe señalarse que Vázquez Gómez nunca acompañó a Madero por sus giras de campaña. El mismo Madero señaló esta situación como motivo para incluir a Pino Suárez en la fórmula de 1911. Seguramente Madero vio en alguno de sus viajes por Estados Unidos las giras de campaña, así que las puso en práctica. No es extraño que Vázquez Gómez no lo acompañara. Las giras resultaron muy útiles, al remover la conciencia de los asistentes. (5 y 11)

16 ***Periodista liberal muy activo en la campaña antirreeleccionista, preso de 1907 al 1909**

Vázquez Gómez siempre se manifestó como contrario a una lucha armada para quitar del poder a Porfirio Díaz, por lo que al publicarse el Plan de San Luis, los hermanos Vázquez Gómez abandonaron el país, para no ser asociados con el movimiento maderista. Sin embargo, participaron activamente en las negociaciones con los enviados de Porfirio Díaz después de la toma de Ciudad Juárez. En realidad, los hermanos Vázquez Gómez luchaban por obtener un puesto público importante (ministerio, vicepresidencia o presidencia). (11)

Un motivo de discusión entre Madero y el Dr. Vázquez Gómez fue Limantour. La familia de Madero estimaba personalmente al Ministro de Hacienda y el Dr. Vázquez Gómez quería que renunciara junto con Porfirio Díaz. Finalmente, Madero estuvo de acuerdo en enviar un telegrama a Porfirio Díaz, solicitando su renuncia, la del vicepresidente y la de todo el gabinete, incluyendo a Limantour. Porfirio Díaz aceptó. (11)

Una vez Madero en el poder, los hermanos Vázquez Gómez convencieron a Zapata y a Pascual Orozco de levantarse en armas contra Madero. La Revolución Maderista se dividió a raíz de las intrigas de los hermanos Vázquez Gómez, quienes a los 22 días de haber iniciado Madero su mandato constitucional, convencieron a Zapata que debía reconocer como Jefe de la Revolución a Pascual Orozco y se levantara en armas contra Madero. El Plan de Ayala contiene todos los postulados agraristas que esgrimían contra Madero, pero también incluía la insatisfacción por la elección de Pino Suárez como vicepresidente. (11)

Recién tomó posesión del gobierno Madero, iniciaron las dificultades. Zapata se lanzó contra Madero como producto de su impaciencia y sin considerar que resolver la problemática agraria no sería cosa de un par de días.

Zapata, decepcionado por las acciones de Madero, proclamó el Plan de Ayala el 25 de noviembre de 1911, donde exigía la restitución de las tierras expropiadas, la distribución de tierra a campesinos sin tierra y la expropiación de tierras a los enemigos de la Revolución. Desde 1909 Zapata había sido nombrado jefe del Consejo Comunitario de Anenecuilco y, desde 1910, había realizado varias invasiones en la hacienda del pueblo, desafiando los fallos de las autoridades. El Plan de Ayala agregaba al Plan de San Luis, la necesidad de expropiar tierras para repartirlas a los campesinos. (4 y 6)

La pacificación de Morelos, en 1911, sólo sería posible mediante un acuerdo agrario, que Madero no fue capaz de firmar con Zapata, señalando que era imposible cumplir esa parte del Plan de San

Luis. Zapata conoce el Plan de San Luis y en el artículo 3ro. cifra sus esperanzas. Se entrevista con Madero en marzo de 1911, le exige que cumpla con lo prometido, contesta Madero que todo lleva tiempo, que le tenga paciencia. En junio 12 de ese año, hay una matanza de campesinos en Puebla, lo que irrita a Zapata. En agosto de 1911 Madero va a Cuautla y Huerta trata de matar a Zapata, éste exige que salga con sus tropas del estado. Se improvisa una tribuna en donde Madero vuelve a pedir confianza y se firma un documento en donde se indica "Tierra libre para todos, sin capataces, sin amos". Huerta mata en Yautepec a muchos zapatistas y Zapata pierde la confianza en Madero. Zapata se esconde en la sierra, se fue a la montaña y con Otilio Montaño inició su protesta armada contra Madero. Escribe, junto con Otilio Montaño, el Plan de Ayala. Convoca a su gente en la serranía de Ayoxuxtla en donde lo firman y juran la bandera. Las haciendas tomadas se trabajaban de forma comunal y los cascos los usaban como cuarteles. (6 y 53)

Felipe Ángeles es enviado a Morelos en lugar de Juvencio Robles, viejo general oaxaqueño, que había ocupado el lugar de Victoriano Huerta como comandante militar de Morelos, incapaz de contener a Zapata, pese a su cruel campaña militar. (29)

Huerta se sintió menospreciado por Madero, los primeros días luego de someter a Orozco, lo presentaba como "mi héroe", pero pronto se olvidó de él, incluso desintegró la División del Norte. Un día héroe nacional y al otro día ¡nada! Sin mando de tropas, sin ser jefe de nada, sin bonos, sin lisonjas. Aprovechó para operarse los ojos, rumiar su rencor y planear su venganza. Se sintió usado, no estaba acostumbrado a simplemente, cumplir con su deber y ya...

En los quince meses que duró Madero en el poder se enfrentó a seis rebeliones y una traición: Vázquez Gómez, Zapata, Bernardo Reyes, Pascual Orozco, Félix Díaz, el Cuartelazo de los Generales y Victoriano Huerta. Una semana antes de la toma de posesión de Francisco I Madero y Pino Suárez, los hermanos Vázquez Gómez se sublevaron y antes de pasar un mes, Zapata se levantó con el Plan de Ayala. Orozco lo hizo a los cuatro meses. ¿Autonomía, indisciplina, rebelión?

Pascual Orozco, al declararse rebelde, señaló que Madero *puso en manos del gobierno americano los destinos de la Patria, por medio de indignas promesas...llevando filibusteros americanos en sus filas...*El Ejército Federal mantuvo a raya a los zapatistas y eliminó a Pascual Orozco, pero en 1913 fue el actor principal del Cuartelazo, imponiendo una presidencia militar. (11)

La administración de Francisco I. Madero, seguramente ha sido la más atacada en nuestra historia. Quizá los ataques fueron iniciados por los hermanos Vázquez Gómez. En promedio, el régimen de Madero tuvo una revuelta militar por trimestre. Trató de contrarrestar esos ataques con algunas acciones agraristas: a) respeto a la propiedad privada; b) redistribución de la propiedad agrícola; c) patrimonio familiar inalienable; d) crear y organizar un crédito agrícola, e) creación de la Comisión Nacional Agraria y de la Escuela Nacional de Agricultura. También intentó un acuerdo comercial para exportar productos agrícolas hacia los Estados Unidos y Europa. Madero señalaba que: "el individuo era la unidad productora y que su independencia haría posible nuevas fuentes de riqueza". (54)

Uno de los puntos más utilizados por los enemigos de Madero durante su gobierno, se relacionaba con la selección y elección de Pino Suárez como vicepresidente. Francisco Vázquez Gómez, quien había sido el médico personal de Porfirio Díaz, siempre expuso su opinión que Madero lo borró de la papeleta electoral, para colocar a su amigo fiel, sin importar la capacidad ni la voluntad popular. Durante su peculiar campaña, Madero recorrió por tren buena parte del país. Vázquez Gómez se negó a acompañarlo. Por lo que Madero, al fundarse el Partido Constitucional Progresista, después del exilio de Porfirio Díaz, solicitó a la Convención Nacional le propusieran un nuevo candidato a la vicepresidencia. El elegido fue José María Pino Suárez. Vázquez Gómez no le ofrecía a Madero la seguridad de su lealtad, como era el caso de Pino Suárez. La lealtad de su equipo es indispensable para todo presidente. (55)

Los Científicos combatieron a Madero con encono, tanto por medios legales como ilegales, aprovechando las libertades democráticas puestas en marcha por el nuevo gobierno. La Prensa y el Congreso fueron las herramientas principales para el enfrentamiento. Porfirio Díaz no encontró sucesor y perdió el poder, Madero no entendió la necesidad de cambio que tenía el país y perdió la vida.

Madero generó la libertad de prensa, los periodistas podían escribir lo que quisieran, lo que fue aprovechado por los enemigos políticos de Madero para atacarlo y ridiculizarlo, desprestigiando la imagen presidencial. Para enero de 1912 el caricaturista Ernesto García Cabral ya dibujaba a Madero, como pasajero de un auto que conducía su hermano Gustavo, en franca caída (de popularidad). Al pie de página García Cabral escribió: *¡Manito, no me lleves tan aprisa!* El desgaste de su gobierno se acrecentaba a pasos agigantados. Al no entender el momento histórico, se ganó enemigos por todas partes. (21 y 23)

Los caricaturistas de la época, incluidos Guadalupe Posada y García Cabral hicieron múltiples caricaturas con la imagen de Madero. También hubo una pieza burlesca, el Tenorio Maderista, que completó cincuenta representaciones. La prensa impresa creó la imagen de un político cándido, ingenuo, tramposo y autoritario, imagen que logró minar la legitimidad de Madero como presidente. Incluso hubo ridiculización de Sara, la esposa de Madero. El gobierno maderista intentó neutralizar esta imagen fundando su propio periódico, *Nueva Era,* bajo la dirección de Sánchez Azcona, en el verano de 1911. *El Diario,* de Rafael Martínez dio seguimiento y simpatía a la campaña presidencial de Madero. (15)

La prensa de oposición era soez e insultante, el dos de diciembre de 1911 *El Ahuizote,* antimaderista, publicó una caricatura de Gómez, donde se muestra una fotografía majestuosa de Porfirio Díaz y un pequeño Madero, pidiendo que retiren la foto, porque lo hacen ver (a Madero) muy chiquito. Madero prefirió no coartar la libertad de expresión, pero la prensa paulatinamente fue restando legitimidad al gobierno maderista. (56)

Al asumir la presidencia, Madero estaba atrapado entre el viejo orden que la opinión pública añoraba y la defensa de la libertad, que el pueblo exigía. Madero llegó al poder con la bandera de la libertad de expresión, que había sido coartada en el Porfiriato. Los periódicos ejercieron ese derecho sin ningún límite. Se permitió y ejerció la libertad de expresión y Madero sufrió las consecuencias, sin nunca arrepentirse. En la época de Madero, se podía discutir libre y ampliamente los problemas sociales y políticos del país. En esos días se fundó *La Tribuna,* diario católico. (15 y 57)

Madero creía que la libertad de expresión permitiría conocer la realidad del país y, con ello, decidir libremente su destino. Pero al retirar apoyo económico a los periodistas, vieja costumbre porfirista, se desató una cruel e inmisericorde crítica, fundamentalmente a partir de *El Imparcial* de Rafael Reyes y *El Ahuizote* de Miguel Ordorica. Rumores considerados hechos, contradicciones en la información, poco espacio a las noticias favorecedoras a Madero era lo característico de la prensa. *Nueva Era* nació el 31 de julio de 1911, fundado para apoyar y defender el régimen maderista, patrocinado por el círculo más cercano a Madero, donde su hermano Gustavo era el principal accionista y Sánchez Azcona su director. Los maderistas adquirieron *El Imparcial.* (57)

Finalmente, el daño que ocasionaba la prensa al régimen maderista se convirtió en motivo de preocupación general. A finales de octubre de 1912, Madero envió una iniciativa al Congreso: "Se atenta contra la paz pública por medio de la prensa, dando publicidad a noticias contrarias a la verdad, que pueden causar alarma, alentar a los bandoleros o incitar a levantarse en armas". La iniciativa consideraba como responsables solidarios a editores, directores y propietarios de los diarios en cuestión. Las sanciones incluían arresto de hasta treinta días, con multas de hasta 500 pesos. Tras largos debates, la iniciativa fue rechazada por el Congreso. (15 y 57)

La crítica, la oposición, las rebeliones y los alzamientos militares debilitaron su gobierno, desplomaron su imagen y estimularon el descontento social. José Clemente Orozco, en aquel entonces caricaturista, atacaba a Madero, poniéndolo como un pigmeo comparado con Porfirio Díaz, señalando que a Madero todo le quedaba grande: la ropa, las mujeres, la silla presidencial... (57)

En octubre de 1912 Nemesio García Naranjo fundó *La Tribuna*, publicación fervientemente antimaderista. *El intransigente* era de tendencia maderista, pero no incondicional. *La Nación*, *El Tiempo* y *El País*, periódicos católicos, eran conservadores y antimaderistas. Sin embargo, los más dañinos a Madero fueron los semanarios de caricaturas, donde llevaba mano el caricaturista Ernesto "El Chango" García Cabral. (57)

Debe señalarse que *El Mañana* de Jesús Rábago llegó al grado de pedir al ejército se alzara en contra de Madero y tomara el poder. Gustavo Madero dijo que "los periodistas muerden la mano que les quitó el bozal". (57)

Madero intentó, a través de Congreso, controlar a los opositores a su gobierno, pero eso sólo logró calentar más los ánimos de los periodistas, incluso varios de ellos fueron encarcelados por conspirar contra el gobierno.

No fueron los periodistas los responsables del Cuartelazo, pero si tuvieron una importante participación en la inconformidad social. El 23 de enero de 1913, el diputado maderista José Inés Novelo, se entrevistó con el presidente para mostrarle un informe sobre las actividades y la importancia de la prensa opositora, señalando que la contrarrevolución se ha apoderado de la opinión pública y afirmando: "un gobierno que no es respetado está condenado a desaparecer". Pino Suárez, el cinco de febrero de 1913, dijo a Tablada: *¡he dicho al presidente que esta negligencia nos va a costar la cabeza!* (57)

El Sistema Parlamentario de la Constitución de 1857, con la que Madero intentó gobernar, continuó trabajando con el modelo porfirista, aunque los maderistas eran mayoría en el Congreso, sólo un reducido número de ellos, los Renovadores, exigía cambios en la estructura social del país. (4)

En el Congreso, los porfiristas y conservadores, prefirieron desacreditar a Madero, impedir cualquier cambio social y paralizar al aparato gubernamental, para mantener su status quo. Esto facilitó la presencia de conspiradores, facilitado por la disolución del ejército revolucionario. (4)

Los jóvenes pobres que habían apoyado la revolución de 1910, pensaban que a su triunfo vendría un El Dorado, o por lo menos, aumento en jornales y sueldos. Lo que por supuesto, no pasó en quince meses. (15)

Madero había anunciado un pequeño impuesto al petróleo crudo y despedido a los empleados del ferrocarril que no hablaran español. No es que estas acciones fueran importantes, pero las compañías estadunidenses lo consideraron un precedente. Por lo mismo intentó congraciarse con Estados Unidos, se apartó de la orientación probritánica de Díaz y pidió al Banco Speyer que manejara los bonos mexicanos. La debilidad de Madero y la insistencia del presidente de Estados Unidos lograron que los europeos tuvieran desconfianza del futuro de Madero, por lo que le negaron préstamos. (4)

El 13 de octubre de 1911, el diputado Arturo Alvaradejo pedía a Madero explicara los $642,000 que le habían entregado a su hermano Gustavo sin haber pasado por la Comisión de Reclamaciones de la Revolución, que había sido creada para pagar los gastos que tuvo el movimiento armado maderista. También pedía aclarara las cuentas sobre el licenciamiento de los ejércitos de la Revolución. (11)

Madero salió triunfante de la lucha armada, pero no por ello se acabaron sus enemigos. Hubo de enfrentar a los restos del porfiriato, a sus correligionarios y a otras fuerzas insurrectas, que nunca lo dejaron ni gobernar ni cambiar la estructura política nacional.

En realidad, Madero únicamente quería sentar las bases para gobiernos futuros; en la práctica, logró: una economía ascendente, con inversiones extranjeras e impuestos petroleros razonables y equitativos e hizo obligatorio el Servicio Militar. (42)

Madero presidente no logró aglutinar ni a las fuerzas revolucionarias ni a la población común. No unificar a los actores políticos le impidió tener el mando de su gobierno, su ánimo democratizador quedó entrampado. En septiembre de 1912 terminó así su informe anual: "la libertad florece solamente bajo la protección de la ley". (17)

Bernardo Reyes, Pascual Orozco y Félix Días no fueron los únicos insubordinados durante el gobierno de Madero. También se levantaron en armas José Gómez y Ángel Barrios en Oaxaca, Juan Banderas en Sinaloa y Melitón Hurtado e Higinio Aguilar en la Ciudad de México. (15)

Rafael de Zayas Enríquez[17] escribió a Madero un amplio diagnóstico político, donde recomendaba, antes de preocuparse por la legalidad, librar al país del agio, impedir el protectorado, evitar la intervención y levantar el crédito. Culpaba de la crisis a la indiferencia política popular. Proponía una política de atracción ciudadana. (15)

14 meses fueron suficientes para desalentar a sus seguidores, no hubo cambio, no se restituyeron las tierras, no hubo desarrollo social, el desencanto se apoderó de la población, Madero cayó en el descrédito. La multitud se dio por burlada. Los familiares de Madero que fueron incluidos en su gabinete, eran porfiristas amigos de Limantour y deseosos de seguir con el mismo régimen porfirista. Fueron esos parientes los causantes de su desgracia política, lo apoyaban como parientes, pero no lo apoyaron como presidente. (46)

A partir de la entrevista de Creelman de marzo de 1908 para el Pearson's Magazine, los grupos políticos mexicanos entendieron que finalmente Porfirio Díaz se iba a retirar. Eso generó una lucha por buscar un vicepresidente que sustituyera al viejo general. Ese momento fue aprovechado por los liberales y los antirreeleccionistas para intentar cambiar las cosas. El resultado fue una efervescencia política inusitada. Se aprovechó la oportunidad para mostrar los vicios y defectos del sistema. Díaz impuso un largo periodo de paz, pero a costa de muchos sacrificios sociales. Los grupos que apoyaron a Madero se vieron frustrados porque en 15 meses, éste nunca habló de cambiar el sistema. Madero creía que la sola democracia cambiaría la situación de los desprotegidos, porque Madero era un latifundista terrateniente, con vocación democrática y filantrópica, pero, finalmente, un latifundista!

Las transacciones y complacencias con individuos del régimen derrocado, crearon un abismo. Madero les daba la espalda a sus leales. A su hermano Gustavo le molestaba la confianza que tenía en Victoriano Huerta y le preocupaba su incapacidad para ejercer la autoridad y la no aplicación de la ley con sus enemigos. (46)

El dictador desapareció en las tinieblas, pero don Porfirio continuaba intacto en las almas y mentes, adherido al pensamiento. Madero ignoró esa parte de la conciencia del mexicano, se rehusó a cavar y enterrar, para poder cambiar. (16)

---

17 *Zayas estaba auto desterrado en Nueva York desde 1907

Porfirio Díaz encarcelaba al periodista, confiscaba la imprenta, Madero compraba acciones de los periódicos, sea con dinero propio o de sus familiares. Entonces se publicaban hojitas independientes, difamatorias, llenas de sarcasmo y sátira, inventando un presidente cómico y absurdo. Aseguraban que no se podía gobernar sin fusilar, sin castigar, sentenciando que las telarañas de la democracia y la libertad le impedían gobernar. Las noticias falsas dañaban la conciencia del pueblo y al gobierno mismo, eran usadas como elemento de prueba. (16)

Las propuestas reformistas de Madero dejaron insatisfechos a todos los grupos políticos y a las clases sociales del país, que se tradujo en críticas abiertas y en movimientos de oposición. Gracias al clima político, durante 1912 se incrementó el número de huelgas. (20)

El 24 de marzo de 1912, Guillermo Obregón fue electo Presidente de la Cámara de Diputados. El 26 de marzo, visitó al Presidente Madero, en Chapultepec, le acompañaban otros cuatro Diputados, a fin de convencerlo de la conveniencia de que los Ministros concurrieran al Congreso. El Presidente se negaba y, como terminaría el período de sesiones en diciembre, convinieron a propuesta suya, dejar pendiente la resolución hasta el siguiente periodo para evitar dificultades y fricciones. En esa visita del 26 de marzo, Obregón, con toda claridad dijo: para obtener la paz y la tranquilidad públicas, es necesario que se presente a la Cámara la renuncia del Señor Pino Suárez al cargo de Vice-Presidente, porque era opinión dominante de la Nación que no tenía antecedentes para ser Vice-Presidente, ni tampoco los méritos y aptitudes para ese puesto.[18] (58)

Días después, Madero comentó a Obregón que no estaba satisfecho con el Ministro de Justicia Manuel Vázquez Tagle, porque a todo le ponía dificultades, Obregón aprovechó para decirle que debía hacer un cambio en su Gabinete, procurando tener como ministros a

18 *La XXV Legislatura (septiembre 1910-septiembre 1912) fue la que dio el triunfo a Díaz en las elecciones de 1910 y rechazó el memorial presentado por el Partido Nacional Antirreeleccionista que solicitaba la anulación de las elecciones por fraude. Los Acuerdos de Ciudad Juárez de mayo de 1911 dieron lugar a las renuncias de Porfirio Díaz y Ramón Corral, y se designó presidente provisional al secretario de Relaciones Exteriores, que era Francisco León de la Barra, quien designó un gabinete de transición, quedando en pie los poderes Legislativo y Judicial para dar continuidad al gobierno, esta legislatura era completamente porfirista. El 1 de diciembre de 1911 un diputado presentó una proposición para que comparecieran ante la Cámara de Diputados los secretarios de Justicia, Guerra y Marina y Gobernación para que informaran sobre algunas noticias en torno a la ejecución sumaria de prisioneros y los atentados contra tres periodistas en el norte del país. Abraham González, secretario de Gobernación, respondió que apoyándose en el art. 72 constitucional, no asistirían, pues las cámaras, para comunicarse con el Ejecutivo debían nombrar comisiones. De acuerdo con el art. 62 constitucional, el Congreso tenía dos periodos de sesiones. El primero del 16 de septiembre al 15 de diciembre, prorrogable hasta por 30 días hábiles, y el segundo, del 1 de abril al 3 de mayo, prorrogable hasta por 15 días hábiles. Esta entrevista tuvo lugar cuando iba a iniciarse el último periodo de sesiones del último año de gestión de esa Legislatura. (58)

personas de prestigio, de aptitud notoria y de honorabilidad, para hacer prosperar al país, pues sus ministros no gozaban de buena opinión. (58)

Vino la elección de Diputados y Senadores. Obregón pidió a Madero hacer un esfuerzo para procurar se hicieran realmente elecciones, con los elementos necesarios de propaganda, con candidatos que tuviesen buen concepto ante la opinión y la aptitud, juicio y patriotismo necesarios para lograr que fuesen electos y hubiese en las Cámaras personal como convenía a la Nación. Madero contestó que no quería que hubiese fraude ni violencia en las elecciones.[19] (58)

En las elecciones Obregón resultó senador, desde los primeros días habló con los Ministros de Guerra (general Ángel García Peña), Hacienda (Ernesto Madero) y Fomento (Rafael L. Hernández) con quienes mantenía una amistad desde antes de que estuvieran en el Gobierno maderista, indicándoles la necesidad de un cambio en el Gabinete, como indispensable y conveniente para la tranquilidad y bienestar del País. (58)

En enero de 1913, Obregón y una comisión de senadores, le planteó a Madero la necesidad de cambios en el gabinete. Lo mismo hizo un grupo de diputados *renovadores* el 23 de enero, pero éstos pedían funcionarios más radicales. (58)

Los senadores del nuevo grupo parlamentario consideraban que la marcha del Gobierno era desacertada y que el Presidente no tenía las condiciones necesarias para regir la República: le faltaba experiencia y carecía del conocimiento de los hombres en el País y de la Administración Pública. Varias veces, algunos Senadores hablaron al Presidente para hacerle comprender la necesidad del cambio de Ministros, admitiendo que quedasen solamente los Ministros de Guerra y de Hacienda. La opinión en los Senadores era que se necesitaba cambiar de Presidente, pero, reconociendo que eso era difícil, admitieron tratar de cambiar a los ministros. (58)

Para las sesiones extraordinarias del Congreso, Obregón fue electo Vicepresidente para el mes de enero, y estuvo varias veces con el Presidente Madero, quien al parecer le hizo conocer las pretensiones que tenía respecto a varios Estados, Obregón señala haber aclarado que no esperase contar con el apoyo del Senado para nada que fuese un ataque

19 *Las elecciones de la XXVI Legislatura (1912-1914) fueron las primeras elecciones federales que se celebraron en México mediante el voto directo. Se renovó el total de la Cámara de Diputados y la mitad de la de Senadores, se realizaron el 30 de junio. También se eligió a los ministros de la Suprema Corte, aunque a ellos por voto indirecto. Se elaboró una nueva ley electoral en diciembre de 1911 para reducir los vicios electorales del porfiriato, nuevamente reformada en el siguiente mayo para empatarla con la reforma constitucional del voto directo. (58)

a la Constitución o a la Soberanía de los Estados. Diversos senadores, diputados y gobernadores fueron testigos. Obregón señala a Madero optimista, de buenos sentimientos y patriotismo, pero completamente inexperto, y, sin las dotes necesarias para ser Presidente. En los últimos días de enero, veinte Senadores acordaron insistir al Presidente con la necesidad de hacer cambios a su gabinete. (58)

En el mismo mes de enero, el Senado señaló la necesidad de que la presidencia informase al Senado respecto a las relaciones con Estados Unidos, se convino en ello y se acordó enviar al Subsecretario de Relaciones para que produjese ese informe. Sin embargo, se insistió y acordó aplazar el informe para cuando regresara Pedro Lascuráin, quien podría dar mayores explicaciones y datos. El informe de Lascuráin causó una tremenda impresión ante la gravísima situación existente desde septiembre de 1912[20]. (58)

Ante los rumores de un intento de liberar a Félix Díaz, el 23 de enero de 1913 es trasladado de San Juan de Ulúa a Lecumberri en la Ciudad de México y Gustavo A. Madero es nombrado embajador extraordinario para arreglar asuntos comerciales con Japón. (29)

Durante enero y principios de febrero, se discutió en el Senado, el proyecto de ley relativo a crear la deuda interior de 1913 y la emisión de bonos, que el Gobierno quería fuese de $100.000.000.00. Esto afectó mucho al Senado y las Comisiones de Crédito Público y Hacienda dictaminaron en contra. Se pidió la comparecencia de los Ministros de Guerra y Hacienda. El sábado ocho de febrero acudió el Ministro de Hacienda a las doce del día. El Ministro no pudo convencer al Senado. (58)

Madero tenía que luchar contra los maderistas y contra los no maderistas y contra los científicos y contra los porfiristas y contra los vazquezgomistas y contra los senadores y contra algunos de los embajadores....

A fines de 1912 Madero estaba políticamente solo. Los negocios seguían con normalidad, crecían los activos bancarios y las exportaciones, pero la realidad estaba contagiada de rumores, distorsiones y de una atmósfera de desconfianza creada por la prensa. Ramón López Velarde señaló: *No estaremos viviendo en una República de ángeles, pero estamos viviendo como hombres, y ésta es la deuda que nunca le pagaremos a Madero.* (41)

---

20 +Lascuráin hizo un viaje a Estados Unidos entre el 5 de diciembre de 1912 y el 14 de enero de 1913 para charlar sobre la situación de México y la posición del gobierno de William Taft, con quien se entrevistó en reunión donde también estaban presentes Philander Knox (del Departamento de Estado), y el presidente electo (Woodrow Wilson). Al parecer Lascuráin había solicitado el retiro del embajador Lane Wilson. (58)

Madero ganó las elecciones, pero su gobierno no satisfizo las expectativas que tenían los revolucionarios. No cumplió todas sus promesas de campaña y su actitud ante los conservadores fue muy moderada.

Durante los primeros días del 1913 otros elementos militares conspiraban, Gregorio Ruiz y Manuel Mondragón[21] planificaban una asonada para la que querían sumar a uno de los jefes militares de Madero: Victoriano Huerta, pero éste, en principio, se negó. Enrique Cepeda fue el interlocutor.

Todos sabían que Huerta, herido por el desprecio de Madero, quería venganza. Pero Huerta siempre esperó el momento oportuno para derrocar a Madero. Sabía que sus amigos se quejaban con él, porque querían que se sublevara. Los conspiradores lo asediaban, a un oficial que le propuso sublevarse lo amenazó con meterlo a la prisión militar de Santiago. Su compadre Enrique Cepeda le había propuesto capturar al Presidente por el Paseo de la Reforma, llevarlo al estado de Morelos y fusilarlo. Huerta lo consideró inútil y tal vez contraproducente: ... (30)

La rebelión tuvo varias posibles fechas para su inicio, originalmente planeado para enero, se cambió al 5 de febrero, pero como Pino Suárez estaba fuera de la ciudad, se cambió para el 14 de febrero. Seguros que el gobierno estaba enterado, se tomó la decisión de iniciar la revuelta la noche del 8 de febrero. Esa noche, cambiaron la fecha para la mañana del 9. Los preparativos para el cuartelazo se realizaron de manera detallada, lo primero sería liberar a Reyes y a Díaz, para que liderearan el movimiento. (48)

Ruiz y Mondragón dirigieron el 9 de febrero de 1913 acciones que liberaron de prisión a Félix Díaz[22] y a Bernardo Reyes. Este último, intentó el mismo día la toma del palacio presidencial, pero fue repelido por las tropas leales y, terminó muerto.

Tal vez la presidencia efímera de Madero se debió precisamente a que no tomó el poder por la fuerza, sino en elecciones. México no tuvo elecciones verdaderas hasta después de 1930. Cuando la clase media letrada predominaba a la hora de votar.

---

21 * Manuel Mondragón se había enriquecido modificando un cañón francés, presentándolo como propio y vendiéndolo caro al gobierno porfirista. A la caída de Porfirio Díaz lo estaban juzgando. Madero lo indultó. (21)

22 +Félix Díaz fue trasladado de San Juan de Ulúa a Lecumberri el 24 de enero de 1913 (15)

VI. La intervención extranjera

Un signo del Siglo XX fue la expansión del imperialismo, donde las grandes potencias centran su crecimiento a costa de los países débiles, fuentes de materia prima y mano de obra barata. México ha sido un claro ejemplo. El pretexto fue carecer de capitales propios, México tuvo que atraerlos desde el exterior, concediéndoles, para ello, todo género de facilidades a los países inversionistas. Armando Fuentes llama *hilo negro* a la constante intervención de los Estados Unidos de América en la vida nacional, a su permanente participación en los acontecimientos importantes de nuestro país. Parte importante de la renuncia de Porfirio Díaz se debió a la influencia de Estados Unidos. Y mucho del movimiento revolucionario mexicano, también. Porfirio Díaz tomó el poder como resultado de una asonada militar, después venció ampliamente en las urnas, sin embargo, el gobierno de Estados Unidos no le dio su reconocimiento. Porfirio Díaz tampoco lo pidió. ((11 y **59**)

Prescindiendo de los problemas fronterizos, el objeto primordial de la diplomacia al principio del siglo XX era proteger las personas y las propiedades de los connacionales en un país extranjero y fomentar las relaciones comerciales. Esa era, precisamente la razón de una embajada de Estados Unidos en México. En el proceso integrador de nuestra nacionalidad hemos pagado los más dolorosos tributos, no por nuestras divisiones políticas o de facciones (que las ha habido y en gran cantidad), sino por el determinismo geográfico y la potencia militar de nuestro vecino del norte. Cuando la Revolución Maderista estalló, las inversiones estadunidenses ya estaban bien establecidas y en franco crecimiento en México. (11 y **60)**

Es conveniente señalar que los primeros brotes de inquietud social en el Porfiriato, fueron precisamente por disgustos con los extranjeros: El Boleo, Cananea, Río Blanco, Pedriceña, Ferrocarriles, etc. Todas ellas en manos de estadunidenses y en todas ellas las acciones obreras se manifestaron por las injusticias existentes, tanto en el trato como en el salario. En todos los casos el Gobierno porfirista estuvo del lado de los extranjeros y los mexicanos murieron, fueron encarcelados o perdieron el trabajo. El 30 de marzo de 1906 los periódicos en Estados Unidos publicaron el aviso de la venta de la península de Baja California, lo que México se apresuró a negar. En esa época había algunas compañías mineras, todas estadunidenses en ese territorio, casi todas propiedad de una Corporación de Boston. Se hablaba que la noticia fue promovida por compañías ferrocarrileras. Pero...también se ha supuesto que fue un infundio de Ricardo Flores Magón, para generarle problemas a Porfirio Díaz. Estados Unidos tuvo un discreto acercamiento con Porfirio Díaz para corroborar la noticia y mostrar su interés, con la intención de usar las costas bajacalifornianas con sus barcos carboneros. Todavía en 1909 era un tema en los periódicos de la frontera sur de los Estados Unidos. (11)

Aunque la política exterior de los Estados Unidos hacia América Latina suponía que la región era la esfera de influencia de los Estados Unidos, articulada en la Doctrina Monroe y en el corolario de Theodore Roosevelt, que afirmaba el derecho de los Estados Unidos a intervenir militarmente en la región para restablecer el orden si, en opinión de los Estados Unidos, una nación no podría o no lo haría por sí misma, la participación de los Estados Unidos en la Revolución Mexicana fue variada y contradictoria, primero apoyando y luego repudiando a los regímenes mexicanos. Por razones económicas y políticas, el gobierno de los Estados Unidos generalmente apoyó a quienes ocuparon el poder. (61)

El Presidente William H. Taft es reconocido como el campeón de la "diplomacia del dólar", giró su política exterior en proteger y asegurar los intereses económicos de la burguesía estadunidense. En su mensaje de toma presidencial señaló: "el comercio exterior de Estados Unidos deberá convertirse en el factor esencial para nuestra prosperidad económica, el gobierno de Estados Unidos proporcionará todo el apoyo necesario a las empresas estadunidenses en el extranjero". Señaló que para que el capital estadunidense se abriera paso en los mercados del exterior, sostendremos la tesis de que los bienes pertenecientes a nuestros ciudadanos en el exterior forman parte del dominio estadunidense y, por lo tanto, superan el derecho de soberanía en aquellos países donde se tengan inversiones. Para alcanzar sus metas, se requería de una diplomacia moderna y hábil que exprese adecuadamente sus ideales. La expansión económica en el extranjero se convirtió en un interés nacional vital que ocupó las energías gubernamentales. Amparados por la Doctrina Monroe, tomaron en sus manos la responsabilidad de salvaguardar sus intereses y los de sus ciudadanos en el extranjero. La política estadunidense hacia México buscó que su capital penetrara libremente en los mercados mexicanos; que las inversiones se consolidaran en un clima de paz y estabilidad, y para ello, trató de mantener relaciones diplomáticas cordiales que alimentaran el deseo de protección del gobierno mexicano hacia sus capitales. (62)

El 16 de octubre de 1909, Díaz y el presidente Taft, se reunieron en Ciudad Juárez , al otro lado de El Paso, Texas[23]. El gobierno de Díaz implementó políticas liberales destinadas a la modernización y el desarrollo económico, invitando a empresarios extranjeros a invertir en México, con leyes favorables para los inversores. Los estadunidenses invirtieron grandes cantidades de capital, con una estrecha cooperación económica que se basó en la estabilidad de México. Díaz abrió México a la inversión extranjera gracias al "orden y progreso" que promovió la modernización nacional. El presidente Taft reconoció: "Ciertamente, nadie ha logrado un progreso mayor que México bajo la administración de Porfirio Díaz ... ha hecho más por su pueblo que cualquier otro latinoamericano... todos se dan cuenta ". México era extremadamente importante para los intereses comerciales de Estados Unidos y Taft vio a Díaz clave para proteger esas inversiones, por lo que le dio su apoyo, señalando: "tenemos dos mil millones de capitales estadunidenses en México que estarían en grave peligro si Díaz muriera y su gobierno se desmoronara", por lo que fue considerada por los políticos mexicanos como una reunión de respaldo a Díaz. A pesar de la importancia de México para Estados Unidos, éstos tenían una historia de representación diplomática incompetente, el nombramiento de Henry Lane Wilson como embajador continuó con la incompetencia. El Secretario de Estado en Washington, DC recibía informes sobre que Díaz no podía controlar las rebeliones existentes. Taft no quería intervenir porque quería mantener a Díaz en el poder. A Taft le preocupaba la posible desestabilización mexicana a la muerte de Porfirio Díaz. Con una inversión de dos mil millones de dólares era imposible que Estados Unidos no se involucrara. (2 y 61)

Sin embargo, en esa reunión se disgustaron Díaz y Taft. Estados Unidos presionaba a Diaz para no desarrollar el tren del istmo de Tehuantepec, ya que ellos tenían la necesidad de privilegiar el Canal de Panamá y exigía que México comprara armas en EEUU y no en Europa.

Después de la reunión con Díaz, Taft escribió a su mujer: una vez que el presidente de 80 años muera habrá una revolución que seleccione a su sucesor. Como tenemos dos mil millones invertido en su país, será inevitable que intervengamos, espero sinceramente que la vida del anciano se extienda más allá de la mía. Oct. 17, 1909. Por ello, Madero recibió mucho apoyo de Taft, después de esa reunión fallida. (52 y 61)

23 *La primera reunión entre presidentes de ambos países en la historia. (2)

La rebelión que puso fin a un sistema de gobierno de 30 años, no se puede entender sin la participación del gobierno de Estados Unidos. Desde varios años antes, los antiporfiristas habían buscado refugio en el vecino país del norte. La amplia, poco vigilada y despoblada frontera era un territorio ideal para recibir el apoyo de los mexicanos residentes en Estados Unidos. El territorio estadunidense era la base de las conspiraciones contra Díaz. En repetidas ocasiones, la Secretaría de Relaciones Exteriores, formuló peticiones a Washington para que detuviera y encarcelara a los conspiradores e impidiera la entrada a México de hombres armados. Porfirio Díaz siempre estuvo seguro que Washington actuaba de mala fe y que fomentaba las acciones de sus enemigos. (2)

Una vez iniciada la violencia revolucionaria, los riesgos de una intervención armada sobre México siempre estuvo pendiente. Desde el principio el Ejército de Estados Unidos, unos 20 mil hombres, fue acantonado en la frontera norte. También enviaron algunos buques de guerra a los puertos mexicanos. Sus periodistas y su Embajada siempre tomaron partido y con frecuencia solicitaban a su gobierno que intervinieran para salvar los intereses de sus conciudadanos. (2 y 11)

En su informe del 06 de diciembre de 1910, William H. Taft, presidente de los Estados Unidos, dijo: "los recientes acontecimientos políticos en México nos obligaron a tomar medidas para salvaguardar los intereses estadunidenses. El embajador Wilson informó que la situación era muy crítica, que la mayoría de la población apoyaba a los insurrectos y que temía fueran atacados los 40,000 residentes estadunidenses en México. Consideró alto riesgo a las propiedades de nuestros conciudadanos. De acuerdo con los secretarios de Guerra y Marina se acuarteló una división en San Antonio, Tx., una brigada en Galveston, Tx. y escuadras de buques en Los Ángeles y en San Diego, Cal. Todo con el propósito de intervenir con rapidez en caso de ser necesario apoyar a nuestros conciudadanos. Aclaro que no habrá ninguna intervención sin la aprobación de nuestro Congreso. De no ser ciertos los temores de nuestro embajador o en caso que el gobierno mexicano logre imponer la tranquilidad, esas tropas serán reintegradas a sus cuarteles habituales". (63)

La Revolución Mexicana fue una "revolución intervenida". En todo momento la influencia estadunidense se hizo sentir, tanto por acción como por omisión. Estados Unidos permitía que fluyeran armas para los rebeldes, no por la labor de los representantes de la Revolución en Washington, sino porque ya habían decretado la muerte del gobierno porfirista. (2 y 59)

Cuando Henry Lane Wilson llegó como embajador a México declaró: "será efímero todo progreso que no se apoye en la Constitución", frase que lo hizo agradable a las fuerzas de oposición a Díaz. Wilson se percató de que el régimen porfirista se esforzaba por detener la llegada masiva de inversionistas estadunidenses, dando preferencia a las potencias europeas. Los planes que tenía para México estaban condicionados a su fuente inagotable de materia prima, origen de innumerables riquezas. (21 y 62)

Cuando la Revolución Maderista Francisco I. Madero escapó de México y se refugió en San Antonio, Texas; el 6 de marzo de 1911 el presidente Taft movilizó fuerzas en la frontera entre Estados Unidos y México, su Congreso no les permitió intervenir directamente en el conflicto, pero para los mexicanos eso significaba que Estados Unidos había condenado a Díaz. Las naciones vecinas a un país en conflicto, generalmente se involucran y Estados Unidos no fue la excepción. Estados Unidos apoyó a Madero al principio de su movimiento, primero al permitirle residir en Estados Unidos, después al ayudarle en sus preparativos armados sin ninguna interferencia, y después con el envío de armas a través de la frontera, con un costo aproximado de $320,000 USD. La Standard Oil Co., enemiga de Porfirio Díaz, se menciona como patrocinador de Madero. Entre diciembre de 1912 y enero de 1913 el diario *El País* publicó una serie de artículos de Luis Lara y Pardo sobre los acuerdos entre Francisco I. Madero y la Standard Oil. Co. (11, 15, 16 y 61)

La prensa estadunidense se ocupaba de Madero con generosidad, dando a conocer sus ideales: era un demócrata que luchaba contra un régimen tiránico, un campeón de las causas libertarias. Al mismo tiempo que se publicó el Plan de San Luis, Madero pidió apoyo a los ciudadanos y gobierno de los Estados Unidos. Madero buscó el apoyo de Estados Unidos porque sabía que Porfirio Díaz ya no era bien querido en Washington. Porfirio Díaz reclamó a Taft el apoyo a Madero, a lo que contestó el presidente estadunidense que Madero no había violado ninguna ley estadunidense. Madero compra armas porque hay libertad de comercio, los periódicos apoyan a Madero porque hay libertad de prensa. Estados Unidos era neutral y no podían tomar partido a favor de Díaz. (58 y 59)

Como la Revolución necesitaba dinero, Gustavo Madero recaudó fondos suscribiendo bonos ferroviarios, para junio de 1910 había recaudado $ 375,000 USD de Estados Unidos y, en octubre ya había viajado por todo el país reuniendo apoyo. Gustavo y su padre, Francisco

Sr., administraban las finanzas de la Revolución. El Tratado de Ciudad Juárez estipulaba que la Tesorería mexicana reembolsaría a Gustavo $ 700,000 por apoyo financiero. Muchos aventureros internacionales se sintieron atraídos por la emoción y el romance de la Revolución Mexicana. La mayoría de estos mercenarios sirvieron en el norte de México, por su cercanía desde Estados Unidos. La primera legión de mercenarios extranjeros fue en la revuelta de Madero de 1910, que incluía a Giuseppe ("Peppino") Garibaldi, así como a muchos reclutas estadunidenses. (61)

En mayo de 1911, después de la toma de Ciudad Juárez, Estados Unidos concentró grandes unidades militares en la zona fronteriza con México y envió barcos de guerra a varios puertos mexicanos, en una clara señal de a quién estaba apoyando. (4)

En el informe presidencial del 1 de abril de 1911, Porfirio Díaz señala haber reclamado al gobierno de Estados Unidos por apoyar el movimiento revolucionario, así como el temor de una posible invasión territorial, dada la extraordinaria concentración de fuerzas estadunidenses en la frontera. El informe de Taft de 1911 dice: "El 17 de abril de 1911 y como consecuencia de los enfrentamientos en México, 5 ciudadanos estadunidenses fueron heridos en Douglas, Az. Se hizo una protesta formal al Presidente Díaz. De persistir la situación, se podría justificar que nuestras tropas cruzaran la frontera, temo que esa acción tergiversara la opinión de los mexicanos y pusiera en riesgo a nuestros conciudadanos radicados en México. En mayo, al firmarse los Tratados de Ciudad Juárez se retiraron las tropas y buques estadunidenses. El 25 de mayo de 1911 el Presidente Díaz renunció y De la Barra fue presidente provisional. En su renuncia Porfirio Díaz hablaba de evitar un eventual conflicto internacional, refiriéndose a una posible invasión de Estados Unidos. El 15 de octubre Madero fue electo Presidente de México, iniciando su mandato el seis de noviembre. (1, 2 y 59)

Díaz renunció y Francisco I. Madero fue elegido presidente en octubre de 1911. Taft perdió la reelección en 1912, permanecería en el cargo hasta la toma de posesión de Woodrow Wilson el 4 de marzo de 1913. En ese intervalo, el embajador Henry Lane Wilson, buscó activamente derrocar al presidente Madero. H. L. Wilson se opuso a Madero y recomendó la intervención de Estados Unidos para restablecer el orden. La relación entre Madero y Estados Unidos muy pronto recrudeció la presión estadunidense, donde el peligro de una intervención armada, se abatió sobre la Nación en más de una ocasión. La embajada de Estados Unidos exigía preferencia y prontitud en el pago de daños a sus conciudadanos, por lo que Madero tuvo que firmar muchos acuerdos acelerados. Francisco I. Madero ofreció resarcir los daños causados por la Revolución, pero el Embajador Wilson exigía preferencia sobre otros gastos. Incluso se convirtió en "defensor" de otros extranjeros. Además de la intervención armada, siempre usaron como otra amenaza el "reconocimiento" gubernamental. Las reclamaciones del embajador Wilson siempre fueron arrogantes y exigentes, en defensa de los grandes intereses estadunidenses atentó contra las instituciones mexicanas. Wilson consideró que el maderismo llevaría corrupción y violencia. Con esa información el presidente Taft planeó su política de vecindad. (2, 11 y 61)

Tres fueron los objetivos imprescindibles que la política exterior estadunidense se propuso observar hacia la Revolución Maderista: la protección de los intereses norteamericanos, la neutralidad interna y la no intervención. Los negocios funcionarían bien únicamente en un clima de paz y orden interno, para ello, creyeron necesario aceptar las elecciones que encumbraron a Madero a la presidencia, manteniendo el *statu quo*. (62)

Vasconcelos presentó a Madero con Henry Lane Wilson. La primera entrevista fue agradable. Después de un año, las circunstancias cambiaron. Wilson era exigente, impertinente, desarrollando a través del *Mexican Herald* una campaña de desprestigio al gobierno de Madero. Al parecer por cancelar el negocio de un estadunidense que vendía muebles a las oficinas de gobierno. Madero las compraba por subasta. Wilson exigía una consideración mayor que a los otros embajadores. Incluso, en alguna reunión privada, intentó alzarle la voz a Madero.

La Unión Americana reconoció la legalidad de Madero, rico hacendado, liberal, educado y prototipo de la burguesía mexicana ascendente, quien prometió proteger los capitales extranjeros y fomentar sus inversiones. La vía diplomática de Taft no dejó de presentarse como una interferencia en los asuntos domésticos de México. Las reclamaciones fueron muchas y ocuparon la atención de Madero, quien sorteó las dificultades, pero no solucionó los problemas de manera satisfactoria para Estados Unidos, sobre todo El Chamizal, el Valle Imperial y el río Colorado, con largas disputas y varios años de arbitraje. Sin olvidar los problemas fronterizos, tres mil kilómetros de línea internacional, sin una respuesta inmediata favorable para Estados Unidos. (62)

Pero los grandes consorcios ingleses también se oponían al régimen de Madero. A la salida de Porfirio Díaz quedaron inconclusos los trabajos de ingeniería, como el drenaje del valle de México, obras en el puerto de Veracruz y la construcción del ferrocarril en Tehuantepec, por ejemplo, (11)

Cuando Pascual Orozco, inició el tres de marzo de 1912 su movimiento armado contra Madero, Estados Unidos no dudó en apoyarlo económicamente, casi seguro que con la intención de generar caos y sacarle posteriormente provecho. Sus principales financiadores fueron empresas mineras, ferrocarrileras y del caucho. Sin embargo, el presidente Taft, apoyando a Madero, bloqueó la entrega de armas a Orozco. Confrontaciones entre Madero y Estados Unidos en ese marzo de 1912, hicieron que este país, temiendo por sus intereses comerciales, dejara de apoyarlo. Mucho del apoyo que había recibido Madero de EEUU se debió a que esperaban que favorecería al capital estadunidense contra el europeo. (4 y 24)

Al iniciar Madero su mandato, el interés de Estados Unidos se dirigió principalmente hacia el norte de la república pues en esa zona se concentró el mayor número de residentes y de bienes que, a juicio del gobierno, merecían protección. El levantamiento orozquista provocó un interesante triangulo, tanto Madero como Orozco buscaron el apoyo de Estados Unidos, quienes consideraron más prudente ayudar a Madero, que estaba en mejor posición para garantizar la protección de los intereses estadunidenses en México. El levantamiento demostró que México no estaba preparado aún para lograr la transición de la dictadura a la democracia. Que México no se apaciguara ni aun gobernado por un presidente electo sorprendió a los políticos estadunidense, que se convencieron de la incapacidad de México para ejercer la democracia. Para Taft, el principal problema era solucionar de la mejor manera la protección de intereses nacionales estadunidenses. El Departamento de Estado recomendó que tomara medidas: pedir a las autoridades la protección adecuada a la propiedad y a las personas, a través de la embajada en la ciudad de México. El gobierno maderista pidió que los estadunidenses cooperaran erradicando los movimientos rebeldes organizados desde el territorio de Estados Unidos y en la zona fronteriza, pero el Departamento de Asuntos Latinoamericanos se rehusó, poniendo en claro que no constituía una obligación internacional de los Estados Unidos cooperar y participar con México para poner fin a su desorden ni mantener la tranquilidad en la frontera. El Departamento de Justicia exteriorizó que el interés de su país consistía en mantenerse imparciales y "no cooperar con un gobierno extranjero en cuestiones que rebasan los deberes de una nación neutral". Sin embargo, enviaron

84 destacamentos militares por "la incapacidad del gobierno mexicano para controlar la situación en sus distritos", lo que México vio como una amenaza constante de una intervención armada. El gobierno mexicano burló a las autoridades estadunidenses y reclutó voluntarios en territorio estadunidense, para limitar las acciones antigubernamentales de aquel lado de la frontera, por lo que el Departamento de Estado procedió a llamar enérgicamente la atención de la administración maderista sobre ese asunto por la vía diplomática. Henry Lane Wilson se encargó de manifestar su sorpresa por el hecho, señalando que esa circunstancia no era compatible con el respeto a la soberanía de un vecino amistoso.(62)

Las intrigas de Henry Lane Wilson no cesaban. Orozco fusiló a un ametralladorista norteamericano apellidado Fountain, el Embajador dirigió una nota altanera al gobierno de México, que fue contestada por el Ministro de Madero en términos enérgicos, señalando que la administración mexicana conocía sus deberes y que se veía en la penosa necesidad de no reconocer derecho a Estados Unidos para hacer una nota en semejante tono. El Gabinete de Madero acordó la expulsión de los Gerente y Subgerente de la Tampico News Co., porque comerciaban con los rebeldes armas y cartuchos pertenecientes a la Embajada, pertrechos que habían sido pedidos por el Embajador Wilson para la defensa de su colonia en México. Los expulsados pertenecían al "Círculo de Amigos íntimos" de Henry Lane Wilson. Este comunicó a su gobierno que las condiciones en México eran peores que nunca y que Madero no dominaba la situación. Trasmitió una áspera nota al Ministro de Relaciones de Madero, enumerando casos de estadunidenses muertos en México, pidiendo terminantemente que se adoptaran medidas para evitar que sus conciudadanos sufrieran las consecuencias del estado de revolución, anarquía y caos que predominaba. Fue contestada con dignidad y decoro, señalando que las investigaciones judiciales mostraron que en dos casos se había liberado a los acusados por falta de pruebas, en otro se averiguó que el norteamericano había sido muerto por un peón a cuya esposa la víctima había violado. Los otros casos estaban en investigación, mientras que la multitud de asesinatos y linchamientos de mexicanos en los Estados Unidos. permanecían impunes. Con respecto a reclamaciones de estadunidenses, el Ministro de Relaciones demostraba lo injusto de cada una de ellas, inclusive la de los editores del periódico "*The Mexican Herald*" cuya edición en español se había suspendido por especular con la paz de la nación. Algunos artículos de la prensa estadunidense fueron escritos con titulares para incitar al miedo y la ira, mientras que otros fueron redactados para calmar al lector. *New York Herald* afirma que en Parral han matado a ciudadanos estadunidenses y que estos asesinatos empeoran la situación. Mientras que el *New York Times* dice que los lectores deben estar tranquilos sobre México. (61 y 64)

Taft pidió a los estadunidenses en marzo y abril de 1912 la no injerencia en las revoluciones mexicanas, el respeto a la neutralidad de Estados Unidos, el retiro de sus conciudadanos de las zonas de peligro, el embargo de armas a los rebeldes y advirtió al pueblo mexicano que, en caso de verse amenazados sus intereses nacionales, se reservaba el derecho de reclamar al gobierno mexicano y actuar de acuerdo con la situación. También se procedió al retiro de los residentes estadunidenses que dejarían sus propiedades y bienes a cargo de los cónsules en espera de que se restableciera el orden. Un constante "estira y afloja", un peligroso juego de palabras y acciones que comprometían al gobierno de Estados Unidos a entrometerse cada vez más en los asuntos mexicanos. (62)

El Ministro de Relaciones Exteriores de México, Pedro Lascuráin, fue a Nueva York y Madero le insistió sobre la conveniencia de que hablara con Woodrow Wilson, Presidente electo de los Estados Unidos, señalando que Henry Lane Wilson no era persona grata, que se había expresado mal de Madero, y demostraba siempre ideas adversas al régimen que imperaba en México. Además, era un hombre que siempre estaba en estado de embriaguez, y que la misma colonia estadunidense hubiera visto con gusto que ese señor se retirara. Recomendó Madero a Lascuráin que hiciera ver a Woodrow Wilson que no porque uno que otro de esos que emprenden grandes negocios en México se perjudicara, se fuera a tener dificultades, pues la gran mayoría de los ciudadanos de los Estados Unidos estaban en México contentos y satisfechos con las garantías que se les daban, que le hiciera comprender que la revolución en México era democrática y que se tenían simpatías por el pueblo estadunidense. Lascuráin era apático, tal vez ni siquiera se entrevistó con Woodrow Wilson, o, tal vez, sólo lo saludó y le presentó sus respetos, protocolariamente. (14 y 64)

Henry Lane Wilson entendió perfectamente que era su obligación intervenir a favor de los negocios de sus connacionales en México. El conflicto entre el antiguo régimen y la revolución incluía la transformación social, pero la violencia surgida redundaba en perjuicio de la vida y propiedades de nacionales y extranjeros. Esto último era lo que realmente y en rigor debió importar a la Embajada y al Departamento de Estado estadunidenses. Es evidente su insolente intervención y su falta de tacto. (11)

Wilson, acérrimo defensor de las instituciones republicanas y de la democracia estadunidense, fijó su atención en Victoriano Huerta, quien parecía ser el hombre fuerte y el único capacitado para imponer el orden en el país. Realizó un corto viaje a Washington en junio de 1912, donde sostuvo una serie de conversaciones, tratando de convencer a su gobierno de aumentar el número de buques de guerra estadunidenses en las costas mexicanas. Propuso enviar una flota en una visita cordial y amistosa, para crear un efecto moral en la población local, que no perseguía otra cosa que alimentar el miedo a una intervención armada, para causar mayor respeto hacia el gobierno y residentes estadunidenses en México. El gobierno de Estados Unidos se decidió a enviar navíos a diferentes puntos. Desde septiembre partieron el *USS Des Moines* y el *USS Vicksburg*. A mediados de 1912 Henry Lane Wilson había pedido un buque para evacuar a "refugiados" estadunidenses. Su gobierno mandó al *Buford*, con capacidad para 500 hombres, a las costas de Sinaloa. Lo abordaron 18 individuos que querían regresar gratis a San Diego. Con la consiguiente mofa del *Times* de Londres. (41 y 62)

Senadores, inversionistas, hombres de empresa, el embajador en México y la prensa estadunidense presionaron a Taft para que definiera la política hacia México. Reuben Clark, asesor jurídico del Departamento de Estado, fue quien definió los lineamientos políticos del gobierno de Estados Unidos, presentado los primeros días de octubre de 1912. Se decidió no intervenir militarmente en México, considerando que las pérdidas estadunidenses eran "normales" en una situación provocada por un movimiento armado. Pero exigiendo a México la protección adecuada de acuerdo a las obligaciones internacionales y las reglas y principios de todas las naciones y que debería responder a Estados Unidos por los daños y perjuicios resultantes. La protección de los intereses estadunidenses se llevaría a cabo por los cauces diplomáticos. El propósito era dar la mayor protección posible a las propiedades y vidas estadunidenses, con el mínimo de peligro, procurando el no intervenir, con la tolerancia que les gustaría recibir si la situación sucediera en Estados Unidos, reconociendo la actitud acogedora del presidente Madero hacia los estadunidenses. Taft reconocía el gobierno de Madero, lo exculpaba de los agravios e injurias de los rebeldes irresponsables que alteran la paz, el orden y la tranquilidad de un gobierno con el que Estados Unidos está en paz, y no es responsable de esas acciones. Taft se mantuvo en la postura de no reconocer el estado de beligerancia de ninguno de los grupos levantados contra el gobierno maderista. Sin embargo, la tensión jamás cesó y, finalmente, aumentó con el golpe de 1913.

El 3 de diciembre de 1912, en su cuarto informe, Taft señaló: "Cuando Madero inició la revolución, en México había casi 40,000 estadunidenses, cuyas empresas contribuían a la prosperidad de ese país, con una inversión de miles de millones de dólares. Logramos salvaguardar esos intereses y elevar esas inversiones". (63)

El 1 de enero de 1913, durante la ceremonia diplomática por el año nuevo, el embajador de España, Bernardo J. de Cólogan, mencionó: "... los miembros del Cuerpo Diplomático desean con ardor que este año, que hoy empieza, vea afirmarse la alborada de tiempos más tranquilos, que cese toda lucha armada y se arraigue la orientación hacia el libre funcionamiento de las fuerzas sociales y políticas". Madero contestó: "... la paz se reestablecerá en absoluto, teniendo por base la ley y el derecho, que es la única paz duradera..." **(65)**

Para 1913, la actitud estadunidense era francamente hostil contra Madero. El embajador Henry Lane Wilson conspiraba frecuentemente con los otros embajadores acreditados en México. El grupo Guggenheim, dueño de la poderosa American Smelting and Refining Company (ASARCO), muy influyente en el gobierno de Taft, participó vigorosamente en la lucha contra Madero. Detrás de Taft, Henry L. Wilson y Guggenheim, estaban las grandes compañías estadunidenses. (4 y 9)

Algunas de las embajadas asentadas en la Ciudad de México conspiraban abiertamente contra Madero. Las oficinas de Francia y España eran frecuentemente los sitios de reunión. Mucho se hablaba de la conveniencia de una intervención armada por parte de Estados Unidos. (16)

A Estados Unidos le molestó de Madero su falta de compromiso con su patrocinador original, por ejemplo, los juicios contra empresas estadunidenses por muertes laborales, alentar la inmigración europea, cultivar sentimientos patrióticos entre los mexicanos, pero, sobre todo, no haber entregado el petróleo a las compañías de EEUU como se había pactado. También se ha escrito que las acciones de Madero en cuanto a Política Interior tampoco gustaron al gobierno de Taft, incluyendo la legalización de los sindicatos, la libertad de expresión a la prensa (la mayoría antiyanqui), la imposibilidad para detener a Zapata y la insistencia del grupo maderista radical de modificar la estructura agraria nacional, que molestaban a Henry Wilson. (4)

El México revuelto del inicio del maderismo, contrastaba mucho con la *pax porfiriana*, de orden y progreso. H. L. Wilson se irritaba con la incapacidad de Madero para imponer la paz necesaria para los inversionistas extranjeros. Los negocios estadunidenses tuvieron más pérdidas por paralizar y/o abandonar sus actividades, que las producidas por los levantamientos armados. (2 y 66)

Los industriales y la clase media que apoyó la Revolución Maderista no estaban dispuestos a entregar una hegemonía absoluta a Estados Unidos, por lo que hubo grandes evacuaciones de estadunidenses en muchos estados, situación que ese país aprovechó para generar "histeria" entre sus conciudadanos avecindados en México y una gran campaña contra México en la prensa de EEUU. (4)

Madero puso empeño en la mexicanización de los ferrocarriles, el personal estadunidense organizó huelgas y paros fallidos para evitarla, por lo que los empresarios estadunidenses requerían el derrocamiento de Madero. La firma Moesler abastecía de equipos a las oficinas públicas y a las escuelas a precios exorbitantes, lo que descendió importantemente a partir de Madero. El juez Wilfley representaba a 300 chinos muertos en Torreón en 1911, pedía una indemnización de diez mil pesos por cada uno. Lane Wilson se arrogó el patrocinio de dicha reclamación, a la que Madero se opuso con dignidad, dado que no eran ciudadanos estadunidenses. El Presidente Madero creó un impuesto adicional a la extracción de petróleo crudo, lo que afectaba a las petroleras estadunidenses. Lane Wilson recibía una suma importante (cincuenta mil pesos al año) del gobierno de Porfirio Díaz, que Madero se negó a seguirle pagando. Cuando Victoriano Huerta apresó a Madero y Pino Suárez, Lane Wilson escribió al Departamento de Estado: "he conseguido grandes beneficios para Estados Unidos...mi posición en México es más fuerte que lo que jamás había sido...". (2 y 11)

Había otros intereses extranjeros en la remoción de Madero, la Casa Pearson, compañía petrolera inglesa, estaba desarrollando el proyecto del tren del istmo de Tehuantepec cuando Porfirio Díaz, la llegada de Madero suprimió el interés gubernamental por el proyecto. La misma Casa Pearson se vio afectada por la decisión de Madero de cargar un impuesto adicional a la extracción de petróleo crudo. Las grandes compañías petroleras estaban en desacuerdo con ese decreto de Madero. Henry Lane Wilson se convirtió en el intermediario ante Madero de los petroleros. (9 y 11)

El siguiente paso fue apoyar a los golpistas, aportando armas a Orozco y apoyo diplomático a Félix Díaz. Este había estado en Washington a principios de 1912 solicitando apoyo para su insurrección, asegurando que, con su plan, sería innecesaria una intervención armada de EEUU en México. (4)

El 28 de agosto de 1912, Henry Lane Wilson informaba que Madero era apático, ineficaz, indiferente y estúpidamente optimista. Estados Unidos envió una nota a Madero, donde afirmaba reservarse el derecho de tomar las medidas adecuadas para resolver los problemas existentes con sus conciudadanos. Madero contestó que no había podido poner fin a las actividades subversivas porque eran apoyados con armas y dinero estadunidenses. Taft puso buques de guerra frente a los puertos mexicanos. (2 y 66)

A fines de 1912 y principios de 1913, Henry L. Wilson había pedido a su cónsul en Veracruz que convenciera a los cónsules de los otros países en el puerto, que hicieran una solicitud formal para pedir el envío de un barco de la marina estadunidense como protección a sus ciudadanos. Philander Knox, Secretario de Estado, informa al presidente Taft que H. L. Wilson quiere forzar al gobierno de Estados Unidos a inmiscuirse en los asuntos mexicanos. (16 y **66**)

Lane Wilson acusó a Madero de a) confiscar ilegalmente propiedades de estadunidenses, b) desencadenar la ilegalidad en México y c) absurdas medidas económicas. En algún documento oficial asegura inducir discretamente sus ideas entre el Partido Católico, personas del Antiguo Régimen y comerciantes de la ciudad. (11)

Madero aseguraba que Woodrow Wilson era su amigo y que, en cuanto tomara el poder el 4 de marzo, le pediría retirar a Henry Lane Wilson de la embajada. (21)

El cuartelazo contra Madero tuvo lugar en febrero de 1913, y generó las renuncias forzadas de Madero y su vicepresidente, seguidas de sus asesinatos. Bernardo Reyes y Félix Díaz lo habían organizado, pero Victoriano Huerta lo secuestró con el apoyo del embajador Henry Lane Wilson. El embajador Wilson, ayudó a planear ese golpe de estado. No hay documentación oficial que demuestre que el embajador tuviera la aprobación explícita del Presidente Taft, pero el apoyo fue tal que inclinó la balanza al lado de los conspiradores, causando la muerte de Madero y Pino Suárez. Aunque se han hecho muchas conjeturas en relación a quién y cómo pasaba información a Henry Lane Wilson, conjeturas que involucran a magonistas, vazquezgomistas e incluso miembros del gabinete de Madero, no ha sido posible demostrarlo. Lo que es evidente es que el embajador funcionaba como Director de Orquesta, manejando los hilos de la intriga, el cuartelazo y la traición. Al mismo tiempo Lane Wilson se encargó de hacer llegar al Departamento de Estado y al Presidente Taft noticias falsas, incompletas o modificadas, con la intención de mover los ánimos hacia su empeño contra Madero.

A la muerte de Bernardo Reyes, Henry Lane Wilson, negoció las conversaciones entre Huerta y Díaz, convirtiendo al sobrino del ex presidente en el candidato presidencial para las próximas elecciones. Díaz y Huerta firmaron el Pacto de la Embajada en la oficina de Wilson, aceptando varios términos con respecto al nuevo gobierno. Wilson sabía la intención de Huerta de derrocar al gobierno y apoyó sus planes, como lo muestra el Pacto de la Embajada, por el cual Huerta se convertiría en presidente y restablecería la calma en México. Wilson explicaba que tenía que proteger a los estadunidenses que residían en la capital y apoyar cualquier fuerza que ofreciera estabilidad. Wilson había asegurado el apoyo del cuerpo diplomático extranjero en México, especialmente los enviados británicos, alemanes y franceses, para el golpe de estado y presionó para que Estados Unidos reconociera al nuevo jefe de estado, el general Victoriano Huerta. A la prisión de Madero, el presidente Taft escribió a su hermano Charley: "Estoy muy contento de que la tensión en la Ciudad de México se haya resuelto para que la perspectiva de cualquier necesidad de presentar la cuestión de intervención al Congreso haya desaparecido. Enviaré tropas al vecindario con miras a pasarle la oportunidad a mi sucesor para que actúe según el momento que se presente". El presidente Woodrow Wilson se negó a reconocer al gobierno de Huerta. (61)

En sus informes, Henry Lane Wilson desestimaba la fuerza federal, exageraba las fuerzas rebeldes y pedía instrucciones para tomar la iniciativa de negociaciones que lograran una paz definitiva. Knox le contestó que el gobierno de Taft no quería la responsabilidad de decidir la contienda hacia alguno de los bandos. (67)

El embajador Wilson había pedido a Bernardo Cólogan, embajador de España, que hablara con Madero y le pidiera su renuncia y de esa manera evitar una intervención armada de su país. (59)

Una vez iniciado el cuartelazo, Lane Wilson exigió las renuncias de Madero y Pino Suárez y amenazó con una intervención armada, utilizando los barcos que se encontraban en Veracruz. Esta amenaza fue utilizada por los enemigos de Madero para insistir a los diputados en exigir las renuncias. (11)

La embajada de Estados Unidos se convirtió en el centro de la conjura contra Madero. Siempre pretextando la inminencia de los saqueos por la turba, generando pánico entre los diplomáticos. La colonia estadunidense en la Ciudad de México se encargó de la protección de su embajada, turnándose para estar de guardia permanente. Otro motivo de pánico de los diplomáticos era el temor a que la chusma de Zapata irrumpiera en la Ciudad, aprovechando que estaba indefensa. El 15 de febrero el embajador H. L. Wilson trataba de convencer al embajador cubano de hacer descender del crucero *Cuba* a sus infantes de marina, para hacerlos llegar hasta la ciudad de México. Henry Lane Wilson mencionó: "Madero está irremediablemente perdido". El pretexto: salvaguardar los intereses cubanos; la realidad: generar más caos y aumentar el temor de una intervención armada. Con la declaración de "¡Madero está loco!", Wilson trataba de convencer a los embajadores de Alemania, Inglaterra, España y Francia de intervenir en el derrocamiento del gobierno de Madero. Ese 15 de febrero, H. L. Wilson aseguró el acuerdo entre Huerta y Félix Díaz, utilizando los servicios de Enrique Cepeda. (16)

Victoriano Huerta iba todas las noches con el embajador Wilson. Félix Díaz y Huerta pactaron en el recinto de la Embajada de los Estados Unidos, con la intervención directa del embajador Wilson, la destrucción del gobierno maderista. Rodolfo Reyes acredita al edificio estadunidense como neutral y, menciona: *el embajador norteamericano tenía ya muy trabajado a Huerta... el embajador Wilson intervenía activamente con ánimo de que fuera derrocado Madero y que Huerta asumiera el mando...* (59 y **68**)

Lane Wilson escribió al Departamento de Estado, el 17 de febrero: "Huerta espera algún acto que releve a Madero del Poder, el retardo es para evitar derramamiento de sangre". El 18 de febrero, Wilson anunció a su gobierno la aprehensión de Madero y, más tarde escribió a Taft: "le he manifestado al General Huerta que confío en su habilidad y buenas intenciones, para llevar a cabo sus ideas patrióticas y la esperanza de que pondría al Ejército a disposición del Congreso". Del texto y contexto de la correspondencia diplomática del Embajador de los Estados Unidos se desprende la vinculación entre éste y los dos golpistas principales (Huerta y Díaz), paso por paso fue consultado el embajador. Pudo haber existido un pacto entre los tres para consumar el asesinato. El gran momento de Henry Lane Wilson llegó al completar Huerta su traición. Para entonces ya tenía de su lado a varios senadores, a miembros del Cuerpo Diplomático acreditado en Ciudad de México y a varios miembros del gabinete maderista. Huerta y Lane Wilson mantuvieron intensa e íntima relación entre el 17 y el 18 de febrero. Preso Madero, Lane Wilson llamó a la embajada a los generales Félix Días y Victoriano Huerta, quienes firmaron entonces el Pacto de la Embajada, al mismo tiempo que mataban a Gustavo Madero, Adolfo Bassó y a Manuel Oviedo e incendiaban el periódico *Nueva Era*. Por 72 horas, Díaz y Huerta compartirían el poder. (11)

La noche del día que apresaron a Madero, Henry L. Wilson llamó a una junta del Cuerpo Diplomático en su embajada. Acude una docena de embajadores. Wilson informaba que Huerta tomaba legalmente el poder ejecutivo de México, quien, al día siguiente, por la mañana, recibiría el respeto de los embajadores. (16)

Los embajadores acreditados en México, daban por un hecho que Wilson se comportaba de acuerdo a instrucciones recibidas por el Secretario de Estado e incluso del propio Presidente Taft, por lo mismo guardaban compostura, tratando de mantenerse neutrales, de acuerdo a los cánones de la diplomacia. La diplomacia europea seguía de la mano los movimientos diplomáticos de los Estados Unidos en relación con América Latina.

Márquez Sterling, embajador de Cuba, escribió a Henry Lane Wilson: "Me permito sugerir a Vuestra Excelencia, dado que es el Decano del Cuerpo Diplomático, tome la honrosa iniciativa de pedir a los jefes de la revolución evitar el sacrificio inútil del Señor Madero". Proponiendo el pequeño crucero *Cuba*, que se encontraba en Veracruz, para llevarlo a La Habana. Wilson respondió: "Me opongo a que el Cuerpo Diplomático intervenga". (59)

La esposa de Madero acudió a la embajada de Estados Unidos a pedir por la vida de los prisioneros. Wilson respondió: "su esposo no supo gobernar, nunca me pidió consejo; no sé si pueda ayudar al Sr. Madero". Márquez regresó, en vano, a insistir con H. L. Wilson. (68)

En 1916, durante una entrevista periodística, Sara Madero afirmó: *"El Presidente Madero y todos los miembros de aquel Gobierno creían firmemente que la actitud del embajador para el Gobierno y para la República, era descaradamente enemiga"*. "Acudí a la embajada de Estados Unidos el 20 de febrero de 1913. El embajador estaba bajo la influencia del licor, la señora Wilson tuvo que tirarle del saco para que cambiara de lenguaje. Dije que íbamos a buscar protección para sus vidas. 'señora —me dijo— ¿qué es lo que quiere que yo haga?'

—Quiero que emplee su influencia para salvar la vida de mi esposo y demás prisioneros.

-Ésa es una responsabilidad que no puedo echarme encima. Seré franco señora. Su esposo nunca quiso consultarme, tenía ideas muy peculiares.

- 'Señor embajador, mi esposo tiene altos ideales'.

Me dijo que el general Huerta le había consultado qué debía hacerse con los prisioneros. '¿Y qué le contestó usted?', pregunté. 'Le dije que hiciera lo que fuera mejor para los intereses del país'. Mi cuñada, lo interrumpió diciendo: '¿Cómo le dijo usted eso? Huerta va a matarlos a todos". 'Usted sabe que su marido es impopular; que el pueblo no estaba conforme con su Gobierno como presidente'. 'Bueno, ¿por qué no lo ponen en libertad y lo dejan irse a Europa, donde no podría hacer daño?'. El embajador contestó: 'No se preocupe ni se apure, no harán daño a su esposo. Por eso sugerí que renunciara su esposo'". "Cuando terminó la entrevista no habíamos ganado más que la promesa que no se les haría daño alguno, pero dos días después fueron asesinados". "Tengo la firme convicción que, si el embajador hubiera hecho enérgicas representaciones, como era razonable, en interés de la humanidad, no sólo se habrían salvado sus vidas, sino que habría evitado la responsabilidad que recae en esos hechos en Estados Unidos". **(69)**

Francisco Madero padre y Ernesto Madero, ante el temor de ser apresados, se mantenían escondidos, mientras las mujeres de la familia, recorrían todas las casas consulares, buscando apoyo. Japón había recibido a la mayoría de los familiares de Madero desde varios días antes. La madre de Madero lleva a Wilson una carta dirigida al presidente Taft, quien nunca la recibe, porque nunca le fue enviada. Los parientes de Pino Suárez igual recorrido realizaban, también sin resultados. Aunque algunos documentos señalan la posibilidad que Taft ordenó a Henry Lane Wilson salvar la vida del presidente. (16 y 35)

Los documentos originalmente pactados por Félix Díaz y Victoriano Huerta, los conservó Henry Lane Wilson en su oficina de la Embajada, por lo que el embajador pudo comunicar a su jefe, el Secretario de Estado, los términos y condiciones del citado Pacto de la Embajada. Wilson nunca estuvo seguro que ambos conspiradores se mantuvieran juntos y de acuerdo, por lo que señala a su jefe, expresamente: "a ese fin me dedicaré". En el mismo documento señala que, aunque no están escritos en el pacto, había logrado otros tres acuerdos: la libertad de los miembros del gabinete detenidos, libertad de prensa y mantener el orden en la ciudad. El cumplimiento demuestra su participación efectiva en el acuerdo. Wilson al asociarse con Félix Díaz y Victoriano Huerta y ser parte fundamental de la intriga contra Madero excedió sus funciones, perdió la discreción, faltó al respeto a México e intervino en la política interior. Los ciudadanos estadunidenses en México formaron una pandilla junto a su embajador, que propalaban noticias falsas a través de las agencias internacionales de prensa. (2 y 11)

El 22 de febrero, aniversario del natalicio de George Washington hubo una recepción en la embajada de Estados Unidos. Antes de llegar

Huerta se comenta que los prisioneros serían llevados a la penitenciaría. Huerta llega borracho. A las 8 termina la recepción, los últimos en salir son los embajadores de Cuba y Chile. Sólo se queda Huerta. (59)

A la muerte de Madero, Henry Lane Wilson ordenó a sus representantes consulares a presionar a los diferentes gobernadores para aceptar la presidencia de Huerta. Sonora, Coahuila y Chihuahua nunca aceptaron. Wilson instruyó especialmente a sus cónsules en esos estados para que aceptaran reconocer a Huerta. Venustiano Carranza se levantó en armas y a Abraham González lo asesinaron. (7)

Fue la legación chilena quien logró subir a los familiares de Madero en un tren y trasladarlos a Veracruz, donde subieron al *Cuba* y de ahí llegaron a La Habana. El viaje lo hicieron acompañados del embajador Márquez Sterling.

Para los representantes diplomáticos de Estados Unidos y de las grandes potencias europeas, el golpe de estado de Huerta no pudo llegar en mejor momento. Henry Lane Wilson no tenía autorización de su gobierno para actuar como actuó, pero, al final, fue respaldado. Creían que estaban en anarquía y preferían la disciplina militar. (2)

Wilson no fue el autor del cuartelazo, pero sí el articulador del pacto entre Huerta y Díaz, los embajadores de Alemania y Gran Bretaña sus cómplices y Cólogan su emisario[24].

Tanto el embajador H. L. Wilson, como los 75 000 norteamericanos que residían en México y la mayor parte de los principales políticos mexicanos, no entendieron bien lo que ocurrió en el país entre los años de 1910 y 1913. Parece que a todos les encantó la idea de colaborar activamente con los cabecillas del cuartelazo, único tipo de revolución que eran capaces de imaginar. Huerta les ofreció esa oportunidad en febrero de 1913. Los funcionarios de la Embajada y los cónsules más importantes de los Estados Unidos en México -con la excepción de Arnold Shanklin, cónsul en el Distrito Federal – vieron con buenos ojos la conducta del Embajador; y otro tanto cabe decir de la inmensa mayoría de los norteamericanos poseedores de intereses en México y conocedores de sus asuntos internos. (60)

En esos días, la Ciudad de México se vio envuelta en una vorágine de violencia callejera, mucha gente humilde expuso su vida por prestar servicios a las familias extranjeras. (33)

24 °El embajador francés había sugerido participar, pero Wilson lo rechazó. A Von Hintze le molestaba que Wilson se arrogara el mando. (49)

Carranza siempre estuvo seguro de la intervención de Henry Lane Wilson en el Cuartelazo Reyes-Díaz y en la traición de Huerta. Estados Unidos se limitó a considerar a Huerta *presidente de facto*, pero ni Taft ni Woodrow Wilson dieron nunca su reconocimiento, pese a los esfuerzos de Henry Lane Wilson. El no reconocimiento de Taft se debió a que Huerta no pudo resolver el asunto del Chamizal a favor de Estados Unidos, antes de terminar su periodo. (2 y 11)

La política de neutralidad de Taft fracasó y, además, poco sirvió a sus fines y a la seguridad en la frontera. Sin embargo, sabía que una invasión militar hubiera significado el *coup de grace* para la estabilidad mexicana. Lane Wilson animaba a su gobierno a "retar y protestar" por cualquier proyecto de Madero, por considerarlo intolerante y equivocado. Exageraba en sus despachos, insistiendo sobre tener una actitud "firme, alerta y severa" que demostrara que Estados Unidos "haría justicia a todo crimen cometido a los intereses estadunidenses". La decisión de Taft de *manos fuera* no implicó una completa no injerencia, los problemas diplomáticos se dejaron en manos del embajador Henry Lane Wilson. La injerencia se dio y fue total e implicó una carga muy pesada para Madero. (62)

El gobierno de Taft ha pasado a la historia de manera negativa porque su embajador Henry Lane Wilson, fue artífice de una política agresiva en contra de México, ejecutando sus instrucciones de manera contraria a lo especificado por su gobierno. El Departamento de Estado notó en enero de 1913 que los despachos de H. L. Wilson eran "particularmente uniformes y desalentadores", que diferían considerablemente de los del encargado de negocios de la embajada, Montgomery Schuyler, y que la incertidumbre producida le impedía "medir con confianza la situación". Knox apuntó que, a su parecer, los informes del embajador eran "injustificados, tal vez engañosos" y, con energía, pidió a Wilson que describiera las condiciones sin exagerar ni errar en sus juicios, con "un adecuado sentido de proporción". Wilson no se intimidó, se mantuvo inflexible y manifestó que la mala situación se debía a la incompetencia de la administración para gobernar y a la actividad maliciosa de Madero para cometer graves errores públicos. Knox decidió comentarlo al presidente Taft: los reportes recientes del embajador revelan la intención de forzar la mano de su gobierno; el desacuerdo entre el embajador y el Departamento es tan serio que yo erraría si no le pidiera a usted su atención. (62)

Henry Lane Wilson conspiró y presionó con las embajadas europeas para el reconocimiento de la Usurpación Huertista. Woodrow

Wilson obligó el retiro de Henry Lane Wilson y se negó a reconocer a Victoriano Huerta. La frase del 12 de marzo de 1913: "ningún gobierno emanado de la violencia será reconocido por los Estados Unidos" es suficiente para asegurar su no aprobación a la conspiración. (11 y 50)

Al tomar posesión Woodrow Wilson de la presidencia de Estados Unidos el cuatro de marzo, Victoriano Huerta, Félix Díaz y León de la Barra le enviaron felicitaciones. Lane Wilson fue instruido para dar las gracias a Félix Díaz y a León de la Barra. En el caso de Huerta, sólo recibió un acuse de recibo. Lane Wilson preguntó al Departamento de Estado si era posible negociar un préstamo a Victoriano Huerta para con ese dinero lograr la pacificación necesaria y consolidar su posición presidencial. Al parecer nunca hubo respuesta a esta solicitud. En su momento, Henry Lane Wilson informó a su país que los levantados contra Madero, ahora estaban a favor de Huerta, refiriéndose a Zapata, Argumedo y Orozco. (11)

El Presidente Wilson, que no tenía ningún conocimiento personal y detallado de México, se encontró, al tomar el poder, en una posición insostenible, sin ninguna fuente segura de información en la cual fundar sus decisiones. No tenía más remedio que adoptar una práctica muy suya: enviar representantes personales para que le hicieran saber los acontecimientos y para que vigilaran las actividades de la Embajada norteamericana. El presidente Wilson era en realidad su propio Secretario de Estado -hasta el grado de que él mismo redactaba los documentos de política exterior en vez de su secretario-, por lo que es de la mayor importancia saber qué informaciones utilizó efectivamente. La conservación del archivo personal de Woodrow Wilson da la posibilidad de consultar todos los documentos relativos al período de la Revolución Mexicana (1913-1915), estas circunstancias contribuyen a conocer qué cosas leyó Wilson y en qué momento las leyó. (60)

William Bayard Hale, diplomático de carrera, recibió del presidente Wilson, el 19 de abril de 1913, el encargo de trasladarse a México para llevar a cabo investigaciones sobre el comportamiento de Henry Lane Wilson, durante la "decena trágica". El presidente Wilson había perdido toda la confianza en su embajador en México, fundamentalmente ante los contradictorios informes que le llegaban. Tres semanas más tarde, y mucho antes de que llegara a Washington ningún informe de Hale, Julius Kruttschnitt, presidente de la Southern Pacific Company, envió a Woodrow Wilson información acerca de México, redactada por D. J. Haff, representante jurídico de los intereses norteamericanos en México. Se dio por supuesto que esta comunicación contaba con la aprobación de otros "grandes intereses" de los Estados Unidos en México, como la Phelps, la Dodge Company, la Greene Cananea Copper Company y la Mexican Petroleum Company. La carta impresionó al presidente Wilson profundamente. El propio Haff platicó personalmente su impresión de lo ocurrido. (68)

El esfuerzo de Henry Lane Wilson no sirvió para restaurar la *pax porfiriana,* sino para desencadenar la verdadera Revolución Mexicana. Para mayo de 1913 la posición de Lane Wilson era insostenible, no lograba el reconocimiento para el gobierno de Huerta y para el presidente Wilson era el cómplice del asesinato de Madero. Fue removido de su cargo en julio. En ese mismo 1913, ya separado de sus funciones diplomáticas, Henry Lane Wilson aseguró que la Revolución Maderista llegó al triunfo amparada por dinero de ciudadanos norteamericanos. (2 y 7)

W. Wilson pensaba dar el reconocimiento a Huerta, bajo la condición de que prometiera celebrar unas elecciones ajustadas a la ley. Sin embargo, nunca lo comunicó al secretario de estado, porque le asaltaban muchas dudas. El señor Kruttschnitt y su grupo, insistían en la necesidad de dar el reconocimiento al gobierno de facto, por lo que enviaron el 26 de mayo a Edward Brush y S. W. Eccles para reunirse con Wilson y el secretario de Estado, W. J. Bryan, donde le ofrecieron ayuda para que se llevara a cabo una elección presidencial en México lo antes posible. Bryan consideraba que esa propuesta ofrecía una buena solución. W. Wilson señaló el 28 de mayo que las sugerencias eran "ciertamente muy interesantes y de gran importancia, las consideraremos en una fecha próxima". Las dudas del Presidente Wilson, para reconocer a Huerta se robustecieron con la llegada del informe de Hale, recibido a mediados de junio. La noticia que más preocupó al Presidente Wilson fue la invitación que el embajador hizo a Huerta para un banquete en la Embajada norteamericana; le daba a entender que el representante diplomático de los Estados Unidos y el jefe del gobierno en México mantenían estrechas relaciones personales. El documento de Hale generó que el presidente Wilson le escribiera a Bryan: "El documento enviado por Hale es extraordinario. Me gustaría estudiar muy seriamente la necesidad de destituir de su cargo a Henry Lane Wilson... ". Dos días después, el Presidente insistía a su Secretario de Estado: "Después del informe de Hale y los últimos telegramas de H. L. Wilson, espero que usted considere seriamente la posibilidad de destituirlo...". Naturalmente, Bryan atendió estos recados y despachó órdenes para que el embajador Wilson se trasladara a Washington a fin de responder a ciertas "consultas". (68)

Entre el 9 de agosto y el 19 de septiembre de 1913, Woodrow Wilson envió a México a John Lind como representante personal, quien le envía en un comunicado un juicio personal, basado en las observaciones hechas por él, son doce páginas escritas de puño y letra de Lind. Incluyen errores, prejuicios e interpretaciones dudosas, pero también gran número de observaciones agudas. Su misión consistía, fundamentalmente, en ver si las elecciones presidenciales anunciadas en México para el mes de octubre se desarrollaban o no en forma constitucional, y si Huerta se abstenía, en efecto, de presentarse como candidato. Lind era un sueco tieso e insensible, sin experiencia diplomática, sin el menor conocimiento de México y sin saber jota de español. Las comunicaciones de Lind, escritas cotidianamente, deben haber sido elementos de juicio importantes para que Wilson apreciara los sucesos que estaban ocurriendo en México, en la manera como se veía a México desde la Casa Blanca durante el otoño e invierno de 1913. (60)

Lind escribió al presidente Wilson el 19 de septiembre de 1913: Al llegar a México, uno de los factores más molestos era la actitud de los norteamericanos que aquí residen. No sabía nada de México ni de los mexicanos, casi todos los norteamericanos que viven en México lo sabían, y la mayor parte de ellos tenían planes perfectamente elaborados para la pacificación y regeneración del país. No puedo menos de expresar un juicio que ya me he formado: la influencia de Henry Lane Wilson ha sido perniciosa y malévola lo mismo para los norteamericanos que para los mexicanos. **(60)**

El Informe Lind añade: "desde el punto de vista político, los mexicanos carecen de normas. Sus únicos móviles en sus acciones políticas son el apetito y la vanidad. El orgullo raras veces los empuja a la acción, y se limita de ordinario a fanfarronadas, a grandes exhibiciones en papel, o a discursos inflamados. Muy pocos buscan un puesto para trabajar y realizar ideales políticos o sociales. Debido a esta desdichada situación, así como a lo complicado de las condiciones económicas y sociales -resultado de tres siglos de mal gobierno religioso, social y político-, parece imposible la solución del actual problema, con los recursos políticos y morales del pueblo mexicano. Necesito señalar que, según la opinión de centenares de personas inteligentes, los indios de los Estados sureños, hacen concebir grandes esperanzas, tanto en el terreno moral como en el económico. Su capacidad potencial de progreso no parece hallarse limitada, como es el caso del negro norteamericano. La esperanza de México se funda en su sangre indígena, y no en la descendencia mezclada de los españoles moriscos. La cuestión agraria es un factor vital de la situación. En Oaxaca los indios están en posesión de las tierras de sus antepasados, las comunidades campesinas poseen en común tierra suficiente, de manera que siempre hay solución para el aumento normal de la población, son bastante industriosos en su propio interés, y de entre ellos salen trabajadores verdaderamente excelentes, y con gran destreza industrial; 40 % de ellos no suele beber, y pocos son los borrachos consuetudinarios. Forman grupos de doce a veinte hombres, eligen a uno de ellos como portavoz y aceptan contratos para desmontar la tierra, cosechar la caña de azúcar, etc. Son muy celosos de sus derechos, y no vacilan en sacrificar su vida por ellos. Hay otros tres o cuatro Estados en condiciones generales más o menos las mismas que en Oaxaca". (60)

En el Estado de Morelos, que es, el Estado más rico y hermoso de México, la situación es radicalmente distinta. Los dueños son unos cuantos propietarios que residen en el extranjero o en la ciudad de México. Los indios han quedado reducidos a un abyecto peonaje desde hace muchas generaciones. El capataz, un español brutal, ejerce un dominio absoluto sobre ellos, la ley y la costumbre le dan la facultad de infligir castigos corporales. Si por ese castigo muere alguien, no hay averiguaciones, reciben veinticinco centavos plata y un litro de maíz. A algunos peones se les permite labrar una parcelita de tierra " a medias", y poseer y criar algunas cabras (en casos muy raros, una vaca). Si dan señales de inclinación a acumular más propiedades o más de una vaca, se les juzga "ciudadanos indeseables", se les acusa de cualquier crimen y se les envía al ejército. El hacendado es dueño de una "tienda de raya" donde una vez que los peones adquieren una deuda, quedan clavados en el lugar por toda la vida. Hay un procedimiento jurídico, que permite al patrón impedir que un trabajador abandone su servicio mientras tenga alguna deuda. Este sistema es el mismo que emplean los norteamericanos propietarios de tierras. (60)

Huerta nunca llegó a ejercer el control total del país. En diciembre de 1913, en su informe presidencial, Woodrow Wilson dijo: "México no tiene gobierno. Victoriano Huerta se ha declarado dictador. Cada día se desmorona su poder y su prestigio: está cerca del colapso". (2 y 63)

La política mexicana de Woodrow Wilson ha sido juzgada incorrectamente por los historiadores de los Estados Unidos. Sus críticos afirman que Estados Unidos ha seguido tradicionalmente la norma de dar su reconocimiento a los gobiernos de hecho, y que el principio de "legitimidad constitucional" argumentado por Wilson, carecía de todo apoyo en las prácticas diplomáticas internacionales, además de ser ilógico. Samuel Flagg Bemis, en 1943, señala que a ningún gobierno extranjero le incumbe el someter a juicio las prácticas constitucionales de México, y pregunta: "¿En dónde se podrían encontrar jueces diplomáticos imparciales para las revoluciones?", sin embargo, pasan por alto el papel desempeñado en el golpe de estado de Huerta por el representante diplomático de Estados Unidos en México. No se puede soslayar que el Presidente de Estados Unidos siempre tiene cierta responsabilidad por las cosas que hace su embajador. Hay pruebas que demuestran que, de mayo a junio de 1913, el Presidente Wilson estudió seriamente la posibilidad de otorgar el reconocimiento a Victoriano Huerta. En el informe Hale no podemos menos de encontrar la necesidad de aceptar los conceptos wilsonianos de moral cristiana, para no reconocer al régimen de Huerta, aclarando que el reconocimiento era precisamente "el meollo del problema". (68)

Para juzgar las acciones diplomáticas, el historiador debe partir de la situación tal como la conocía la persona responsable de la decisión. La valoración de la política diplomática se basa en dos cosas: los resultados conseguidos y la otra alternativa que hubiera: reconocer o no reconocer el gobierno de Huerta. El informe Hale no demuestra que el embajador de los Estados Unidos se hallara implicado en el golpe huertista, pero presenta una serie de hechos que dejan su reputación muy mal parada. Se concluye que la causa de que Wilson se haya negado a reconocer a Huerta fueron las múltiples actividades anticonstitucionales y falta de escrúpulos de Huerta. La decisión final se basó en que el representante oficial de Estados Unidos no sólo dio su aprobación a la serie de acontecimientos que convirtieron a Huerta en jefe de estado, sino que había tenido una parte activa en ellos. (68)

La Gran Bretaña apoyó inicialmente a Victoriano Huerta, sin embargo, Woodrow Wilson los convenció de darle la espalda, al negociar con ellos un excelente trato en el uso del canal de Panamá. (2)

En abril de 1914 fueron arrestados en Tampico unos tripulantes del buque Dolphin, eso generó el pretexto para la toma del puerto de Veracruz por la armada estadunidense el 22 de abril, lo que impidió que un buque alemán desembarcara armas para Victoriano Huerta. Finalmente, Huerta inició negociaciones con Estados Unidos para asegurar su exilio de México. El 23 de junio los constitucionalistas tomaron Zacatecas, el 10 de julio, Huerta renunció. (2)

Es evidente que Woodrow Wilson apoyó a los constitucionalistas contra Huerta, aunque Venustiano Carranza protestó por la toma de Veracruz. Fue hasta fines de 1914 que Estados Unidos desocupó Veracruz. Tal vez por la Gran Guerra en Europa, que lo obligaba a tomar decisiones con respecto a cómo manejar sus fuerzas bélicas. Había que entender las prioridades... (2)

Este entramado de hechos, acciones y decisiones, nos permite visualizar como ese *Hilo negro* tejió toda una malla de enredos, en los que México estuvo entrampado por más de 30 años.

VII. El cuartelazo

Bernardo Reyes era un personaje importante en el panorama político de 1910. Intentó contender contra Porfirio Díaz por la presidencia, pero decidió salir del país y dejar abandonados a sus postulantes en 1908. En 1910 se declaró maderista y pidió a sus simpatizantes que apoyaran la dupla Madero-Vázquez Gómez. Al triunfo de la Revolución Maderista, Reyes fue rescatado de su exilio. A la primera oportunidad se levantó en armas contra Madero, siendo el primer militar del Ejército Federal en levantarse contra las instituciones constitucionales en el Nuevo Régimen, a los 10 días de la toma de posesión, porque no le cumplieron la promesa de nombrarlo Secretario de Guerra. (11 y 16)

El triunfo que obtuvo Madero en las elecciones de 1911 no aplacó a sus enemigos. Pocos días tenía en la presidencia y ya se le formulaban cargos de ineptitud o de traición. Se hablaba de su debilidad, su falta de tino y su enemistad con el Ejército. Algunas cartas a los periódicos hablaban de un cuartelazo inminente. Los actos de gobierno que Madero generó fueron motivo de censuras en los periódicos, para los que Madero siempre mostró gran tolerancia, ya que creía en la libertad de Prensa. Madero, en su idealismo liberal y democrático, permitió que la prensa lo ridiculizara y asumiera la voz de los porfiristas. (70 y 71)

Madero tomó posesión de la presidencia el 6 de noviembre de 1911. Desde los primeros días tuvo que enfrentarse a las intrigas de sus no tan antiguos correligionarios: los hermanos Vázquez Gómez, Alfredo Robles, Antonio Díaz Soto y Gama, Palavicini, Roque Estrada, Alberto García Granados, Jesús Flores Magón y Manuel Calero. (11)

En enero de 1913, Manuel Márquez Sterling presenta a Madero sus credenciales como embajador plenipotenciario de Cuba en México. A su llegada es informado sobre los rumores de conspiración contra Madero. El día de la entrevista, sin embargo, lo notó optimista, apacible. Madero desestimaba la posibilidad de una revuelta en su contra, confiando en que se trataba de "aspectos normales de la política mexicana". (16 y 17)

El 23 de enero los diputados renovadores decían a Madero: "la revolución se hizo gobierno, pero no gobierna la revolución..." Ante la pobre respuesta de Madero, Miguel Cabrera optó por emigrar a los Estados Unidos. Gustavo Madero debió ir a principios de febrero a Japón, en una misión comercial, sin embargo, ante la incertidumbre política en México, decidió diferir el viaje. La tragedia lo encontró... (48)

Finalmente, los vaticinios se cumplieron a partir de la madrugada del domingo 9 de febrero de 1913. Primero el cuartelazo, después la traición militar, ambos bajo la protectora intervención de Henry Lane Wilson. La miseria moral de los sublevados y la felonía de los traidores tuvieron como objetivo satisfacer el despecho y colmar la ambición. (11)

A la una y media de la tarde del 8 de febrero, el senador Obregón acudió al Ministerio de Guerra, insistiendo en la necesidad de cambiar el Gabinete y pedir al presidente cambiar su manera de gobernar. Asegura que antes de entrar al despacho oyó hablar por teléfono al Ministro García Peña con el General Lauro del Villar, a quien decía que el Ministro de Gobernación (Rafael Hernández) estaba muy alarmado porque había recibido avisos diciendo que, al siguiente día, estallaría un movimiento revolucionario y que era necesario que tomase algunas providencias. García Peña tenía una carta anónima dirigida al Subsecretario de Guerra, en la que decía: "Mañana a las 10:00 de la mañana, se reunirán en San Ángel diversas personas importantes y jefes de partidos políticos, estallará un movimiento encabezado por un Divisionario". Obregón comunicó la noticia a varios Senadores.

Desde el 7 de febrero, el General José Delgado había informado a Sánchez Azcona[25] sobre los rumores de un levantamiento armado, por lo que ese día el propio Sánchez Azcona informó al presidente Madero, quien desestimó la información. Para el día 8 los informes en ese sentido, tanto en Chapultepec como en Palacio, iban creciendo. El Jefe de la Policía, Emiliano López Figueroa, aseguró a Sánchez Azcona, que no encontraba nada anormal que justificase las denuncias. Sin embargo, López Figueroa acudió con Gustavo Madero para hacerle saber de las múltiples denuncias. Lauro del Villar también recibió informes similares, pero se topó con la pasividad de García Peña y de Madero. Cuando el 8 de febrero se retiró a dormir García, señaló a Del Villar: "... se dice que tenemos cuartelazo en puerta..." (49)

Martín Luis Guzmán asegura que se reunían a la vista, continuamente, en diferentes lugares, desde el principio de enero,

25 * Juan Sánchez Azcona, amigo personal de Madero, era su secretario particular, había sido diputado porfirista y director del diario *México Nuevo*

Manuel Mondragón y Gregorio Ruiz[26] con múltiples militares, políticos y empresarios, incluso hacían propaganda a su movimiento en los cuarteles. (49)

La conspiración inició en 1912 en La Habana, originalmente comandada por Manuel Mondragón. El plan incluía liberar a Reyes y a Díaz de prisión. Entre los conspiradores había personajes de todos tipos, tamaños y colores, incluyendo abogados, políticos, militares.... Los artilleros del Ejército Federal, cansados del derramamiento de sangre, fatigas y esfuerzos, se rebelaron guiados por Bernardo Reyes, Félix Díaz y Manuel Mondragón. .(15 y 72)

No sólo los generales conspiraban contra Madero. Desde Chihuahua, después de derrotar a Orozco, un grupo de capitanes de la desaparecida División del Norte (Hernández, Romero López, Herrejón, Llaguno, Miranda Robles) empezó a buscar un líder para derrocar al gobierno, molestos por no haber recibido premio alguno después de su campaña victoriosa. .(15)

Rafael de Zayas Jr. era un civil que participó casi desde el principio en el grupo de los generales conspiradores, incluso antes de pensar en Reyes o Díaz como líderes del movimiento pensó en Victoriano Huerta para empatarlo con los capitanes de la División del Norte. Cuando Rafael de Zayas Jr.[27] invitó a Huerta a la revuelta, éste dijo: "...no hay que precipitarse, déjeme estudiar bien las cosas, para hacer pendejos siempre hay tiempo." La noche del 6 de febrero, Victoriano Huerta acudió a la casa de Pino Suárez para garantizarle su lealtad ante la posibilidad de un golpe militar en los días siguientes. (16 y 49)

Desde el cinco de febrero Gustavo A. Madero tiene conocimiento del cuartelazo programado y empieza a visitar los diferentes cuarteles de la Ciudad de México, entendiendo que está comprometida prácticamente toda la guarnición de la ciudad. Le presenta a su hermano una lista con 32 generales conspiradores, sin lograr convencerlo. (73)

La noche del día ocho de febrero hacía frío y hubo muchas tolvaneras en San Fernando, donde estaba el edificio de la Escuela Militar de Aspirantes. La madrugada del domingo nueve de febrero de 1913, de manera simultánea, cinco tranvías cargados de elementos del cuartel

26 ⁺Se menciona que Ruiz había hipotecado su casa en 20 mil pesos, que aportó a la causa. (15)

27 °Hijo del diputado porfirista del mismo nombre, alguna vez maderista, fue uno de los rebeldes que ocupó La Ciudadela con Díaz y Mondragón. (49)

de Tacubaya y de la Escuela Nacional Militar de Aspirantes de Tlalpan[28], dividido en dos grupos, totalmente armados, se dirigían hacia el centro de la dormida ciudad de México. De Tacubaya salieron 300 dragones y 400 elementos de Artillería de los 2do y 4to Regimiento, más 100 elementos del cuartel de La Libertad. De Tlalpan eran 300 estudiantes. Era el principio de la revuelta armada encabezada por los generales Manuel Mondragón y Gregorio Ruiz, militares porfiristas que se lanzaban a la sedición para rescatar a dos amigos presos, uno en la cárcel militar de Santiago Tlatelolco y el otro en la penitenciaría capitalina de Lecumberri por levantamientos contra el presidente Madero: los generales Bernardo Reyes y Félix Díaz. De manera simultánea, Mondragón va a Santiago Tlatelolco a liberar a Bernardo Reyes y después va a Lecumberri por Félix Díaz, mientras que los Aspirantes se dirigen a tomar la Catedral Metropolitana y Palacio Nacional. Los contingentes de Aspirantes marcharon hacia Palacio Nacional y lo ocuparon sin resistencia de los dos pelotones ahí destacados, los otros tres destacamentos, sin disparar un solo tiro lograron liberar a los dos prisioneros. Cuando fue liberado Bernardo Reyes, este ya tenía puesto su uniforme de campaña e inmediatamente toma el mando. Alfonso Taracena afirma que en el grupo de los Aspirantes que se apoderó de Palacio Nacional, se encontraban los hermanos Maximino y Manuel Ávila Camacho. Krauze menciona a Maximino como alumno de la Escuela de Aspirantes y que renunció alrededor de la Decena Trágica. (16, 17, 21, 29, 66,**72, 73 y 74**)

Mondragón[29] vestía traje claro de montar, polainas de charol negro y un largo capote gris. Participaron la Escuela de Aspirantes de Tlalpan, los Cuerpos de San Lázaro y las fuerzas de La Ciudadela, también algunos oficiales del Colegio Militar. Del Villar ya había apostado algunas fuerzas, incluso policías, en sitios estratégicos. (15)

A las 4 de la mañana, Ángel García Peña recibió un parte de la Dirección de la Escuela de Aspirantes, señalando que oficiales y alumnos habían tomado caballos, armamento, municiones, ametralladoras y albardones, con intención de apoyar al gobierno, porque se había sublevado la guarnición. Los alambres del teléfono de la escuela habían sido cortados en múltiples partes. Los escasos alumnos que no acompañaron a los sublevados señalaron que sus compañeros partieron, con gran alboroto, a un levantamiento general del ejército. (49)

---

28 La Escuela de Aspirantes era una institución militar creada bajo los auspicios del general Reyes, competía con el Colegio Militar en la formación de militares. En Aspirantes se hacía en menos tiempo, exigía solo la educación primaria y los estudios duraban año y medio, lo que ya había sido criticado por el General Ángeles. (49 y 58)

29 +Mondragón inventó un fusil de repetición automática, modificando un Mauser, con capacidad de 8 cartuchos, patentado en 1887, con el nombre de Fusil Díaz-Mondragón. Para 1910 ya había versiones, mediante tambores, de 20 y 100 cartuchos. **(75)**

Los aspirantes de Tlalpan se levantan muy de madrugada y se forman en San Fernando, frente al cuartel, robaron dos carretas lecheras que cargan con ametralladoras y municiones, poco después, en Huipulco, se apoderan de los tranvías de la zona que venían de Xochimilco y con ellos se encaminan al zócalo de la ciudad de México, antes que el resto de los sublevados, aunque el punto de reunión acordado era Tacubaya a las 4 de la mañana. Una multitud de civiles se va acercando y termina por acompañarlos.[30] Al mismo tiempo, de Tacubaya salieron 700 militares y 200 civiles rumbo a Tlatelolco. (76)

El jefe de Guardias Presidenciales había asegurado a los conspiradores, desde enero, que no los apoyaría, pero tampoco los atacaría, sin embargo, el 8 de febrero informó a Gustavo Madero sobre la sublevación. Federico González Garza, quien gobernaba la Ciudad de México intenta darle seguimiento a la información de Gustavo Madero sobre el Cuartelazo programado. Ambos verifican que la noche del ocho de febrero hay demasiado movimiento en el cuartel de Tacubaya. (15 y 72)

Entre las 6 y las 7 de la mañana, los Aspirantes tomaron Palacio Nacional, seguramente contando con la complicidad de la guardia. Gustavo Madero, que no ha dormido tratando de conocer los planes de los alzados, al saber de la asonada marcha hacia Palacio, entra buscando apoyo de los leales, pero es hecho prisionero por los Aspirantes que, en ese momento, dominaban la situación. Gustavo es apresado y encerrado en la Sala de las Banderas. Unos minutos después llega García Peña, que se enfrenta a tiros con los alzados, es herido por un cristal roto por las balas y también es hecho prisionero, siendo trasladado al cuarto de prevención de la Puerta de Honor de Palacio, a donde también llevan a Gustavo. García se sorprende al ver detenido a Gustavo Madero. (15, 16, 49, 58, 72 y 76)

Para entonces ya había sido avisado el comandante de la Plaza de la Ciudad de México, el general Lauro del Villar, a las 3:30 de ese nueve de febrero recibió en su domicilio un parte telefónico indicándole que la artillería y la caballería de Tacubaya habían salido sin informar qué rumbo tomarían. El general sospechó lo peor y se apresuró a echar un vistazo en los alrededores de Palacio Nacional, donde confirmó la traición de la guardia. Se acercó por la esquina sur de Palacio, donde vio a personal de la Escuela de Aspirantes cargando armamento y municiones en un carro. También observó que en la puerta principal había colocado una ametralladora y que la azotea estaba ocupada por tropa. Se desplazó al cuartel de Zapadores y después al cuartel de Teresitas, levantó y

30 °No está claro si son civiles desvelados o militares sin uniforme.

reunió un grupo de 40 zapadores y algunos elementos leales tomados de los cuarteles cercanos, tal vez 70, la gran mayoría cadetes de poca o nula experiencia en combate. Les explicó la situación y los instruyó para que retomaran Palacio Nacional por la parte trasera, al mando del coronel Juan Carlos Morales y se dirigió al cuartel de San Pedro y San Pablo, donde despertó a los reclutas, los armó y los dividió en tres pelotones y se fue tras el grupo de Morales, encontrando que éste no se había atrevido a atacar a los alzados. Del Villar, ante la certeza que llegaría un contingente mayor de sublevados, reordenó al grupo, tomó el mando y dio instrucciones al Mayor Argüelles y al Capitán Chávez. Sus zapadores rompieron muros y puertas con hachazos, sin alertar a sus defensores, para entrar al Palacio Nacional por el jardín trasero. Los golpistas habían descuidado el área al enfocarse sólo en las entradas principales, con vista al jardín del Zócalo. Llegaron al Patio de Honor y, al grito de "*¡ríndanse y orden!*", los atacaron por la espalda, logrando sorprenderlos, apresándolos y recuperando las armas. En la acción, el grupo de Del Villar no disparó un solo tiro. García Peña y Gustavo Madero oyeron que llegaba el General del Villar, dando órdenes, lo que aprovecharon para salir del cuarto, dando también voces de mando para dominar a los soldados, se rehicieron de Palacio y pusieron presos a los Aspirantes. El plan de Del Villar fue un éxito, recobró el edificio y liberó al general Ángel García Peña, y a Gustavo Madero. Dio parte a García Peña, informando además lo que ocurría en el Zócalo, en Tlalpan y en Tacubaya, recomendando al ministro se dirigiera a Chapultepec a proteger al presidente. Después acomodó a los Aspirantes en formación militar y les ordenó vitorear tres veces al Presidente de la República... lo que hicieron! Después los encerró en las cocheras presidenciales. La personalidad y liderazgo de Lauro del Villar bastó para dominar a los Aspirantes, que entregaron las armas. Apoyado por el Almirante Ángel Ortiz Monasterio, Del Villar atrincheró y fortaleció la defensa del Palacio con leales al presidente, ante la inminente llegada del resto de los sublevados a Palacio Nacional. García Peña dejó al General del Villar al mando y se fue a Chapultepec a buscar al Presidente para acompañarlo a Palacio. (17,49, 58, 72, 74 y **77**)

En Palacio Nacional, Lauro del Villar organizó la defensa: colocó tropas en el techo, nidos de ametralladoras en las tres puertas de Palacio y mandó cubrir los accesos laterales, formó al grupo de leales que colocó frente a Palacio, pecho a tierra o rodilla en tierra, colocó dos nidos de ametralladoras en la puerta principal y esperó. Media hora después llegó el grupo con Reyes ya liberado y Ruiz a la cabeza. A las 10 de la mañana la gente que salía de misa de la Catedral Metropolitana se empezaba a agolpar frente al espectáculo de tropas en posición de batalla en Palacio Nacional. (74 y 78)

En el cuartel de Tacubaya les llevó mucho tiempo organizarse, tal vez porque eran muchos (quizás 900), por lo que llegan tarde a las citas que tenían programadas para liberar a Reyes y Díaz de su respectiva prisión. Pasadas las 6 de la mañana, un grupo de los sublevados, al mando del General Gregorio Ruiz había llegado a la prisión militar de Santiago para liberar al General Bernardo Reyes y a otros militares[31]. Se les unió el 20° regimiento de caballería y otro batallón. Mondragón llegó tarde. Al alcanzar al grupo fue abrazado efusivamente por Reyes. Bernardo Reyes tomó el mando y con un regimiento, él y Ruiz se dirigieron hacia Palacio, mientras Mondragón marcha a Lecumberri para liberar a Félix Díaz. Cuando llegan a Lecumberri ya salió el sol, pero el grupo ya es muy grande, tal vez sean varios miles entre civiles y militares, por lo que el comandante de la prisión no se atreve a oponer resistencia. Ya el sol picaba cuando fue liberado Díaz y se fueron al Zócalo, al galope, tratando de recuperar el tiempo perdido. Detrás del grupo militar sublevado, Zayas Jr. asegura que iba una multitud de ciudadanos, en marcha triunfal y loca. Algunos pelotones de tropas metropolitanas se iban sumando al contingente. (49 y 72)

El grupo con los generales liberados[32], creyendo que Palacio estaba bajo su dominio, se dirigió hacia allá. Las pocas tropas que había en la ciudad y en Tacubaya estaban comprometidas con los rebeldes, incluyendo a los guardias de Palacio. Los alumnos de la escuela de Aspirantes de Tlalpan deberían estar posesionadas tanto de Palacio como de Catedral. (17 y 58)

Después de liberar a Reyes y calculando que Palacio está en manos de los Aspirantes, para corroborar el hecho hacia allá se dirige Gregorio Ruiz, quien fue aprehendido por Lauro del Villar. El General Ruiz se acercó a Del Villar y lo invitó a sumarse a los sublevados. Del Villar toma las riendas del caballo de Ruiz y le ordena se dé preso. Ruiz intenta tomar su pistola para disparar, pero Del Villar logra bajarlo del caballo y lo entrega a sus ayudantes, que lo conducen preso a Palacio. Con Reyes y Díaz liberados, los sublevados se encaminaron hacia Palacio Nacional que creen en poder de los Aspirantes, sin verificar la situación. Para su sorpresa vieron ametralladoras sobre la puerta principal apuntándoles

31 *Al ser liberado Reyes de la prisión, otros prisioneros quisieron escapar generando un motín y quemando el edificio. Murieron más de cien. (29 y 38)

32 +Mondragón liberó a Díaz. El capitán Martínez con fuerzas del cuartel de La Libertad liberarían a Reyes. (14)

y detrás de los árboles un par de líneas de tiradores, la primera pecho a tierra y la otra con una rodilla a tierra. En el costado sur de Palacio había otra línea de tiradores pie a tierra, listos para el combate. Al meterse los alzados al Zócalo, cayeron en una ratonera. (15, 29, 49 y 58)

De Mauleón dice que los sublevados llegan desde Lecumberri por la calle de Moneda, entraron al Zócalo por la esquina de Seminario, del lado oriente de Palacio. En el cruce de Moneda y Seminario el grupo de sublevados, al mando de Bernardo Reyes, aprecian la línea de tiradores pecho a tierra. Avanzan hasta La Cruz de Mañozca en la Catedral[33]. El zócalo en 1910 no era una plaza, había un jardín con un quiosco en el centro. También ahí estaba la estación de tranvías eléctricos que comunicaban la capital. (72 y 75)

Un jinete no identificado informó a Reyes sobre la situación en Palacio y lo sucedido a Gregorio Ruiz. Reyes pidió a los curiosos que se retiraran y se acercó a Palacio, Del Villar le marca el alto, Reyes continúa avanzando, Del Villar retrocede y ordena hacer fuego. Fueron abatidos Bernardo Reyes y Espinoza de los Monteros, Mondragón y Díaz huyeron. Hubo un fuego nutrido que tal vez duró 20 minutos. (49)

Antes del mediodía, llegó al Zócalo la columna de Bernardo Reyes, quien montaba a caballo, respaldado por sus leales. En la acera lo esperaba el general del Villar. Observan a los soldados pecho a tierra y Bernardo Reyes decide avanzar, desde la cruz de Mañozca en Catedral hasta estar frente a la puerta central de Palacio, considera atacar Palacio desde el frente, trae miles de hombre y artillería, su soberbia toma el mando, en Palacio tal vez eran 200 defensores. Reyes se acercó y le dijo "Lauro, estoy en armas contra Madero, úneteme". Y Del Villar, leal, replicó: "No Bernardo, traiciones no: eres mi prisionero", y le sujetó las riendas. Reyes sacó su arma y disparó contra Del Villar hiriéndolo gravemente... en ese momento rugió el infierno: las tropas de la azotea dispararon y los reyistas, tomados de sorpresa, empezaron a recular. (72 y 75)

Le pide a Del Villar que se una al cuartelazo....inocencia de 1910?, soberbia de General de División?...absurda decisión teniendo 4000 hombres armados contra un puñado de zapadores.

Dice Paco Ignacio Taibo II que no es sino un clásico desplante machista mexicano. Se pone frente a Del Villar, amenazándolo con sus tropas. Tres veces le pide del Villar que se rinda, quien, cuando aprecia que Reyes pretende envolverlo con su caballo, da la orden de hacer fuego. (72)

33 *Cuando Bernardo Reyes decidió avanzar, su hijo Rodolfo le dijo: ¡te matarán!, a lo que respondió: no será por la espalda. (42)

Las tropas que estaban allí hicieron fuego y murió Reyes. Desde la puerta de Honor, tras unos costales, estaba con una ametralladora el contralmirante Hilario Rodríguez Malpica, quien disparó de inmediato. Por los defensores cayeron unos 80 hombres, entre muertos y heridos. El coronel Morales[34] fue uno de ellos. Del Villar tenía un balazo en el cuello que le fracturó la clavícula derecha. Los cadáveres de los militares fueron llevados al patio interior de Palacio. En la plaza quedaron cientos de civiles curiosos muertos y heridos. No se pudo determinar quiénes acompañaban a los sublevados, quiénes eran curiosos y quiénes eran feligreses saliendo de Catedral. El combate no duró más de 20 minutos. (42, 49, 58 y 74)

Generalizada la balacera, Reyes cayó muerto el primero, se dice que por una bala disparada por Bassó[35], aunque este comandaba la artillería es poco probable que él hubiera disparado, pero tal vez fue quien dio la orden de abrir fuego.

Ante la tenaz defensa de Palacio y la merma en sus fuerzas, los sublevados, comandados por Félix Diaz y Manuel Mondragón, huyeron del Zócalo, llegando hasta La Ciudadela, donde se atrincheraron. En el Zócalo yacían decenas de muertos, se habla de 300 muertos y 500 heridos, entre militares de ambos bandos, pero sobre todo civiles curiosos o que pasaban por ahí. La batalla duró pocos minutos. Al General Ruiz, que además era diputado lo fusilaron en el mismo día en Palacio. A la familia Reyes le pusieron muchas dificultades para entregarle el cadáver del General. Reyes pudo partir su columna en dos, dejando a la artillería de frente...pero no podía ir contra su destino. (17,21, 58, 72, 74 y 77)

Reyes llevaba unos 4 mil hombres y Del Villar sólo tenía 200. Reyes pudo dividir sus fuerzas para atacar a Del Villar por los dos costados de Palacio y con su artillería disparar a los defensores desde el frente, sin embargo, avanzó en solitario para enfrentar y tratar de convencer a Lauro Del Villar. Mondragón y Díaz no tenían ni la menor idea de qué hacer. Mondragón había lidereado las conversaciones previas al cuartelazo, pero ya durante la asonada mostró su incapacidad para manejar una situación militar. Félix Díaz, quien asegura que ni siquiera estaba enterado de la conspiración, no tenía ningún plan en mente, excepto aceptar su liberación y el liderazgo de Reyes, claramente no tenía los tamaños para tomar el mando. Después los envolvió Victoriano Huerta y los utilizó como peones de sus planes.

34 ⁺Aparentemente el Coronel Morales estaba puesto de acuerdo con los conspiradores, pero al llegar el momento decidió oponerse a los sublevados. (15)

35 *Adolfo Bassó nació en Campeche y era marino, siempre fue antirreeleccionista y estuvo con Madero apoyando el Plan de San Luis, por lo que gozaba la confianza de Madero. (59)

En una entrevista en 1973, el General Rafael Romero López, señaló que el mismo, siendo capitán, solicitó a Victoriano Huerta a fines de 1912, que comandara una revuelta militar contra Madero. Seguramente coincide con las fechas en que Huerta se reunió con Zayas Jr.[36] (15)

El grupo de capitanes, comandado por Romero López[37], ante la conducta de Huerta en 1912, decidió ofrecer el mando de la sublevación a los generales Mondragón y Ruiz, quienes los convencieron de cambiar la fecha del 5 al 9 de febrero. En las reuniones definitorias no sólo había militares, se habla de García Naranjo, Rodolfo Reyes, Zayas Jr., Espinoza de los Monteros, Diódoro Batalla y otros más. El mismo Romero apunta que Huerta intentó detener el cuartelazo en la madrugada del 9 de febrero. Romero señala que él, personalmente, liberó a Reyes y que el grupo con Mondragón y Ruiz, llegó cuando ya el grupo principal de sublevados iba rumbo a Palacio. Que Reyes y Mondragón fueron por Díaz a Lecumberri y que Ruiz se fue sólo a Palacio Nacional. (15)

La noche del ocho de febrero Madero fue informado de la sublevación concertada. Por la mañana[38] solicitó a los Cadetes del Colegio Militar lo acompañaran a Palacio. Se les unió el Ministro de Guerra, quien ya había sido liberado por Del Villar, angustiado y herido cerca de las 7 de la mañana. Tanto Madero como el ministro dirigieron arengas a los cadetes. Los cadetes se forman detrás de Madero de dos en fondo, cadetes de guardia de fin de semana o arrestados o que no tenían una casa familiar en la ciudad de México para pasar el fin de semana. (47, 59 y 74)

Madero les dijo: "...la Escuela de Aspirantes, arrastrada por oficiales indignos, ha echado por tierra el honor de la juventud, error que sólo puede enmendar otra parte de la juventud, me pongo en manos de este Colegio, cuyo apego a la disciplina y al deber nunca se ha desmentido..." Los cadetes respondieron: "¡Viva el Presidente de la República!" Y se inició la marcha. **(79)**

Madero sabe que se debe ser dueño de Palacio para ser dueño del poder, por lo que decide ir hacia allá. Así que dos grupos antagónicos avanzan hacia Palacio. Reyes dirigía uno y Madero el otro. Ambos creían que iban hacia la gloria, pero ambos llegaron a la muerte. (72)

---

36 +Su padre, Rafael Zayas Enríquez había colaborado con Bernardo Reyes en Nuevo León. Zayas Jr buscó a Huerta a solicitud de Bernardo Reyes. Zayas jr le veía más tamaños a Huerta que a Félix Díaz. (15)

37 °Romero López era el Jefe del Estado Mayor de Mondragón, ya posesionados de La Ciudadela (15)

38 *Madero había sido avisado tanto por el telegrafista de Palacio como por alguien desde el cuartel de Tacubaya. (15)

Madero salió del Castillo de Chapultepec rumbo a Palacio Nacional, a caballo, empuñando la bandera nacional[39], comanda a la gendarmería que el gobernador de la ciudad tenía para su protección y custodiado por cadetes del Colegio Militar toma el Paseo de la Reforma. En el trayecto se le incorporó su Estado Mayor, algunos miembros de su gabinete (los ministros de Hacienda, de Gobernación y de Fomento) y el pueblo fiel. Al llegar al Teatro Nacional (hoy Palacio de las Bellas Artes) en la esquina de la Avenida de San Francisco, en el edificio Los Leones se abrió fuego contra los cadetes y Madero, por lo que se refugió en la fotografía Daguerre[40]. Se hicieron algunos disparos en contra del Presidente, hubo una balacera entre la escolta presidencial y algunos alzados que iban en huida. Daguerre se encontraba en la Avenida Juárez, casi enfrente del Teatro Nacional. Terminando el tiroteo se enteró que Lauro del Villar había sido herido en Palacio Nacional. Ángel García Peña, ministro de Guerra, sugirió nombrar a Victoriano Huerta, quien había llegado en taxi y vestido de civil, para sustituir a Del Villar. Huerta, a cargo de sofocar el cuartelazo, recomienda a Madero no arriesgarse y regresar a Chapultepec, un grupo de caballería trota hacia Palacio, mientras alguien, desde un balcón dispara a Madero, pero hiere a un gendarme. Madero dispuso que Huerta se encargara de la Comandancia Militar y del mando de las tropas del Gobierno. Regresan los de caballería asegurando que Palacio está en manos leales, por lo que Madero monta su caballo y toma rumbo a Palacio Nacional, donde consideraba que debía estar. (16, 17, 21 y 58)

Benito Juárez fue un presidente itinerante, el gobierno no tenía sede fija, pero con Benito Juárez iba el Congreso y la Tesorería, de manera que Benito Juárez era Presidente y Gobierno. Pero después de 30 años de porfiriato, el Presidente y el Gobierno estaban asentados en Palacio Nacional. Por eso Madero rechaza la propuesta de quedarse en Chapultepec y decide ir a Palacio. Por lo mismo ahí decidió quedarse durante todo el tiempo de la sublevación. Morelos y Querétaro tenían gobiernos maderistas, pero no tenían el Palacio Nacional. ¡Dominar Palacio Nacional, en este país, es fundamental!

Por la mañana, todavía con Madero en el Castillo de Chapultepec, Pino Suárez va a la casa de Federico González Garza[41], gobernador de la ciudad de México para informarle de la asonada militar. Deciden irse

39 + El periodista Mariano Duque entrega una bandera a Madero y éste se la pasa al cadete más cercano. (75)

40 *Daguerre se encontraba frente al 2do Pegaso de Bellas Artes (entre donde hoy se encuentran la tienda Sears y la librería Gandhi). El tiroteo inicia en el edificio de la Aseguradora Mutualista, hoy Torre Latinoamericana.. (75)

41 *Pino Suárez vivía en Lucerna 62, cerca de Bucareli, en la colonia Juárez, pero no está claro, por haber cambiado la ciudad la numeración, a qué predio actual corresponde la casa. (47)

hacia Palacio en automóvil. Llegan al mismo tiempo que los Aspirantes de Tlalpan. Deciden irse a Chapultepec. (16)

A Madero se le fueron uniendo Pino Suárez, González Garza, Garmendia, Montes, bomberos, gendarmes, incluso Victoriano Huerta. También un nutrido número de civiles. Garmendia fue al zócalo a revisar la situación, mientras Madero se refugiaba en la Fotografía Daguerre[42] de San Juan de Letrán y San Francisco, donde Madero dirigió unas palabras. (29 y 49)

En la calle de Plateros estaba la Casa Miret, especialista en imprimir postales. Ahí llega el fragor de la batalla. Y, a la batalla se dirigen para tomar sus placas. Madero y Victoriano Huerta se protegen en la Fotografía "Daguerre", donde Madero hace su último discurso a la ciudadanía. Huerta sólo dice: ¡Pueblo mexicano, viva el presidente de la República! Ezequiel Carrasco los fotografió. De acuerdo a John Mraz, la Decena Trágica es el episodio nacional que más fotografía generó durante la Revolución. Se calcula 80 fotógrafos siguiendo los acontecimientos. Inmediatamente se inició la producción de postales. **(80)**

Esa marcha de Madero desde Chapultepec a Palacio Nacional, escoltado por los cadetes del H. Colegio Militar, se conoce como *La Marcha de la Lealtad* y fue fotografiada por Gerónimo Hernández al doblar por el jardín frente a Catedral. **(81)**

Madero entra al Zócalo por las calles de La Profesa y Plateros, hoy son la calle Francisco. I. Madero, llegó a Palacio como 3 horas después de haber salido del Castillo de Chapultepec, al mediodía. Enviando a Del Villar al Hospital Militar, quien al irse, señaló: "¡mucho cuidado, Victoriano!" (42, 49 y **82)**

Junto con Lauro del Villar andaba Ángel Ortiz Monasterio, Vicealmirante, nacido en 1849, quien era el Magistrado propietario del Supremo Tribunal Militar. También se le pidió se retirara para evitar fuera herido durante las escaramuzas[43].° (76)

La primera instrucción de Huerta fue liberar a los Cadetes y pasarle la responsabilidad de cuidar al Presidente a la Guardia de Palacio,

---

42 +Mientras Madero se refugiaba en la Fotografía Daguerre, los cadetes del Colegio Militar se formaron, en la puerta, en línea de tiradores. (15)

43 °Nacido en la Ciudad de México, sus padres decidieron vivir en España, donde realizó estudios como marino militar. Recibió la Medalla Alfonso XII, la Medalla de la Campaña de Cuba, la Cruz de Hierro y la Cruz Roja del Mérito Naval. En 1878 regresó a México, designado Jefe del Departamento de Marina, por seis años, donde dirigió el primer viaje de circunnavegación de un buque de la Armada Mexicana. Posteriormente fue nombrado Jefe del Estado Mayor Presidencial. Madero lo nombró magistrado propietario del Supremo Tribunal Militar. Se negó a reconocer el gobierno de Huerta, por lo que fue aprehendido. Murió el 28 de marzo de 1922. **(76)**

aduciendo su juventud e inexperiencia. Varios días después cambió a los leales por el 29° Batallón de Aureliano Blanquet, quien se hizo cargo de Palacio Nacional. (59)

En la multitud de curiosos había varios periodistas que no querían perderse ninguna acción y ninguna palabra. Morales, el ayudante de Madero, en la puerta, mostraba su revólver. Un grupo de aspirantes, desde las torres de Catedral le apuntaban.

Madero llegó custodiado por 2 compañías de cadetes del Colegio Militar. López Figueroa había llegado al Castillo a las 6:30, llevando refuerzos para la columna. Después de las 7 llegó García Peña, liberado por Del Villar. Antes de las 8, el Director del Penal informó a Federico González Garza de la llegada de los sublevados que exigían la libertad de Félix Díaz. Le pidieron que los entretuviera, lo que hizo exitosamente, gracias al desorden del cuartelazo. (49)

Nadie sabe quién empezó el tiroteo frente a Palacio, pero duró entre 20 y 30 minutos. Los soldados de Palacio a quemarropa dispararon a los de caballería, que también disparaban continuamente. Reyes terminó con el rostro desfigurado, montones de muertos y heridos, combatientes, curiosos, caballos, cartuchos quemados... quedaron algunos moribundos en charcos de sangre. Las ambulancias militares recogieron 250 muertos, 42 eran leales a Madero. (15)

En resumen: Reyes había muerto, el fuego entre ambos bandos mató a militares y civiles, a Del Villar se le incrustó una bala en el hombro. Los golpistas huyeron hacia la Ciudadela. El presidente Madero felicitó al leal comandante, brindándole licencia debido a sus heridas. Lo reemplazó con Victoriano Huerta. Su hermano Gustavo había sido liberado por Lauro del Villar.

El cuartelazo se debió a la conspiración de Bernardo Reyes, Félix Díaz, Gregorio Ruiz y Manuel Mondragón. La ayuda financiera la recibieron de Iñigo Noriega, Tomás Braniff, Eduardo Tamariz, Gabriel Fernández Somellera, Fernando de Teresa, Luis García Pimentel y Manuel León. (11 y 15)

Félix Díaz se subordinaba a Reyes, pero pedía evitar una cruenta revolución, prefiriendo una acción rápida y violenta. El plan de Reyes era inutilizar a Lauro del Villar y apresar a Madero y Pino Suárez. Los golpistas habían negociado un crédito francés por cien millones de pesos. Juan Mainero y Agustín Isunza serían los encargados de aprehender a Madero. Entre los líderes participantes estaba Rafael de Zayas Jr., un antiguo maderista. (15)

En el Plan de Reyes, Mondragón y Díaz estaba prohibido que alguno se adueñara del poder ejecutivo, una vez depuesto Madero, colocarían un político como presidente interino. Vuelta la normalidad se convocarían elecciones. (15)

Se habla de una animadversión de Huerta hacia Madero, a quien consideraba débil. Habían tenido dificultades cuando las campañas contra Zapata y contra Orozco. Huerta se molestó porque Madero perdonó la vida de Villa, pero fundamentalmente su molestia era por no haber sido nombrado ministro de Guerra. (11 y 30)

Huerta sabía, desde diciembre de 1912, de la conspiración de los generales, pero decidió esperar, calculando que movimientos debería realizar llegado el momento. No quería subordinarse a Reyes. Quería dar un golpe de mano. Alguna vez Huerta, después de derrotar a Orozco, borracho, señaló que él podría hacer pedazos a Madero en cualquier momento. (17 y 75)

Para que se dé un golpe de estado debe haber varias coincidencias: altos mandos inconformes con el gobierno, que cuenten con un buen número de oficiales capaces de seguirlos a cualquier costo y que sepan arrastrar con ellos a los más débiles, imponiendo su rango y su fortaleza. Se recarga en la fuerza y decisión de los generales al mando, que se imponen sobre la tropa, que las más de las veces, ni siquiera saben que está pasando. (76)

Por un lado, los capitanes de la División del Norte molestos porque no solo no se les premió, sino que la División fue desaparecida, su comandante (Victoriano Huerta) licenciado y ellos acomodados en otros regimientos. Por otro lado, un grupo de jóvenes civiles que creían que la Revolución había triunfado, pero que el Gobierno ya le correspondía a un civil de la clase alta citadina, dirigidos por Zayas Jr. Por el otro un grupo de Generales que se creían herederos de Porfirio Díaz y elegidos por Dios para gobernar México. Agreguemos la prensa, los católicos, los estadunidenses inconformes, los latifundistas temerosos, los anarquistas, la pobreza...todo un caldo de cultivo para la sedición y el cuartelazo.

Madero informó a los gobernadores que hubo un cuartelazo fracasado y que el orden se había restablecido. La gente humilde aclamaba a Madero y pedía armas. Tablada señala "soplaba insoportable un fuerte viento austral". (15 y 42)

Después del ataque fallido a Palacio, Félix Díaz y Manuel

Mondragón, ninguno de los dos vestidos de militar, fueron al cuartel de San Cosme a tomar piezas de artillería y de allí a Bucareli para atacar la Ciudadela[44]. Se dirigen, temerosos, ignoran como serán recibidos por la guarnición. La Ciudadela que mandaban los Generales Rafael Dávila y Manuel P. Villareal con 80-100 hombres y gendarmes montados se negó a rendirse. Hasta que hirieron mortalmente a Villareal, fue que Dávila se rindió, con lo que los rebeldes se hicieron de mucho más parque, armas y alimentos. En 10 minutos se rindió La Ciudadela, los ametralladoristas del interior de La Ciudadela amenazaron e hirieron al General Villarreal, quien optó por rendirse[45]. A Villarreal lo atacaron por la espalda, por algún aliado a los generales. Asesinaron a todos los que no quisieron adherirse a su movimiento. En el interior había 27 cañones, 100 ametralladoras, 85 mil fusiles y municiones (20 millones de cartuchos y 5 mil obuses). Mondragón y Díaz organizan la defensa. Félix Díaz pidió al Cuerpo Diplomático desconociera a Madero, de lo contrario atacaría con todo el Palacio Nacional, sin poder garantizar seguridad para los comercios de extranjeros que se encontraban alrededor. (16, 29, 58, 75 y 76)

Después de la batalla en el Zócalo, los sublevados se fueron hacia La Ciudadela a iniciativa de Mondragón. La muerte de Bernardo Reyes y la defensa exitosa de Palacio no estaba en sus planes. Había que improvisar. Sánchez Azcona los observó huyendo a la altura del caballito, en la convergencia de Reforma, Juárez y Bucareli. (49)

La Ciudadela está a 1.5 Km del Zócalo, su frente es de 300 metros y en la azotea es donde Mondragón emplaza sus fuerzas. Pronto se posesionan de edificios y calles aledañas. (72)

Los maderistas retomaron el control, pero el General Ruiz fue fusilado. Madero al llegar a Palacio Nacional convocó a diversas unidades militares. Mientras tanto, Huerta había iniciado tratos con los sublevados.

El cuartelazo había terminado a favor de las fuerzas leales al Presidente Madero. Habían muerto Reyes y Ruiz, Mondragón y Díaz se habían refugiado en La Ciudadela, sin una idea clara de qué hacer. Victoriano Huerta estaba al mando. Entonces fue que empezó a tejerse la traición. El periodista Matías Oviedo y Juan Sánchez Azcona identificaron el cadáver de Bernardo Reyes. Sánchez Azcona asegura que Madero dijo: *nunca quise esto.*[46] (49)

44 * Ambos, al igual que Victoriano Huerta, eran artilleros.
45 + Finalmente Villarreal murió a causa de sus heridas. (79)
46 *Algunas versiones aseguran que fue el mismo Madero quien ordenó fusilar a Ruiz, incluso hay

A la una de la tarde, los conspiradores ya eran dueños de La Ciudadela y todo su arsenal. Los sublevados tocaron dianas al entrar a la Ciudadela, que se oyeron a muchos kilómetros. Antes de dos horas tenían más de mil adeptos de su lado. Emplazaron su artillería y por la tarde hubo un tiroteo con los federales en Arcos de Belén. En cada puesto de artillería de los sublevados había dos grandes piezas de tiro rápido, servidas por seis hombres cada una de ellas, todos los puestos al mando del Capitán Guillermo Ponce de León. A lo largo de los siguientes días se distinguieron los Aspirantes por su sangre fría en el manejo de sus piezas. La zona de La Ciudadela era francamente militar: al frente los Almacenes Generales del Ejército, por el Poniente el Parque de Artillería, por detrás el cuartel de Guardias Presidenciales[47]. Los rebeldes también tomaron los edificios aledaños, como la Escuela de Comercio y el edificio de la YMCA. (15 y 30)

Juan José Tablada señala que la población se dividió en dos bandos, eligiendo un poco al azar a quién apoyar, sin más objetivo que una torpe ambición, señalando que cerca de La Ciudadela había grupos de *mujeres de familias conocidas* obsequiando cigarrillos y golosinas a los sublevados. Comenta: "...retrocedimos a las caóticas épocas preporfirianas...". (15)

Probablemente hubo una reunión Huerta-Díaz en la casa de su compadre Cepeda después de la toma de La Ciudadela y antes del primer ataque federal a los sublevados, donde probablemente hubieran acordado causar terror a la población, sin hacerse daño entre ellos. Aunque la versión oficial se refiere a la reunión en El Globo, pero ésta fue a la vista de todos, mientras que en casa de Cepeda debe haber sido secreta y preliminar.

Empezó a desarrollarse el drama más sangriento en nuestra historia. Cepeda le llevaba noticas de la Ciudadela a Huerta y luego llevaba las órdenes de Huerta a los sublevados. Cepeda cruzaba entre dos fuegos cuando salía y cuando entraba. Como Comandante General de la Plaza, Huerta podía elegir la forma de combate sobre los pronunciados. Desde el momento en que Madero lo nombró Comandante Militar de la Plaza, Madero estaba perdido. Huerta desde el principio envió a su sobrino Joaquín Maass a invitar a los sublevados a tomar la Ciudadela. Los del cuartelazo ya estaban dispersos, Félix Díaz con unos ciento cincuenta hombres marchaba con rumbo incierto. Maass llegó a la plazoleta del reloj de Bucareli y dijo a Mondragón que la orden de Huerta era tomar la Ciudadela, como Mondragón tuvo miedo de cruzar la calle para hablar

una carta de García Peña en ese sentido. (49)

47 +A la muerte de Villarreal, Dávila comandaba tanto La Ciudadela como el cuartel de Guardias Presidenciales.

con Díaz, Maass cruzó entre los disparos y Félix Díaz cumplió la orden. La ciudadela cayó porque el General Dávila estaba en ella y porque el General Villarreal había sido herido de muerte en el ataque que hicieron los sublevados. Villarreal era un hombre de honor, un soldado, con entereza de alma. (30)

Eran más los sublevados que los leales, por lo que Madero solicita ayuda de los estados cercanos y busca a Ángeles en Cuernavaca. Mondragón toma el mando de la defensa de La Ciudadela. (29)

Madero dispuso que su numerosa familia, más de 30 personas, buscara asilo en la legación japonesa[48] y decidió ir en persona, a Cuernavaca, a buscar al General Felipe Ángeles, para atraer las tropas que tenía en Morelos a fin de tener mayores elementos en la ciudad de México, y dominar el movimiento. Ordenó al intendente de Palacio le preparara un auto y le pidió a Sánchez Azcona aclarara que iba hacia Toluca en busca de Aureliano Blanquet. A las 3 de la tarde salió para Cuernavaca, acompañado de Federico Montes, Gustavo Garmendia, Alejandro Ugarte, Elías de los Ríos y Alfredo Álvarez, en un Mercedes, propiedad de Madero. A Madero, cerca de Tlalpan, por error, le hicieron algunos disparos. En Topilejo había federales obstruyendo el paso, ignorando el viaje del presidente. Pero en Tres Marías aborda un tren que estaba en reparación, después lo cambió por un tren militar. En el camino Madero aseguró que consultaría con un abogado qué hacer con los sublevados. También señaló que removería a Huerta. (58)

Madero viajó a Cuernavaca para entrevistarse con el General Felipe Ángeles y llevarlo a la ciudad de México, tal vez señal de su desconfianza con Huerta, pero Ángeles tenía un grado militar menor al de Huerta, por lo que no podía estar al mando, sino bajo las órdenes del propio Huerta. García Guerra le pide al presidente no regresar a la Ciudad de México, señalando que el número de leales es pequeño y casi sin municiones, pero Madero no le hace caso. Ángeles tiene más de mil hombres en su contingente. (16, 17, 21 y 76)

El Presidente se alojó en el Hotel Bellavista, donde se entrevistaron Madero y Ángeles. Al parecer una muchedumbre zapatista intentó confrontar al presidente, reclamando sus promesas incumplidas. Ángeles convenció a Zapata de dar una tregua a Madero. Madero regresó a México el lunes 10. Ángeles y Madero fueron recibidos por García Peña en algún lugar entre Xochimilco y Tepepan. Madero pernoctó en Churubusco. Las tropas de Ángeles pasarían la noche en Tacubaya. (49 y 50)

48 *La Embajada estaba ubicada en la colonia Roma. Toda la colonia japonesa en la ciudad de México ayudó a su embajador en el asilo a los Madero. (49 y 75)

El Gabinete sugirió a Madero que recurriera al General Rubio Navarrete de Querétaro para reforzar la ciudad. También le recomendaron saliera de la ciudad de México. Se pide apoyo a las guarniciones cercanas. Los habitantes de la ciudad atacaron las oficinas de la prensa opositora, asegurando que ellos estaban financiando el movimiento rebelde, queman los periódicos *El Imparcial, El País, La Tribuna* y *El Heraldo*. También queman la prisión militar de Tlatelolco. (21, 38 y 76)

Procuró el Gobierno traer tropas y artillería de otras ciudades. Hubo cañoneo diario, incluso algunas noches. Huerta cañoneó en varias ocasiones la Ciudadela, para que no se les olvidara quien era el amo. Díaz y Mondragón pusieron cañones y ametralladoras en las bocacalles de dos manzanas de cada lado de la Ciudadela, haciéndose inexpugnables. Con el cañoneo y metralla se causaron muchos y graves daños a muchas casas de Bucareli y las otras calles. No hubo manifestaciones en favor del Gobierno[49]. (58)

Manuel Bonilla, ministro de Fomento, se fue para San Luis Potosí a procurar algunas tropas de Coahuila, San Luis Potosí y Aguascalientes, previo acuerdo con los Gobernadores de esos estados. El señor Bonilla regresó inmediatamente a la Ciudad de México. (58)

Tomada La Ciudadela, Enrique Cepeda era el emisario de Huerta. Victoriano Huerta tenía la fuerza y capacidad militar para derrotar a los sublevados de la Ciudadela, a quienes tenía copados y fácilmente los podía obligar a rendirse[50]. Huerta organizó la defensa de la plaza, empezando con los arreglos con los jefes del cuartelazo. Cepeda y Maass llevaron saludos y promesas de Huerta a los que estaban de acuerdo. Huerta negoció con Félix Díaz en *"El Globo"*, secundando la sublevación a cambio del control del movimiento. Nuevamente se reúnen en casa de Cepeda a media noche. Para ganarse la confianza de Madero, Huerta fusiló a Gregorio Ruiz en el patio del palacio, aunque sin pedirle permiso al presidente, para entonces Huerta era el dueño de la baraja y empezó a jugar un solitario. (16, 17 y 30)

Mientras que Huerta y Félix Díaz disputaban la presidencia, García Guerra asignó al general Ángeles una batería en la estación de trenes Colonia, cerca de Reforma, con instrucciones de no moverse de ahí. (49)

---

49 Antonio Garci señala que entre los generales que ocuparon La Ciudadela, se encontraba Juan N. Navarro, el perdedor de Cd. Juárez y al que Madero salvó la vida. (78 y 79)

50 Huerta contaba con el 29° batallón de Toluca, el 30° de Teotihuacán y múltiples voluntarios en Puebla.

¿Desesperación o certeza de Madero? Abandona la ciudad y busca apoyo a 70 kilómetros de distancia. Salió de Palacio Nacional en auto, en Tres Marías abordó un tren de reparación y, finalmente, llegó a Cuernavaca en un tren militar. Regresó la siguiente noche, escondido bajo varias cobijas, en auto. Con Madero venía Felipe Ángeles. Sus 2 mil hombres llegarían después. (76)

Cuando Ángel García Peña recibe a Madero y Ángeles en la madrugada del 10 por Tepepan, Madero le pide se haga cargo de la defensa y nombre a Ángeles jefe del Estado Mayor, pero el ministro se niega a ambas instrucciones, Huerta será el responsable de la defensa y Ángeles estará bajo las órdenes de Huerta.[51] Le señala que en Palacio ya hay un Consejo de Guerra formado por Huerta, Maass, Cauz y Delgado, pero que aún no se ponen de acuerdo para atacar La Ciudadela, ya que desconocen la situación y armamento de los alzados. (76)

A las 6 de la tarde y muy cansadas, llegan las fuerzas de Ángeles, ya que el viaje se hizo a pie. Sumados a los grupos de Celaya, Teotihuacán y Querétaro eran casi 6 mil hombres en total. Se han perdido 2 días... (76)

En estos momentos Huerta todavía no sabe qué decisión tomar: apoyar a Madero y su gobierno legalmente constituido, apoyar a los generales sublevados que lo colocarán en el escalafón por debajo de ellos, o, tomar partido por sus propios intereses, aunque eso sea una traición. ¿O ya tiene claro que debe tomar el toro por los cuernos e ir por La Grande?

Huerta se acercó a Madero en la Alameda para ver de qué se trataba y ahí, García Guerra lo promueve a Jefe de la Plaza, le da el mando del Ejército Federal y lo coloca por arriba de Madero y de los generales del cuartelazo. Todo está en sus manos. Estaba licenciado del ejército, no tenía mando de nada y, bruscamente, ¡es el decididor en jefe!

Un punto no claro es la decisión de tomar la Ciudadela por parte de los sublevados. Ellos suponían que iban a dominar Palacio y que Madero se quedaría en Chapultepec. La guarnición de Palacio estaba comprada, por la madrugada no había jefes de mando, Ruiz dominaría la situación y al llegar Reyes, este tomaría el mando del movimiento desde Palacio, Un presidente de facto. A la muerte de Reyes, ni Mondragón ni Díaz tenían claro que hacer, salen hacia el poniente, para alejarse de Palacio, al llegar a Bucareli se detienen. Aprecian La Ciudadela, no sólo el propio

51 + No sólo se opuso García Peña, sino todo el gabinete en conjunto. No hay evidencia documental ninguna que muestre la intención de Madero de dar el mando de las tropas federales a Ángeles. Este era un recién nombrado general y sobre él había muchos generales de mayor grado y con mayor antigüedad con el grado. (49 y **83**)

edificio, sino todo el complejo de construcciones militares aledañas. Seguramente el plan original era tomar Palacio y desde ahí adueñarse de esa área militar, para poder enfrentar a Madero en Chapultepec, donde había una guardia pequeña y mal armada. Huerta conocía la importancia de La Ciudadela para repeler el asalto que seguramente llegaría de Morelos y Querétaro.

Sabemos que el Comandante de Guardias Presidenciales, edificio inmediatamente atrás de La Ciudadela, no estaba en la ciudad, casualmente había hecho un viaje a Veracruz. Seguramente prefirió no estar, sabiendo lo que sucedería y no queriendo enfrentar a Reyes. Recordemos que Bernardo era General de División y entonces no había muchos de ese grado en el país. Se va a Veracruz y deja al mando a Dávila, cuando el cuartelazo Dávila se acomoda con Villarreal en La Ciudadela, abandonando el cuartel de Guardias Presidenciales. Traicionan y matan a Villarreal y Dávila toma el mando y decide rendirse a Mondragón y Díaz, seguramente Dávila estaba en la conspiración de los generales.

Alguien supone que fue Huerta quien recomendó a Mondragón y Díaz tomaran La Ciudadela y desde ahí organizar la "guerra falsa"... pero Huerta todavía no sabía qué camino tomar. Le llevó 2 días, la tarde del ocho y todo el nueve decidirse. Para el 10 ya tenía claro lo que haría: apresar a Madero, negociar con Díaz a través de Wilson y quedarse con el poder. Wilson lo prefería sobre los otros dos.

VIII. La traición

El cuartelazo representa intereses conservadores porfiristas, intereses económico-intervencionistas extranjeros, intereses latifundistas y un ejército que se sentía minusvalorado. Y, el pueblo, se conformó con el papel de observador, esperando que otros resolvieran los problemas. (41)

En la mañana primaveral y espléndida del 10 de febrero no se veía un alma por las calles de la ciudad. Ese día todavía trabajaron y circularon los diarios y revistas capitalinos. Hubo un incendio en *El País* y ataques a *La Tribuna, El Heraldo, Independiente* y *El Noticioso*. El Cuerpo Diplomático se reunió para pedir garantías al gobierno y a los sublevados. Se prohibió el tráfico por el centro de la ciudad, pero se mantuvo en las zonas habitacionales. No funcionaban regularmente los teléfonos y ni los tranvías ni taxis daban servicio. (15 y 21)

Huerta desplegó un cerco alrededor de La Ciudadela, en un radio de seis cuadras. Colocó dos columnas de ataque, una al sur y otra al poniente del edificio, emplazó cañones justo frente a los cañones de Mondragón y otros dos enfrente de la fortaleza. Los cañones de Mondragón dispararon a la columna del poniente, que respondió el fuego a partir de las 10:30. (15)

El mismo 10 de febrero, sabedor de la influencia del embajador de Estados Unidos con el cuerpo diplomático acreditado, Huerta se reunió con Henry Lane Wilson, a través de Enrique Cepeda[52]. Una vez que Huerta tuvo el apoyo de Wilson, decidió actuar. (17)

No está claro si la estrategia de dañar la ciudad y de esa manera generar terror entre la población fue de Huerta o de la dupla Mondragón-Díaz. Pero los sublevados se apoderaron de todos los edificios militares aledaños y de la YMCA, un edificio de gran altura, que permitía un amplio frente para sus ametralladoras. Esa estrategia de generar caos entre la ciudadanía, ha recibo históricamente el nombre de "la guerra falsa". (75)

52 *Huerta y Wilson no se conocían, pero tenían a William Buckley como amigo en común. (79)

La traición militar la hizo Victoriano Huerta, quien una vez herido Lauro del Villar, fue nombrado Comandante Militar. Buscó reunirse con Félix Díaz el 10 de febrero en "El Globo" a través del coronel Guasque. Hubo una segunda reunión, al día siguiente, en casa de Enrique Cepeda, donde convinieron derrocar a Madero, previa su aprehensión. Como prueba de su adhesión, Huerta lanzó un cuerpo de rurales por la calle Balderas, para ser ametrallado por las fuerzas de Félix Díaz, ese mismo día. Huerta, simulando un ataque a La Ciudadela, envió una columna de leales a Madero por la calle que desembocaba donde los rebeldes habían colocado sus ametralladoras. Cuando los maderistas entraron a la calle fueron ametrallados sin misericordia[53]. (11 y 84)

Las víctimas caían, primero por centenares, después por millares. Familias completas eran muertas por proyectiles lanzados desde la Ciudadela, pues no dudaron los sublevados en tirar granadas a los cuatro rumbos, sin ton ni son. (30)

La Ciudad de México aquellos días era una cuadrícula de avenidas con su centro en la gran plaza, donde estaban Catedral y Palacio Nacional, entonces de sólo 2 pisos, quien normaba la máxima altura de las construcciones citadinas. Sólo los campanarios de las iglesias eran más altos. Grandes árboles daban sombra al Zócalo. Antes de la Alameda estaba el Jockey Club[54] y después de la Alameda, la Estatua del Caballito, donde prácticamente terminaba la ciudad al oeste, aunque el Paseo de la Reforma llegaba hasta Chapultepec (15 kilómetros). Hacia el este, la ciudad terminaba en los arcos del mercado de La Merced. Hacia el sur terminaba en el acueducto (Arcos de Belén) que traía agua desde Chapultepec y al norte terminaba en la Basílica de Guadalupe. Un diámetro no mayor de 4 kilómetros. La mayoría de las construcciones tenían fachada de tezontle, con acabado de estuco y grandes balcones de hierro forjado. La imagen de modernidad la ponían los tranvías y algunos automóviles llegados desde Estados Unidos. Las calles eran estrechas y empedradas. (49)

Los sublevados, una vez en La Ciudadela, recibieron, sin ningún tipo de censura, a múltiples fotoreporteros que eternizaron esos momentos. Hay fotografías de Félix Díaz y varios reporteros en el

---

53 + Ibarrola, ha hecho notar que, en términos militares, "la guerra falsa" no está clara, considera que esas versiones se apoyan más en supuestos sobre sus protagonistas que en evidencias de los hechos o en la coherencia de éstos". No existe un análisis militar en forma para conocer el estado de las fuerzas de cada grupo, nos hemos quedado con las opiniones de los testigos. Se requiere un estudio pormenorizado respecto de armas, municiones, hombres, espacios ocupados y las operaciones, que nos podrían explicar la conducta de Huerta. En La Imagen Cruenta de Monroy y Villela, Pedro Salmerón cuestiona las afirmaciones de que Huerta envió al matadero a los maderistas (85 y 86)

54 *El Jockey Club era lo que hoy conocemos como la Casa de los Azulejos en 5 de mayo.

destruido reloj chino y de los generales Mondragón y Díaz planeando los disparos de artillería. (29, 83 y 84)

En La Ciudadela hay 1500 hombres bien pertrechados, Ángeles llega con 2000. Huerta ataca La Ciudadela hasta el martes 11. La primera embestida federal fue hasta 48 horas después del cuartelazo, cuando los rebeldes ya tenían emplazada su artillería. A los soldados de la sublevación acomodados en La Ciudadela les daban a fumar marihuana y tequila con pólvora para beber. Romero López señaló que Huerta le avisaba dónde iba a colocar a sus hombres y a su artillería y que, por supuesto, nunca atacó en serio La Ciudadela. (15, 29 y 75)

Huerta planeó el ataque a La Ciudadela a partir del 11 de febrero, a las 10 de la mañana. Desde temprano avanzaron de Tacubaya a Reforma las fuerzas de Cuernavaca. En la azotea de La Ciudadela estaban, codo a codo, civiles y militares apostados con sus fusiles preparados. Los sublevados habían apostado ametralladoras en las bocacalles circundantes. (49)

A las 10 en punto empezó la refriega, intensa desde el principio. Las bajas de la tropa federal son numerosas. Desde La Ciudadela el fuego es certero y mortífero. Huerta ordenó a los rurales atacar a caballo, los reciben las ametralladoras y los fusiles de los rebeldes: mueren hombres y caballos. Ángeles dispara sus cañones contra La Ciudadela, pero sus granadas no tienen el calibre necesario para destruir las paredes.[55] Ni los sitiados intentaron salir, ni los sitiadores lograron entrar. (49)

Para atemorizar a la población, Huerta y Díaz, puestos de acuerdo, se cañoneaban entre sí sin causarse daño en el centro de la ciudad, aunque mataban civiles y destruían edificios privados. Félix Díaz ponía como condición la renuncia de Madero para que la ciudad retomara su tranquilidad, mientras Huerta lo abastecía de provisiones, víveres y municiones en La Ciudadela, Cecilio Ocón había sido nombrado administrador y financiero del movimiento rebelde. (11, 17, 59 y 76)

Justo detrás de La Ciudadela estaba el cuartel de Guardias Presidenciales, sin embargo, no hay documento alguno que señale que estos guardias presidenciales hayan intentado tomar La Ciudadela desde atrás. Todos los ataques se desarrollaron desde el frente. Por ausencia del jefe de la corporación, Dávila, al mando del cuartel de Guardias Presidenciales estaba el teniente César Ruiz de Chávez, quien daba la razón a los alzados, pero aduciendo su lealtad al presidente ¡se declaraban neutrales! (87)

55 + La Ciudadela fue construida en 1807 y desde 1815 tenía funciones militares. Era un sólido edificio cuadrado, en un solo piso, de 168 metros por lado, con un patio central rectangular y cuatro patios cuadrangulares interiores. Los muros, de piedra sólida, son de 1.10 metros. (49 y **87**)

Torrea señala que el Teniente César Ruiz de Chávez declaró en su defensa, que fue llevado a conferenciar con Félix Díaz, quien le pidió su rendición, a lo que Ruiz se negó aduciendo que la Guardia Presidencial no puede ni rendirse ni pasarse del lado de los sublevados. Menciona Ruiz que se le dio un acta de la reunión, con la decisión tomada, pero al llegar al cuartel y revisarla notó un agregado señalando su compromiso de no atacar a los sublevados. Ruiz, en el juicio, insiste en que ese punto nunca se comentó. Ruiz pidió por teléfono fuerzas de apoyo a sus superiores, le enviaron un grupo de soldados, que, en vez de entrar al Edificio de Guardias Presidenciales, se unieron a los sublevados. Los 37 miembros de Guardias Presidenciales que había en sus instalaciones, fueron apresados al día siguiente por los rebeldes[56]. (88)

Ruiz de Chávez era un joven oficial, sin experiencia en batalla, quien incidentalmente se queda como el oficial de mayor graduación en el cuartel de Guardias Presidenciales. En sus declaraciones comenta que el único de los 38 que estaban en ese momento en el cuartel que había estado en un hecho militar, era Francisco L. Urquizo[57], en ese entonces subteniente de Guardias Presidenciales.

El honor del Ejército Mexicano estaba manchado, militares traidores faltaron a su deber, el Secretario de Guerra sin ninguna dignidad diría que nada estuvo en sus manos, que la responsabilidad era de Victoriano Huerta. Vasconcelos le advirtió a Madero que Victoriano Huerta era un traidor. Pero Madero confiaba en él. (59)

Taft se mantuvo en la idea de la no intervención y en agotar todas las posibilidades para asegurar a sus ciudadanos: "no cruzaré la línea, esa es responsabilidad del Congreso..., pero no hará daño amenazarlos un poco". El embajador Wilson estaba dispuesto a defender una intervención militar, convencido que México fracasaba en salvaguardar las inversiones estadunidenses. Opinó que una solución drástica debía adoptarse "en el interés de la paz y la protección de nuestros propios intereses". El gobierno de Estados Unidos manifestó a través de la prensa su confianza en que Madero terminaría pronto con el desorden y el bandidaje, y que restablecería la normalidad. Taft proclamó que Estados Unidos dejarían en libertad a los mexicanos para arreglar sus dificultades sin interferencia externa y que la actitud de su gobierno era "paciente, amistosa y considerada". (62)

La farsa militar entre Huerta y Félix Díaz despertó el pánico, el desconcierto y la sensación de vacío de poder en la ciudad. Henry

56 *Ruiz de Chávez había salido, estaba en la azotea del edificio de la YMCA, observando las posiciones militares.

57 +Urquizo, natural de San Pedro de las Colonias, acompañó a Madero cuando la toma de Ciudad Juárez, después fue parte de los Novelistas de la Revolución.

Lane Wilson, apoyado por varios senadores, se hizo eco de la exigencia felicista, al mismo tiempo que trataba de arrastrar a los diplomáticos acreditados en México y amenazaba con la intervención armada desde Veracruz, donde habían fondeado unidades de guerra de la marina de los Estados Unidos. (11 y 17)

Debe aclararse que nadie, en ningún estado, apoyó el cuartelazo de los generales. Todo sucedió en la capital de la república. Venustiano Carranza anunció el envío de tropa de fusileros para apoyar a Madero. Zapata decidió una tregua hasta la contención de la sublevación. (17)

En Palacio no se hablaba de otra cosa sino de acabar con los fortificados en La Ciudadela. Las granadas arrojadas desde La Ciudadela no causaban ni daño ni pánico en Palacio. (30)

Ese 11 de febrero, los embajadores de Estados Unidos, España, Alemania e Inglaterra fueron a Palacio a platicar con Madero. Wilson amenazó con la intervención armada. Madero aseguró que haría prisioneros a los ocupantes de La Ciudadela. Los diplomáticos fueron a La Ciudadela, donde intentaron negociar con Félix Díaz. Sólo lograron limitar las zonas de combate. (16)

La ciudad retemblaba con el estampido de los cañones y el traqueteo de las ametralladoras. Ocho horas duró el encuentro, terminó a las seis de la tarde, con más de 500 bajas. Los combates, que empezaron después de las 10 de la mañana, mantuvieron durante todo el día un cañoneo constante y el tronar de las granadas era frecuente, por la noche hubo un silencio de terror. Las farolas de Reforma y de las avenidas centrales estaban apagadas. (16, 21 y 76)

El Senador Obregón se puso en contacto telefónico con Bernardo Cólogan y Cólogan, señalando que la situación se agravaría porque la clase trabajadora y los empleados no tendrían elementos para satisfacer las más precisas exigencias de la vida y se vería la situación muy difícil para el Gobierno. Cólogan señaló que iban a tener una conferencia con el Presidente de la República, él mismo y los embajadores americano (Henry Lane Wilson) e inglés (Francis Stronge). Posteriormente, Cólogan mencionó que en esa entrevista señaló esa reflexión al Presidente, y que los embajadores habían manifestado que no era aceptable que en una ciudad como México se verificaran combates como los que tenían lugar y que sería conveniente determinar una zona de fuego, en el caso de que no pudiera evitarse. El Presidente contestó que todo quedaría dominado al siguiente día o en muy breve tiempo. La ciudad presentaba el más triste aspecto. Se percibía que la situación del Gobierno no era buena. (58)

Los alzados habían logrado ocupar algunas casas de las calles aledañas a La Ciudadela. El grupo de Ángeles avanzó hacia los sublevados por Morelos y Bucareli; en realidad los rebeldes controlan un sector más amplio de lo considerado inicialmente. Súbitamente hacen fuego las ametralladoras. Tal vez 100 muertos en la primera ráfaga. Se combatió casa por casa, en las azoteas, en los tendederos.... civiles y uniformados en ambos bandos...(76)

El fuego cruzado del martes 11 duró más de ocho horas. Un bulto que se mueve, un ruido extraño, una voz lejana bastan para generar una descarga. Algunos automóviles se atreven a cruzar enarbolando banderas de la Cruz Roja, Cruz Blanca o trapos de color blanco. Cerca de La Ciudadela hay pelotones pecho a tierra con fusiles y ametralladoras preparadas. Ante la ausencia de prensa son los rumores los que dominan la información. (16 y 38)

Los federales emplazaron baterías desde Reforma hasta el Salto del Agua y hasta Balderas. Obuses y granadas destruyeron templos, muros, fachadas, teatros y comercios. Fue incendiado el periódico Nueva Era[58]. (82 y 83)

Algunos generales acusan a Ángeles de haber enviado las tropas a la muerte, intentan insubordinarse, los ánimos están muy calientes. Un pariente del Gobernador del Estado de México trata de convencerlos de apoyar al movimiento rebelde. El joven es muerto, no está claro cómo. Algunos aseguran que a manos de Felipe Ángeles[59]. Los francotiradores apostados en el campanario de Catedral, salidos de la Escuela de Aspirantes, han desaparecido. (76)

La ciudad amaneció en un profundo silencio el 12 de febrero, al grupo de Ángeles se unieron rurales de Celaya y de San Juan Teotihuacán. Se acomodaron a lo largo de Reforma. El Congreso le dio a Madero plenos poderes militares. Gustavo Madero no logró que su hermano retirara del mando a Huerta. De la Barra se ofrece como intermediario entre el gobierno y los rebeldes de La Ciudadela, pero Madero rechaza negociar con los insurrectos[60]. **(59)**

Sarita Madero pidió a Vasconcelos que acompañara al presidente en Palacio, porque desconfiaba de Huerta. Al llegar con Madero le

58 *Gerónimo Hernández tomó una fotografía del periódico Nueva Era, que muestra instalaciones en ruinas, numerosos orificios en sus paredes como marca de los disparos y las ventanas ahumadas. (81)

59 +Francisco Medina y Baridó, de 18 años, hijo del Gobernador del Estado de México se presentó a apoyar a los rebeldes de La Ciudadela, invitando a las tropas federales a cambiarse de bando, fue apresado por Ángeles, después fue encontrado muerto. (49)

60 ° **S**eguramente De la Barra ofreció su intervención como parte de un acuerdo con Félix Díaz para presionar a Madero y a las embajadas extranjeras, ya que, finalmente, apareció en el Pacto de la Embajada. **(49)**

comentó: *el país está en paz, pero se piensa que usted es prisionero de Huerta.* (21)

El cuartelazo en la ciudad de México exigió una respuesta de Estados Unidos. Taft informó a Lane Wilson que la postura de Washington era precautoria y que, para ello, se ordenaba la salida de cuatro barcos adicionales para ir a aguas mexicanas, lo que, sin embargo, "no representaban ningún cambio en la política de los Estados Unidos". El Departamento de Estado se convenció de que "pocas cosas trabajarían con tanto éxito hacia el restablecimiento de la paz y el orden en México como un efectivo, pero inofensivo despliegue de nuestra fuerza naval". (62)

El miércoles el fuego lo inició el gobierno, con más violencia que los días anteriores. La embajada de Japón reporta muertes entre mujeres y niños, pero no de militares. Ese día llegó Blanquet. Huerta permitía que entraran víveres a La Ciudadela. Un grupo de curiosos, tal vez 150, observaban desde el Casino-Escuela de la Policía, no tardaron en ser el blanco de los disparos que salían de la YMCA. Los chiquillos se disputaban los restos de casquillos y granadas. Finalmente, algunos dragones federales se apoderaron del Casino-Escuela y contestaban el fuego de los rebeldes. (15)

Ese día, el fuego inició desde las 6 de la mañana, prácticamente centralizado a La Ciudadela, llegando hasta la Delegación de Policía ubicada en Victoria y Revillagigedo, que había sido tomada por los rebeldes. Después de varias horas, los federales lograron recuperar la delegación. Al intentar avanzar hacia La Ciudadela, fueron detenidos por un nutrido fuego directo. También por el lado de Arcos de Belén, donde había una cárcel, hubo algún tiroteo aprovechado para algunas fugas, pero sin avance de ninguno de los contendientes. Un disparo desde La Ciudadela impactó en la cárcel de Belén y los presos aprovecharon para fugarse[61], muchos murieron, centenares se refugiaron en La Ciudadela, sumándose a los sublevados, mientras Ángeles la seguía bombardeando. Pareciera que la intención era mantener el caos en base a pequeños combates. Por la noche Huerta ataca La Ciudadela con pobres resultados, sacrificando a un centenar de hombres. Madero se niega a armar a civiles, pese a la insistencia de Vasconcelos. (21, 49, 66, 75 y 76)

Ángeles y Rubio Navarrete se habían apoderado de la Estación Colonia y ahí habían apostado su artillería. Manuel Calero y León de la Barra se refugiaron en la embajada de la Gran Bretaña. Calero señala que Madero discutía con sus amigos sobre chismografía política, mientras

61 * EL IMPARCIAL, 13 de Febrero 1913.

Huerta se burlaba de todos; también acusa a Ángeles de no haber sabido desempeñar el papel que la Historia puso sobre sus hombros, recuerda que Von Hintze se acercó a Ángeles, preguntando por qué arrojaba esquirlas contra La Ciudadela en vez de tomar las azoteas de los edificios contiguos a esta. (15 y **49**)

La ciudad mostraba un aspecto desolador, se carecía de servicios públicos. Los cadáveres empezaron a descomponerse en las calles, algunos fueron quemados con petróleo. Los federales se quejan de no recibir alimento y no contar con cocina. Gustavo Madero, de su bolsillo, compra alimento para los soldados leales. Wilson anunció que su gobierno podría mover buques de guerra hacia Veracruz. Un grupo de embajadores, lidereados por Wilson, se reunió con Félix Díaz. Madero parece incapaz de resolver el problema. (66 y 76)

Los proyectiles llovían en toda la ciudad, arruinando zonas residenciales y comerciales. La batalla por la recuperación de La Ciudadela resultaba un poco extraña, aún para los que no eran militares. La ciudad quedó desprotegida, no había un solo guardián del orden a la vista. (**38**)

El jueves 13 de febrero Madero se mantenía optimista, Rubio Navarrete quedó a cargo de la artillería y Ángeles estaba encargado del oeste de la ciudad. Madero confesó a Vasconcelos, que, terminando la revuelta, haría cambios en el gabinete, prefiriendo jóvenes activos. (**57**)

Doce horas de bombardeos continuos, cañonazos, fusilería y ametralladoras, con gran daño a propiedades particulares. Alguien contó 150 cañonazos, un cañonazo desde La Ciudadela destruyó la puerta norte de Palacio (Puerta Mariana) dando muerte a varios soldados[62]. Pese a los esfuerzos federales, para el jueves se tiene la impresión que los sublevados han ido avanzando sus posiciones. Sólo las baterías de Ángeles parecen acertar en La Ciudadela[63]. Los edificios coloniales del centro se habían convertido en caballerizas y cuarteles. Empezó la descomposición de los caballos muertos. Los cristales de las casas se rompían por la vibración que producían los cañonazos. (**15, 29 y 38**)

Sir Francis Stronge, irlandés, embajador de Gran Bretaña en México, pidió a Ángeles moviera un poco su posición, porque la cercanía con la legación británica generaba disparos desde La Ciudadela, lo que ponía en riesgo a las personas ahí refugiadas. León de la Barra,

62 La puerta es conocida como Puerta Mariana, por haber sido construida durante la presidencia de Mariano Arista, permitía la entrada secreta de mujeres al interior del Palacio Nacional. (Laura Ibarra, Milenio Diario 25112018) (**89**)

63 °Felipe Ángeles era el único militar federal al que Madero le tenía confianza. Pero no tiene obuses con la potencia necesaria. Sólo era metralla simple. (72)

aprovechó para pedir a Ángeles que recomendara al Presidente aceptar su propuesta de intermediación. A lo que Ángeles accedió. Ese día Wilson informaba a su gobierno de la existencia de negociaciones entre Díaz y Huerta. **(49)**

Al mediodía los rurales intentan atacar La Ciudadela, los reciben a cañonazos. El cañoneo es tan intenso que no se puede oír nada más. Se alternan cañonazos con fusilería y ametralladoras por más de una hora. Empieza el rumor de una invasión por Estados Unidos. A las 6 de la tarde comienza la calma. Muchos disparos, muchos federales muertos, muchos curiosos muertos y un avance apenas de 100 metros hacia La Ciudadela. **(15)**

Como apoyo de Taft a Wilson, los buques *Georgia, South Dakota, Denver, Colorado, Virginia, Vermont* y *Nebraska* llegaron a aguas mexicanas, aumentando la crisis de ese febrero de 1913. **(62)**

Ese jueves el bombardeo se prolongó hasta la noche, la batalla más importante duró una hora, fue en la iglesia de Campo Florido en Vértiz. El cañoneo era tan intenso que por la vibración producida se rompían los cristales de las casas. Se habla de cientos de heridos entre los no combatientes. Los rebeldes trataron de salir de La Ciudadela, pero fueron masacrados en menos de una hora. Llegaron 100 federales con abundante parque, desde Veracruz. Por la noche se reunieron el general Ángeles y De la Barra. Se acordó que De la Barra visitaría Palacio Nacional por la mañana. (66 y 76)

Muchas familias huyen de la Ciudad de México hacia Coyoacán o Tlalpan, llevando hasta sus colchones con ellos. Comienza el hambre a sentirse en las casas pobres ya que no hay forma de salir a trabajar. Viudas y huérfanos lloran por las calles. Van cinco días de cañonazos...y surge el miedo a la peste. Un impacto de artillería destruyó el elegante Reloj Chino ubicado en el cruce de Bucareli y Atenas, obsequio del último emperador chino durante las fiestas del Centenario de la Independencia. (15 y **76)**

Pese a la superioridad numérica de los federales y al auto encierro de los rebeldes, no se aprecia una tendencia al triunfo de los leales. Ni siquiera han cerrado el cerco en La Ciudadela, que permitiera que se rindieran por sed y hambre. Victoriano Huerta mueve sus cartas y envía a Enrique Cepeda como emisario, a charlar con Henry Lane Wilson.[64] **(76)**

En la noche entre el 13 y el 14 Huerta comunica a Henry Lane Wilson su plan para acabar con el gobierno de Madero. (72)

El viernes 14, después de una noche tranquila, empezó el cañoneo a las 6 de la mañana. Cuerpos sin vida yacían junto a los escombros y el olor a carne descompuesta invadía el ambiente. Las calles presentaban

64 *Huerta quería saber si Wilson estaría de acuerdo con la alianza Díaz-Huerta (76)

un aspecto repugnante, el piso cubierto de deshechos inmundos, escombros de edificios y cadáveres abandonados. Cientos de personas iban diario a curiosear alrededor de La Ciudadela. Quemaron la casa de Madero, en una hora se destruyó por completo. Desde La Ciudadela bombardean todo el día al Palacio Nacional. (15)

Lane Wilson se reunió con Pedro Lascuráin, ministro de Relaciones Exteriores, para argumentar que de hacerse intolerable la situación, pediría la intervención de las fuerzas estadunidenses de esos buques. Lascuráin, alarmado, charló al respecto con Madero, quien mandó un comunicado personal al Presidente Taft y otro a la Cámara de Senadores. Taft aseguró que no habría ninguna invasión, que las tropas no desembarcarían, aunque manifestó el pesimismo que se sentía por la situación en México desde dos años atrás. También se llamó la atención a Lane Wilson sobre su actividad diplomática en México, pero éste no se detuvo, sino que continuó actuando abiertamente contra Madero. (11)

Madero se sintió optimista porque llegaron tropas del General Rivera desde Oaxaca y tropas de Blanquet desde Toluca. Este último grupo acampó fuera de la ciudad. Las tropas leales dudaron de su conducta, porque pese a estar frescos, se instalaron en Tlaxpana, lejos del Zócalo[65]. (66 y 76)

Ese viernes hubo mucha actividad diplomática. El Presidente Madero, pidió al Sr. Bernardo Cólogan, embajador de España, sirviera de intermediario con los alzados en La Ciudadela, para que procurase obtener de los generales Díaz y Mondragón una suspensión de hostilidades por tres días para hacer el entierro de cadáveres y recolectar heridos. En Palacio estaban Rafael Hernández, Ernesto Madero, García Peña y Pedro Lascuráin. Le dieron un oficio para Félix Díaz. Antes de llegar a La Ciudadela se encontró entre dos fuegos. Logró entrar a conferenciar con Díaz, solicitando un armisticio con horario fijo de suspensión de actos militares para permitir a la ciudadanía realizar sus actividades más apremiantes. Cólogan acudió acompañado del coronel Joaquín Maass y del licenciado Fidencio Hernández. El armisticio permitiría levantar cadáveres. Díaz no aceptó. Madero también pidió a De la Barra negociara el mismo armisticio, sabedor de la amistad que tenía con Félix Díaz. Al salir el embajador español se topó con De la Barra, quien hacía antesala para charlar con Félix Díaz. En realidad, Madero quería tiempo para hacerse de más elementos, lograr convenios y que las familias aprovecharan para salir de la zona de fuego. (16, 49, 58 y 65)

65 *Hay evidencia que el batallón 29 apoyaba la conspiración y que Mondragón lo tenía en espera de órdenes. (15)-

Preocupado por una posible intervención extranjera, Madero acepta que León de la Barra actúe como intermediario con los sublevados de La Ciudadela, solicitando por lo menos una hora de tregua cada día, para que los ciudadanos pudieran cambiarse de domicilio. Los sublevados, estimulados por Mondragón, condicionaban un armisticio a la renuncia de Madero, Pino Suárez y su gabinete. Por la noche, de la Barra pidió a Ángeles acudiera a la legación británica para comentar los hechos [66]. (49, 58 y 66)

Ese día Madero pidió a Taft no invadiera con fuerzas armadas a México, a las 2 de la mañana el senado de Estados Unidos aprobó no intervenir en México. A esa hora Wilson presionaba a Cólogan para que se sumara a Estados Unidos, Gran Bretaña y Alemania para forzar a Madero a renunciar, insistiendo en que, de lo contrario, llevaría a su ejército a invadir el país; aunque Wilson le mencionó que ya había logrado un acuerdo entre Huerta y Díaz. Finalmente, Cólogan fue nombrado representante de los cuatro países para solicitar la renuncia de Madero por la mañana. Ese día la posición de Díaz se fortalecía, ya que era Madero quien recurría a los intermediarios conciliadores. La mayoría de los miembros del gabinete estuvieron de acuerdo en renunciar, pero Madero se negó, pese al consejo de los ministros de Guerra y Relaciones. (49, 58 y 66)

Félix Díaz, desde La Ciudadela, entreveía la intención de Huerta de hacerse de la Presidencia, fue la razón por la que, siendo amigo de León de la Barra, le pidió solicitara ser intermediario entre el Gobierno y los sublevados, pretendía tener información e influencia de primera mano y, al mismo tiempo, tratar de detener a Huerta, enfrentándolo con Ángeles como posible sucesor de Madero. Cuando de la Barra ofrece la presidencia a Ángeles, ¿está ofreciendo una salida a Madero o está tentando a Ángeles de traicionar a Madero? ¿Con Ángeles habría elecciones? ¿Se enfrentarían en las elecciones Díaz y de la Barra o irían en pareja?, ¿De la Barra quería sacar partido personal?

Dos compañías del recién llegado grupo de Rivera cambiaron de bando con todo y ametralladoras. Después de varias escaramuzas ninguno de los dos bandos avanzó ni un metro. Huerta pretextaba escasez de soldados y escasez de fusiles para armar a los voluntarios. Se desvanece cualquier posibilidad de solución pacífica. (76 y 82)

A partir del viernes, empezaron a hacer su aparición los senadores convocados desde la tarde anterior por Pedro Lascuráin, quien dirigió

66 * Mucho se ha escrito señalando que De la Barra insinuó a Ángeles la posibilidad de proponerlo como sustituto de Madero en la presidencia, una vez que éste renunciara. Ángeles lo negó por escrito en 1914, señalando que no pasó de ser una insinuación exploradora, a la que no se prestó. (49 y 83)

un comunicado al Presidente del Senado, Doctor Juan C. Fernández, Senador por Nuevo León, pidiéndole con urgencia que los citase a una sesión a la que concurriría por acuerdo del Presidente para informar sobre el estado de las relaciones con Estados Unidos. Los senadores se reunieron en la casa del Senador Sebastián Camacho. Lascuráin les informó, atemorizándolos con una intervención militar del gobierno estadunidense. En total se reunieron 12 senadores, Lascuráin les recordó que los asuntos diplomáticos eran facultades exclusivas del Senado. Entre los senadores estaban Fernández, Obregón, Camacho, Rabasa, Curiel, Guzmán, Flores Magón, de la Barra, Pimentel y Carlos Aguirre. El Senador Víctor Manuel Castillo se disculpó porque salía para Córdoba por estar seriamente enferma su mamá. El Senador Calero estaba escondido en la Legación Inglesa. El Senador Mauro Herrera estaba indispuesto y no salió de su casa. (58)

El *New York Times*, señalaba el 15 de febrero que ni Madero ni Félix Díaz, al que consideraba un aventurero, tenían el tamaño suficiente para gobernar México, pero que seguramente Francisco León de la Barra era la persona adecuada para tomar las riendas del gobierno mexicano. (49)

Tanto la Cruz Roja como la Cruz Blanca Neutral recogieron los cadáveres que quedaron del primer día. Los combates reinician desde las 12 de la noche. A las 5 de la tarde el fuego era más nutrido, pero el silencio se hizo a las 6:30. Testigos aseguran que los rurales disparan a enemigos inexistentes y uno de ellos se hirió porque lo alcanzó una bala que rebotó en un poste. Inician motines y saqueos por parte del populacho por falta de dinero para comprar productos de primera necesidad. Se habla de una invasión con 35 mil soldados de Estados Unidos, aunque el embajador Wilson sólo mencionó tres mil.(15)

La Cruz Blanca Neutral fundada por Sara Pérez de Madero y Elena Arizmendi, participó activamente en el rescate de heridos y levantamiento de muertos durante la *Decena Trágica*. Algunos de sus médicos fueron muertos cumpliendo con su deber, como fue el caso del Dr. Antonio Márquez, médico oaxaqueño, quien falleció en el número 14 de la calle de Seminario. (75)

Los senadores volvieron a reunirse por la mañana del día 15, esa mañana acudieron 25, además de los concurrentes a la casa del Senador Camacho, estuvieron los senadores José Diego Fernández, José Castellot, Ignacio Michel, Mauro S. Herrera, Gumersindo Enríquez, Jesús F. Urías, Aurelio Valdivieso, Tomás Macmanus, Modesto L. Martínez, Alejandro Prieto, Alejandro Pezo, Francisco de P. Aspe, Jesús F. Uriarte, Ignacio Magaloni y Salvador Gómez. 4 horas duró la reunión. De la Barra les informó todo lo que había sucedido y se llamó al señor Lascuráin, quien al llegar a la cámara, tomó la palabra y dijo que los momentos eran supremos, que la situación era de mayor gravedad a la noche anterior y era preciso tomar una resolución inmediata porque había sabido que a las dos de la mañana, el Embajador Americano había llamado a los Ministros Extranjeros para hacerles saber, que las tropas americanas que venían a Veracruz, tenían la orden de desembarcar y llegar hasta la Ciudad de México para dar garantías a las Legaciones extranjeras y a los súbditos estadunidenses. Tanto Lascuráin como De la Barra refirieron la reunión del Presidente el viernes con el Ministro de España, a quien había pedido que gestionase un armisticio con los Generales Díaz y Mondragón y que el mismo de la Barra fue también comisionado, para lo mismo, por el señor Madero. Informó que los Generales Díaz y Mondragón contestaron que estaban dispuestos a aceptar esa suspensión de hostilidades, bajo la condición indeclinable de pactar que los señores Madero y Pino Suárez renunciaban a la Presidencia y Vice-Presidencia. Lo que no fue aceptado por Madero. Los senadores consideraron que ante el riesgo de invasión por Estados Unidos y la pérdida de la soberanía, era conveniente pedir a Madero su renuncia. (58 y 66)

El Ministro de Relaciones propuso que todos los Senadores pasaran a Palacio, dos Senadores fueron a ver al Presidente y dijeron que les había informado tener telegramas de que las tropas estadunidenses no llegarían y que todo había cambiado a su favor. Los senadores asumieron que era falsa la información de Madero relativa a que Taft aseguraba que no se intervendría en México; aceptaron como ciertas las amenazas del embajador estadunidense. Se sabe que el 16 de febrero, Obregón dirigió a Lane Wilson la pregunta formal de que, si en caso de que se constituyera un gobierno con De la Barra, Huerta y Díaz, los Estados Unidos renunciarían a la intervención; Wilson respondió afirmativamente. Ningún senador dudó del embajador. (58)

Más tarde se presentaron en Palacio veinticinco senadores a pedirle a Madero su renuncia, conforme a lo acordado, Francisco León de la Barra no iba en el grupo.[67] Existen documentos que señalan que Lascuráin pidió apoyo a los senadores para lograr que Madero renunciara o, en su lugar, declararlo incapaz de gobernar y sustituirlo. (15 y 49)

Por la tarde Lascuráin pretendía que los senadores celebraran una sesión en el Senado, en Palacio Nacional, a lo que se negaron los senadores, aduciendo no tener ninguna garantía, ya que ahí mismo

---

67 °25 senadores es una minoría, la constitución de 1857, vigente en 1913, indica que debía haber 2 senadores por cada estado y en ese entonces había 29 estados y 1 Distrito Federal.

habían fusilado al Diputado Gral. Gregorio Ruiz[68]. Lascuráin se presentó en la casa de Camacho a las seis de la tarde con instrucciones del Presidente, comunicando que la situación era muy grave, que el Gobierno de Estados Unidos había dispuesto la salida de varios buques de guerra para presentarse en diversos puertos del país entre ellos Veracruz y Tampico en el Golfo y algunos otros en el Pacífico y que habían salido dos transportes de guerra con cerca de dos mil soldados que venían apoyados por esos barcos de guerra. Lascuráin manifestó gran angustia por la situación y que deseaba que los Senadores tomaran alguna resolución. No dijo que ese mismo viernes él había pedido al Presidente Madero que presentara su renuncia, tampoco dijo que el General García Peña había aconsejado al Presidente lo mismo. Los senadores opinaron que la única solución patriótica era la dimisión del señor Presidente y del Vicepresidente, acordando con Lascuráin nombrar una comisión que se acercara al Presidente Madero y hablar con él en ese sentido. Se designó a los senadores Fernández, Gumersindo Enríquez y Obregón. Enríquez no había concurrido a la junta porque su casa se encontraba bajo el dominio del fuego. Lascuráin indicó que sería más conveniente que se reuniese mayor número de Senadores para que fuese más autorizada la demanda, por lo que acordaron otra reunión en la Cámara de Diputados, al siguiente día a las siete de la mañana. (58)

Esa tarde un grupo de senadores pide a la ciudadanía que exigiera la renuncia de Madero. Huerta intenta convencer a Díaz de que lo más conveniente es que sea el propio Huerta quien ocupe la presidencia. Como Díaz no acepta, Huerta le asegura que los aplastará y después matará a Madero. (42)

Las amenazas de Wilson influyeron en los senadores, quienes tuvieron reuniones varias veces todos los días entre el 14 y el 16 de febrero, concluyendo, finalmente, en solicitar la renuncia de Francisco I Madero. Wilson ablandó a la parte más tibia del gabinete presidencial. Las presiones más fuertes cayeron sobre Lascuráin, quien pidió personalmente a Madero su renuncia en una reunión del Gabinete. Además del golpe militar se iniciaba un golpe político. (11 y 17)

El 15 de febrero, coordinados por Wilson, finalmente Huerta y Díaz pactaron su acuerdo. Blanquet sólo esperaba las órdenes para detener a Madero. Los embajadores callaron ante las indiscreciones de Wilson. Callaron entre sí y ante su conciencia. Cólogan, por instrucción de Wilson le pidió a Madero su renuncia, sin hacerle saber del acuerdo

68 +Los senadores temerosos no consideraron que Ruiz era un militar sublevado aprehendido en plena acción subversiva.. (58)

entre los traidores, como un servil emisario. Si Cólogan hubiera informado sobre las traiciones, tal vez Madero hubiera salvado la vida. Guardó el secreto ese día y el siguiente y ... casi toda su vida. Madero, por supuesto, no iba a renunciar ante un recadero.

La representación diplomática estadunidense, difería de la política de su Presidente y prefería la amenaza de intervención para despertar en el gobierno mexicano el sentido de sus responsabilidades. La presión diplomática fue enorme y llevada a cabo por astutos políticos, sagaces diplomáticos sin escrúpulos y de corta visión. (62)

Saliendo Cólogan de Palacio, por la tarde los senadores José Diego Fernández, Gumersindo Enríquez y Guillermo Obregón acudieron a Palacio Nacional a entrevistarse con Madero a nombre de los 25 senadores y llevarle la solicitud de renuncia, pero no fueron recibidos. Se les había dicho que serían recibidos cuando concluyese de hablar con el Ministro de España. Debe mencionarse que el senador Guillermo Obregón había sido abordado por los felicistas, ofreciéndole el puesto de Presidente Interino. (11, 16 y 58)

El cañoneo continuaba inclemente. El batallón de Blanquet es ubicado en el interior de Palacio Nacional, con el pretexto de garantizar la seguridad del presidente. (76)

El Ministro de Hacienda dijo a los senadores que el Presidente había salido a revistar las tropas, lo que no era cierto. Se le dijo al ministro que se había reunido el Senado y pedían la renuncia de Madero y Pino Suárez. Contestó el Ministro que el país estaba bien, que los rebeldes serían dominados y que la cuestión con Estados Unidos se arreglaría. Ernesto Madero, les advirtió que no se consideraba una invasión extranjera como una posibilidad verdadera, señalando que el presidente Madero había enviado una comunicación al respecto al presidente Taft y estaban en espera de la respuesta. (58 y 66)

Por la noche los embajadores Wilson y Von Hintze, de Alemania, buscaron entrevistarse en Palacio Nacional con el General Huerta, pero fueron conducidos ante el Presidente Madero, quien les mostró el telegrama que había enviado al Presidente Taft, sin embargo, estuvo de acuerdo con los embajadores en la necesidad de un armisticio de 24 horas para el domingo. (66)

A partir de ese día 15 la situación estaba definida: si Madero no derrotaba a los sublevados en La Ciudadela, tendría que renunciar. (49)

El 16 de febrero en la embajada de Estados Unidos se daba por hecho un cese de hostilidades. Se aseguraba que la noche previa se habían reunido, en esa embajada, los representantes de Huerta y Félix Díaz. Sin embargo, las fuerzas federales avanzaban hacia La Ciudadela al mando de Rubio Navarrete, la distancia entre sublevados y leales no era mayor a 100 metros. (16 y 82)

Ese domingo hubo suspensión del fuego que debía durar hasta las 6 de la mañana del lunes para que los vecinos buscasen provisiones y pudieran salir de la zona de peligro. Sin embargo, Díaz recibió avisos de que las tropas del Gobierno ponían cañones en una bocacalle, avanzaban en otros puntos y ponían dinamita en un colector de agua que pasa por la Ciudadela, por lo que decidió reiniciar el fuego a las dos de la tarde. (58)

El domingo se planeó mover hacia Santa María La Ribera a los asilados en las legaciones extranjeras. Tablada comenta en su diario: "*... una lucha insensata en el corazón de una ciudad cuyos inocentes pobladores son sacrificados por armas fratricidas...*". Extraños boletines minúsculos, mal impresos y peor redactados, de misterioso origen, circulan de mano en mano, con versiones desagradables, por todas partes sangre, luto y desolación celebran la artillería destructora. Aprovechando la tregua muchos paisanos salieron a recorrer las zonas de los combates. Grupos de cadáveres son quemados en Balbuena ese 16 de febrero. (15 y 29)

Todos sabían que había un armisticio y los habitantes de la ciudad observaban asustados el grave daño a las casas particulares y el pobre efecto sobre las instalaciones militares en pugna. El dinero no faltaba a los sublevados, esa mañana entraron a La Ciudadela 18 carros cargados de provisiones, Rubén Morales[69] lo informó al Presidente. Al ser cuestionado Huerta, señaló que, si por él fuera, hasta mujeres y licores les llevaría, porque de esa manera sabría que todos los sublevados seguían sin salir. Ese día Wilson le confirma a Von Hintze de las conversaciones entre Díaz y Huerta. Rubio Navarrete le confesó a Madero que no tenía los proyectiles adecuados para rendir La Ciudadela y Blanquet señalaba la necesidad de 10,000 hombres para vencer a los sublevados. (49)

Los almacenes de víveres abren sus puertas ese domingo, aunque con los precios elevados. Sin embargo, se acaba la mercancía. Los daños en las estructuras de las casas aledañas a La Ciudadela muestran, de manera evidente, que las fuerzas combatientes tiran más a los edificios que a los enemigos. Ese domingo amanece incendiada la casa particular de Madero, alguien supuso una granada explosiva. Un dato interesante es la descripción del incendio de la casa de la familia Madero: Ignacio Muñoz, diputado por Veracruz, vivía a dos cuadras de la Ciudadela, en Tolsá y Bucareli, tenía tropa rebelde en su casa, con un cañón especial

69 *Asistente personal de Madero

que le mandó el General Mondragón y por orden de éste, se disparó, previos los cálculos necesarios, 20 cartuchos de incendio sobre la casa de Francisco Madero padre[70], en la calle de Berlín, que fueron suficientes para producir el incendio total de la casa. *El Imparcial* publica un documento de Mondragón a la ciudadanía, pese a que el dueño del periódico era pariente de Madero. Las tropas de Huerta se parapetan en el techo de la legación diplomática cubana, que se encontraba cercana a La Ciudadela, lo que genera una fuerte protesta diplomática. Los sublevados aprovechan las posiciones ventajosas logradas al colocar artillería en las bocacalles próximas al edificio, "teniendo dos manzanas de cada lado de la ciudadela, y haciéndose inexpugnable". (16 y 58)

Aquellos que vivían en el centro, aprovecharon la tregua para buscar un lugar seguro en algún otro punto de la ciudad. A las 2 de la tarde se reinició el bombardeo, por lo inesperado del reinicio de las actividades militares hubo muchos civiles heridos[71]. El oficial asistente del presidente Madero (coronel Rubén Morales) avistó los 18 carros cargados de provisiones entrar a La Ciudadela. Sánchez Azcona sorprende a Huerta charlando con Cepeda y con García Granados. Informado Madero, llamó a cuentas a Huerta, quien hizo justificaciones poco convincentes, Morales propuso un ataque nocturno en ese momento. Huerta pidió al presidente confiara en su estrategia. El grupo que acompaña al presidente está convencido de la traición de Huerta, pero Madero creyó en su sinceridad. Estos hechos impidieron que Huerta se reuniera con Wilson en la embajada de Estados Unidos, tal como estaba pactado. **(66 y 76)**

El lunes 17 de febrero fue el día más intenso de todos en relación al cañoneo. Entre lunes y martes, el Hospital Juárez cremó 240 cadáveres. Un gran número de cuerpos fue incinerado al aire libre en Balderas y muchos otros en las calles donde habían caído. Se hablaba de que 34 mil mariners y 10 barcos en Guantánamo esperaban la orden de invadir México. **(15 y 82)**

Se hicieron diversos ataques a la Ciudadela, pero los Jefes del movimiento rebelde, se habían preparado poniendo en las bocacalles próximas baterías de artillería con cañones y ametralladoras, teniendo posiciones muy ventajosas. Muchos gendarmes se iban a la Ciudadela a unirse a los pronunciados, por lo que el Gobierno se vio obligado a encerrar a los demás, para que no cambiaran de bando y se fueran con

70 +Ibarrola, considera que debió tratarse de un cañón de 75mm, que podía lanzar granadas de incendio, con los que ya se contaba en México. (85)

71 °Mondragón y Díaz se dejaron fotografiar ante un pizarrón donde se aprecian planes para bombardear Palacio Nacional esa tarde. (79)

los rebeldes. Victoriano Huerta, sin aplastar a los rebeldes atrapados en la Ciudadela, se limitó a sitiarlos, pero sin tratar de vencerlos, engañaba a Madero dándole partes militares falsos. Henry Lane Wilson le ofreció a Huerta a través del embajador Von Hintze, apoyo para que fuera el nuevo presidente. Huerta tenía el apoyo de casi todos los militares porfiristas y sabía que lo apoyarían los grandes hacendados y empresarios. El mismo Von Hintze se entrevistó con Lascuráin con la misma propuesta, mientras que Blanquet se entrevistaba con algunos senadores para asegurarles que requerían al menos el doble de elementos militares para tomar La Ciudadela. Sánchez Azcona está seguro que Huerta es un traidor. (58, 76, 78 y 90)

Ese lunes Madero recibió la respuesta de Taft: *"...Usted ha sido mal informado con respecto a nuestra política hacia México... Los informes relativos a que hemos enviados fuerzas a su país, son inexactos... juzgo innecesarias nuevas seguridades de amistad después de dos años de buena voluntad... sin embargo, vemos la situación con pesimismo extremo...estamos convencidos que su deber es aliviar pronto la situación."* Taft le aseguraba que no invadiría, pero el lenguaje es agresivo, amenazante e insolente, de ninguna manera tranquilizador. (49 y 62)

El Senador Obregón tuvo una activa participación en pedir a Madero y Pino Suárez su renuncia, por lo que el gobierno ordenó a teléfonos que le interrumpieran el servicio. Obregón habló con Blanquet en Tlaxpana, quien le dijo que quedaba a disposición del Senado. Lo mismo hizo Huerta. Blanquet fue llamado a Palacio. Huerta señaló al senador que el Presidente quiso ponerlo preso dos veces, que estorbaba sus operaciones militares, por lo que llegó a pedirle que lo relevara del puesto. Huerta aseguraba que el Presidente lo llamaba ciento veinte veces al día y que pedía aeroplanos para hacer fuego sobre la Ciudadela. Obregón se entera que Huerta había tenido conferencias secretas con Félix Díaz, quien había salido de la Ciudadela para ellas. Para entonces 300 hombres de Blanquet se habían pasado al grupo de la Ciudadela. (58)

Esa tarde hubo otra reunión del Estado Mayor: García Peña, Huerta, Maass, Yarza, García Hidalgo y Delgado. Concluyeron que tomar el edificio de la YMCA permitiría cerrar el cerco y vencer a los sublevados, se haría por la mañana. Se consideraron imprácticos el proyecto de Garmendia de entrar a La Ciudadela por las cloacas y el de bombardear a los sublevados desde el aire utilizando los aviones de Lebrija y Villasana. (77)

Huerta escribió a Wilson que pensaba realizar algunas acciones para forzar a Madero a renunciar. Las fuerzas de Blanquet que continuaban en Tlaxpana, sin participar en las escaramuzas militares, fueron movilizadas a Palacio Nacional. Al parecer para colocar fuerzas leales a Huerta y con ello neutralizar a los maderistas. (58)

El diputado Jesús Urueta vivía en la colonia Nápoles, cerca de la casa de Enrique Cepeda y pudo apreciar en esa casa una reunión entre Félix Díaz y Victoriano Huerta. Por la noche, Urueta informó a Gustavo Madero, Urueta y Gustavo decidieron apresar a Huerta, poniéndolo a cargo de Bassó. A las dos de la mañana le informaron al presidente. Gustavo, pistola en mano obligó a Huerta a presentarse ante su hermano Francisco. Huerta juró que no era cierto, que era fiel y que tramaba engañar a Díaz para poder derrotarlo, justo como había hecho con Pascual Orozco en Chihuahua. Prometió probarlo al día siguiente, al tomar La Ciudadela. Para demostrar su lealtad, Huerta comunicó a Madero que se le habían acercado varios senadores traidores, pero que los había puesto en su lugar, señalándole al Presidente que no eran sino unos simples bandidos. El Presidente le creyó a Huerta. Gustavo Madero le comprueba a su hermano los tratos entre Huerta y Díaz, pero su hermano Francisco le cree a Huerta y éste sentencia a muerte a Gustavo. (49, 66, 76 y 82)

El conflicto afectaba la vida propia de la ciudad, la clase trabajadora no podía acudir a sus labores y por lo mismo no tenían ingreso económico ninguno. Los comerciantes tampoco podían abrir sus negocios y ofrecer su mercancía a la ciudadanía. Quien más sufría era la población civil. Había cadáveres a media calle y muchos edificios destruidos.

Para entonces Huerta ya tenía el apoyo de Wilson, de algunos otros embajadores, de varios senadores, de Blanquet y de Maass, su sobrino. También contaba con la apatía de Yarza, García Hidalgo y de Rubio Navarrete. (76)

Ese 17 de febrero, las tropas de Blanquet sustituyen a la guarnición de Palacio. Alfredo Robles despierta nuevamente al Presidente para informarle que Huerta y Díaz han entablado negociaciones, Sánchez Azcona le cree, pero Madero asegura que sólo son rumores (les llamó bolas) sin sustento. (29 y 76)

En la mañana del 18 Alfredo Robles insistió al presidente que Huerta había decidido traicionarlo. Madero tampoco le creyó. Fue la última advertencia. La ciudad despertó a cañonazos. A las 10 de la mañana se inició fuerte bombardeo a Palacio desde La Ciudadela. Ángeles disparaba contra La Ciudadela. Francisco León de la Barra intermediario entre los rebeldes y el gobierno, había logrado, alrededor de las 11 de la mañana, un armisticio provisional. Huerta invitó a Francisco Carbajal, presidente de la Suprema Corte para ofrecerle sus fuerzas, Carbajal contestó que no estaba autorizado para hacer ningún arreglo, por lo que Victoriano Huerta hizo saber a los senadores antimaderistas que estaba dispuesto para lo que ellos quisieran, ya que era imposible, de acuerdo a los informes de Rubio Navarrete, desalojar a los rebeldes de La Ciudadela, asegurando que el ejército federal carecía de los elementos necesarios. En realidad, Huerta quería que le garantizaran conservar el rango militar de aquellos que lo apoyaran con la traición. El General Blanquet y el Teniente Coronel Teodoro Jiménez Riveroll garantizaron al presidente su lealtad. Los senadores insistieron al ministro de Guerra que solicitara y obtuviera la renuncia de Madero a la presidencia, el ministro señaló que no podía creer que los senadores le pidieran que sublevara al ejército. Once senadores visitaron a Madero pidiendo su renuncia. (16, 17, 49 y 66)

Ese día 18 circuló un manifiesto de más de 85 diputados *renovadores* condenando el levantamiento armado y la conducta de los senadores que exigían la renuncia del presidente, y se invitaba a la gente a mantenerse del lado del gobierno legítimo, asegurando: "No hollarán tropas extranjeras nuestro suelo, ninguna nación lo pretende, ni nuestro Gobierno, ni nuestro pueblo lo permitirían..."(58)

El grupo de senadores habló con Huerta en la Comandancia Militar suplicándole que hablase con el Presidente para convencerlo de la necesidad de las renuncias. Huerta llamó al Ministro de Guerra y en presencia de varios generales, pidió a los senadores explicaran de lo que se trataba, los senadores trasmitieron al Ministro su exigencia, pidiéndole que llevase la solicitud al Presidente. Forzado, el General García Peña, logró que el Presidente Madero recibiera a los senadores, Vázquez Tagle, Ministro de Justicia, acompañaba a Madero. Allí dijeron al Presidente que el patriotismo exigía sus renuncias para bien del país. Don Sebastián Camacho, estuvo muy enérgico. Obregón llevó la voz de los Senadores para pedirle su renuncia, la que fue rechazada airadamente por Francisco I. Madero, asegurando que solamente con la muerte dejaría el cargo. Madero les mostró el documento donde el Presidente Taft negara que hubiera alguna intención de invadir territorio mexicano. Los senadores fueron provocados con insolencias por Enrique García de la Cadena, Diputado de Zacatecas. Los senadores creyeron que los dejarían presos. El Presidente los trató con dureza, negándose a renunciar, señalando que permanecería cuatro años más en el poder y moriría en su puesto, de ser necesario. Madero señala: *no me llama la atención que ustedes vengan a exigirme la renuncia, porque habiendo sido nombrados por el General Díaz y no electos por el pueblo, me consideran enemigo.* (11, 16, 41 y 58)

Algunos senadores se disculparon con Madero, asegurando que sólo tenían la intención patriótica de resolver el problema existente. Madero pidió a Huerta que se presentara e informara de sus planes. Huerta aseguró que antes de las 3 de la tarde se habría terminado la revuelta.[72] **(66)**

Huerta había elaborado un plan muy sinuoso y truculento: haría prisionero al presidente Madero, neutralizaría al hermano Gustavo, detendría a Felipe Ángeles y usaría a Wilson para negociar con Félix Díaz, dejando fuera a Mondragón. El coordinador del golpe sería Enrique Cepeda. (76)

Huerta convence a Blanquet para traicionar a Madero en plena lucha contra los sublevados en el cuartelazo. Requirió de tiempo y cierto esfuerzo, pero siempre supo que traía "algo", pues había tardado mucho en marchar a la Capital. Huerta preparó su combinación final para que todo se desarrollara a la misma hora y tan rápidamente que fuera una sorpresa. Invitó a Delgado y a Gustavo Madero a comer en el restaurant Gambrinus, ordenó a Jiménez Riveroll que aprehendiera personalmente a Francisco Madero y a su Gabinete; a su compadre Cepeda dio la misma comisión. Al mismo tiempo se fue a la Estación de San Lázaro a detener al General Rivera que venía con grandes refuerzos de Oaxaca. El capitán Luis Fuentes, del grupo de conspiradores de la disuelta División del Norte, quedaba encargado de capturar a Gustavo en el Gambrinus. (30 y 39)

La noche anterior retiró a los carabineros de Coahuila, la guardia leal del presidente y colocó en su lugar al Batallón 290, de Blanquet. Mientras Madero hablaba con los senadores, a los militares leales (Felipe Ángeles y Manuel Rivera) se les hizo prisioneros. Huerta se alió con Aureliano Blanquet y Guillermo Rubio Navarrete para asegurar su mando en la ciudad. En el Gambrinus, Gustavo Madero, una vez desarmado, fue hecho prisionero. (11, 17 y 83)

Al salir los senadores de Palacio Nacional, hablaron de nuevo con Blanquet y con Huerta. Huerta les informó que estaba convidado a almorzar al Restaurant Gambrinus[73]. Después dijo que se trataba de matarlo, pues se habían dado $1,000 a cada mesero, a quienes Huerta mandó ahorcar en la noche. Huerta evitó subir a la sala donde estaba

72 * Parece ser que se desarrolló una extraña y enfermiza relación de dependencia de Madero para con Victoriano Huerta, pese a los informes que recibía de su hermano Gustavo como de su secretario Sánchez Azcona. **(49)**

73 *En la calle de La Profesa (hoy Fco. Madero) estaba el Gambrinus, entre Gante e Isabel la Católica. (40)

todo preparado y ordenó la prisión de Gustavo Madero y del General José C. Delgado. (58)

A las 12:30 salieron los senadores y el Presidente llamó al General Huerta, quien no acudió porque había salido a comer con Gustavo Madero al restaurant Gambrinus. Gustavo Madero era un hombre arrojado, no estimaba a Huerta, pero le pareció indigno de su valor negarse a acompañarlo a comer. Dos generales lo recogieron en Palacio y lo llevaron al Gambrinus, que se había mandado abrir para la ocasión. Apresado Gustavo Madero, Huerta ordenó a Blanquet que aprehendiera al presidente. (21 y 49)

Cuando Huerta llega a San Lázaro, acababa de descender del tren el General Rivera, lo tomó por el brazo y lo llevó a tomar una copa de mezcal. En el automóvil de Huerta llegaron a la Comandancia Militar de Palacio Nacional, donde Huerta le dijo: "Hermano, eres mi prisionero". (30)

Los que subieron a la una y media de la tarde a la Presidencia fueron Enrique Cepeda, el Teniente Coronel Teodoro Jiménez Riveroll y el Mayor Rafael Izquierdo con 25 a 30 hombres, con el pretexto de informar a Madero sobre una supuesta traición del general Rivera, Jiménez Riveroll habla de colocar una guardia en los balcones y llevar al Presidente a un lugar seguro, ya posesionado de la oficina, Jiménez declaró que se presentaba para arrestar a Madero, aprovechando para tomar de un brazo al presidente. Gustavo Garmendia mató a Jiménez, Izquierdo ordenó disparar contra Madero y Federico Montes lo mató. Los soldados dispararon, Marcos Hernández protegió con su cuerpo a Madero[74], quien dio la orden de cesar el fuego...la tropa obedeció. El salón se llenó de humo y del olor a pólvora. González Garza y Pino Suárez pedían auxilio. Blanquet los apresó a todos. (16, 17, 29 y 82)

Los primeros rumores decían que Riveroll e Izquierdo fueron muertos por Bassó y Garmendia. Posteriormente se aclaró que el capitán Montes fue quien mató a Izquierdo. Madero pensó en escapar de la trampa, desde el balcón hizo un llamado a la tropa de caballería de rurales, quien le respondió ¡Viva Madero!, pensando que el presidente los saludaba.

El Capitán Velázquez de Guardias Presidenciales y el Ministro Bonilla, salieron corriendo por los corredores para la calle a esconderse. El

74 *A Hernández lo mató Cepeda, quien recibió un balazo en la mano. Marcos Hernández era hermano del Ministro de Gobernación, era primo del presidente Madero y habían estudiado en Francia al mismo tiempo. Garmendia y Montes eran miembros de Guardias Presidenciales. (30 y 91)

Presidente bajó por el elevador con los demás Ministros.[75] El Intendente Bassó y algunos ayudantes lo hicieron por las escaleras. Sánchez Azcona y Jesús Urueta se fueron en un automóvil a San Cristóbal para tomar el tren de la tarde para Puebla, pero fueron aprehendidos en Apizaco y llevados a Puebla presos. Al salir del elevador, el Presidente y su comitiva fueron hechos presos por el General Aureliano Blanquet, y puestos en la Prevención de la Puerta de Honor. Entre los ministros presos, estaba el ministro de Guerra. Felipe Ángeles ya había sido apresado. Poco después los ministros y González Garza quedaron en libertad... (11, 16, 17, 58, 59, 66 y 86)

Alguien dijo que el Presidente Madero fue quien mató a Izquierdo, pero otros sostienen que Madero nunca estaba armado. Posteriormente eso fue motivo de una acusación contra él. En la misma acción Blanquet aprehendió a Madero, a Pino Suárez y a varios de sus ministros que se encontraban trabajando en Palacio Nacional.

Victoriano Huerta finge, en la llamada *"Guerra falsa"*, durante 10 días luchar contra los sublevados en La Ciudadela. En realidad, son 10 días de negociaciones entre Huerta y Diaz, mientras Huerta prepara la traición, aprehensión y renuncia de Madero y el engaño que haría a Félix Díaz. **(52)**

Gustavo Madero descubrió las negociaciones que Huerta estaba teniendo con Félix Díaz, por lo que lo arrestó, y lo hizo comparecer ante su hermano, pero el presidente no quiso creer en la traición. Huerta prometió probar que el 18 engañaría a Díaz y que ese día se acabaría la lucha armada, ¡claro que sucedió!: mató a Gustavo Madero, apresó a Francisco con todo su Gabinete y engañó a Díaz con la promesa de hacer elecciones, también aseguró a los senadores que antes de las 3 de la tarde se habría acabado la revuelta, todo un acto de prestidigitación para traicionar a todos!

75 +El elevador de Palacio era pequeño. (72)

IX. La tragedia

Algunos documentos señalan que un grupo de Senadores y magistrados de la Corte pidieron a Huerta obligar al presidente a renunciar la noche del 17. Como Ángeles y Delgado no estuvieron de acuerdo, Huerta los hizo apresar. (15)

Con Madero estaban Pedro Lascuráin, Manuel Bonilla, Manuel Vázquez Tagle, Rafael Hernández, Ángel García Peña, Ernesto Madero, Jaime Gurza[76], Pino Suárez, Sánchez Azcona, Jesús Urueta, Garmendia, Montes, Morales, Bassó y Federico González Garza. En la confusión lograron escapar Sánchez Azcona, Gurza, Garmendia[77] y Urueta. (15)

Al intentar salir de Palacio, por el elevador privado, no lo acompañaba ningún militar, el cupo se llenó con civiles (Madero, Pino Suárez, Lascuráin, Ernesto Madero, Sánchez Azcona y Jesús Urueta), fueron hechos prisioneros por el general Carlos García Hidalgo, con órdenes de Blanquet, pistola en mano. Se les recluyó en la oficina de la Comandancia Militar de Palacio Nacional, donde ya estaba preso Felipe Ángeles. Madero y Pino Suárez fueron llevados a la intendencia. Victoriano Huerta, desde el balcón central de Palacio, avisó a la ciudad que tenía prisionero a Francisco I. Madero, que asumía el Poder Ejecutivo y que esperaba instrucciones del Congreso. También avisó a los gobernadores, señalando que tenía el apoyo del Senado. Envió una tercera nota a la embajada de los Estados Unidos, dando por consumado el hecho y solicitando se diera la información al cuerpo diplomático. (11, 16, 59, 66 y 88)

Al momento de la aprehensión del presidente Madero, Huerta estaba en el Gambrinus con Gustavo Madero y los generales José Delgado y Francisco Romero, aparentemente para demostrar su lealtad e inocencia. Al ser informado Huerta de la prisión de Madero, se retiró del convivio. El capitán Luis Fuentes, escolta de Huerta, apresó a Madero y a Delgado. Romero, quien era presidente de la Cámara de Diputados,

76 *Director de Ferrocarriles

77 +Garmendia buscó a Ángeles, pero este ya estaba preso. (83)

huyó. Era la coartada de Huerta. Más tarde, esa noche, después de las dos de la mañana, Gustavo Madero fue llevado, al igual que Bassó, a la Ciudadela, donde fueron asesinados, los enterraron en el mismo lugar.[78] (16, 17 , 49 y 58)

El Presidente Madero, preso por Blanquet al salir al patio, quedó detenido en la prevención de la puerta de honor. Pino Suárez en la prevención de la puerta del centro con Bassó. Federico González Garza, Gobernador del Distrito Federal, en una de las piezas de la Intendencia, todos con centinelas de vista. (58)

Al salir Huerta de la Comandancia, por la pequeña puerta del pasillo que daba a los patios llenos de soldados, lanzó un grito: "¡Viva la república! ¡Viva México! Los soldados respondieron al unísono. Afuera, en la plaza, empezaron a escucharse los gritos de: ¡Viva el general Huerta! ¡Viva el Ejército! ¡Viva la República! (30)

A las 3 de la tarde, Joaquín Maass[79] informó a los sublevados de La Ciudadela el arresto de Madero y Pino Suárez por el General Blanquet. Mondragón comprendió que había ganado el cuartelazo de Huerta, quien disponía minuciosamente de todas las actividades, tanto en Palacio como en las calles de la ciudad. Después, en la embajada de Estados Unidos, Díaz y Huerta dejaron fuera de las negociaciones a Mondragón. El cañoneo termina a las 4 de la tarde. Una inmensa muchedumbre vitoreaba a Félix Díaz. (21)

Huerta libera a algunos ministros, pero al gobernador de la ciudad, al General Delgado y a Felipe Ángeles los acomoda junto al presidente. Genera un manifiesto: *Tengo el honor de informar que dado el estado de anarquía en que se encuentra el gobierno, he asumido el Poder Ejecutivo, en espera que el Congreso determine qué hacer. He detenido al Sr. Madero con algunos miembros de su gabinete.* (16 y 66)

De Catedral caían los sonoros rumores de las campanas echadas a vuelo, para anunciar el hecho. Pronto la Plaza se llenó de personas ansiosas de saber; anhelantes de darse cuenta de que el peligro, la muerte, había dejado de cernirse sobre todos. El entusiasmo de todos era indescriptible. Se abrazaban los desconocidos. Había lágrimas en muchos ojos. (30)

El General Huerta asumió el poder, nombrando a Blanquet Comandante Militar. Cuando la ciudad lo supo, toda la gente salió a

---

78 °Félix Díaz, en su momento, señaló que Huerta mató a Gustavo Madero y a Bassó en La Ciudadela para involucrarlo en los asesinatos y buscar la manera de dejarlo fuera de la presidencia. (49)

79 'Maass era militar en Puebla cuando Aquiles Serdán murió. Era sobrino político de Huerta, ya que era hijo de una hermana de la esposa de Huerta. Durante el gobierno huertista lo apodaban *El Príncipe Heredero.*

la calle, aplaudiendo y vitoreando al General Félix Díaz. Por la noche conferenciaron Huerta y Díaz en la Embajada Americana, celebrando un convenio. (58)

Al apresar a Madero, Huerta informa a Wilson: a) por patriotismo he hecho prisioneros al Presidente y a su Gabinete; b) no alienta ambiciones personales; c) le pide avise a su presidente; d) le pide avise al Cuerpo Diplomático; e) le pide informe a los rebeldes. Cuando Wilson avisó a los embajadores, también les dio la lista del nuevo Gabinete.[80] (49)

De la Presidencia salieron corriendo Sánchez Azcona y Urueta. Fueron aprehendidos en Apizaco. El diputado Urueta fue puesto en libertad en Puebla. Del Jefe de Estado Mayor y demás ayudantes, solo se sabe que no aparecen. (58)

Por la tarde Huerta escribió y fijó en las esquinas el siguiente aviso: *En vista de las circunstancias por las que atraviesa la Capital de la República, por obra del deficiente gobierno del señor Madero, he asumido el Poder Ejecutivo y en espera de que las Cámaras se reúnan luego para determinar sobre esta situación, tengo detenidos en Palacio Nacional al señor Francisco Madero y su gabinete.* (15)

A las 5 de la tarde las campanas de Catedral anunciaban el cambio de Gobierno y millares de habitantes llegaban al centro de la ciudad abrazándose. Una enorme masa del pueblo pedía la muerte de los Madero. La muchedumbre, como en un festival, llena las calles con alborozo, sin reparar en los huérfanos, viudas, desamparados... Cuando la marcha de la lealtad, muchos ciudadanos apoyaron a Madero, pero una vez preso, muchos ciudadanos festejaron a Félix Díaz.(15 y 75)

El embajador Wilson, informado oportunamente por Cepeda, estaba listo para ayudar. Por la tarde un grupo de *felicistas*, en carretelas y automóviles recorren jubilosos la ciudad. Alguien incendió el "Nueva Era", periódico maderista. Wilson informa a su gobierno y pretextando que no había autoridad civil, citó a Huerta y a Díaz a su embajada para que se pusieran de acuerdo y terminaran con el terror a la población. Una vez presos el presidente y el vicepresidente, Félix Díaz y Victoriano Huerta acudieron a la embajada estadunidense para repartirse el botín, aunque ambos iban acompañados por un par de asesores, decidieron apartarse del grupo y pactar por separado. Cuatro horas después de la prisión de Madero, ya estaban los generales y sus estados mayores acordando en la embajada de Estados Unidos. Wilson habla de cinco horas de negociaciones ríspidas, con tres rupturas abruptas. A la una

80 Dice Márquez Sterling que no se había firmado aún ningún acuerdo, pero no le falló a ningún nombre. (16)

de la mañana se firmó el acuerdo definitivo, que, sin embargo, señala haber sido firmado el 18 de febrero a las nueve y media de la noche, sin que hubiera renuncias del presidente y su vicepresidente. La reunión pretendía que los generales Huerta y Félix Díaz celebraran un convenio que evitara dificultades entre ellos. Hubo momentos de temor ante la falta de acuerdo, pero finalmente, todo se arregló. El trato fue simple: Huerta asumiría la presidencia provisional, convocaría elecciones y Díaz ganaría. Todo el acuerdo constituye el Pacto de la Embajada del 18 de febrero, firmado a iniciativa del embajador Wilson. El gabinete incluiría a Francisco León de la Barra, Rodolfo Reyes, Toribio Esquivel Obregón, Manuel Mondragón y Enrique Cepeda. Para garantizar el reconocimiento internacional del gobierno de Huerta, era indispensable tener las renuncias firmadas de Madero y Pino Suárez. (11, 17, 58 y 79)

La esposa y las hermanas de Madero junto con otros familiares estaban refugiados en la Embajada de Japón. Por la noche, maltrecho y casi inconsciente por los golpes llevaron a Gustavo Madero a La Ciudadela[81], Félix Díaz lo recibió a escupitajos. Cecilio Ocón[82] interroga a Gustavo, quien invoca su fuero de diputado. Los soldados lo atravesaron con las bayonetas. Con una navaja le sacan el ojo de vidrio, Melgarejo le saca el ojo de verdad, dejándolo ciego instantáneamente. Una vez desnudo le cortaron el pene, que luego le metieron en la boca. Más de 20 bocas de fusil descargaron sus balas. En la plazoleta frente al cuartel le dieron el tiro de gracia. Dentro de un costal lo sacaron de La Ciudadela. Al mismo tiempo, en la Ciudadela, sacrifican al periodista Manuel Oviedo[83]. (16, 41 y 59)

Gustavo Madero era el principal asesor de su hermano Francisco, era un hombre bragado y fuerte, que solía enfrentarse con fiereza a sus enemigos. Era indispensable deshacerse de él. Fue una condición que puso Félix Díaz para firmar el Pacto de la Embajada. A Gustavo Madero lo sacaron del Gambrinus después de la una de la mañana y lo mataron frente a la fachada de la Ciudadela, junto a la estatua de Morelos y allí lo enterraron. Llevaba una petaquilla y $50,000 en la bolsa. (58 y 59)

Romero López señala que al llegar a La Ciudadela Gustavo Madero dijo: "señores, yo no tengo la culpa de esto que pasa" y trató de huir corriendo hacia Balderas. Le dispararon por la espalda a las 2 de la mañana. A Bassó lo fusilaron a las 3 de la mañana[84]. (15)

81 *Gustavo Madero había estado detenido en el guardarropa del Gambrinus.

82 +Cecilio Ocón era felicista y patrocinador del cuartelazo.

83 'Jefe político de Tacubaya que tenía rencillas con Mondragón. (76)

84 'Gustavo Madero y Adolfo Bassó son asesinados frente a la estatua de Morelos, saliendo por la puerta norte de La Ciudadela. Esa estatua había sido inaugurada el 2 de mayo de 1912 por Francisco I. Madero. (72 y 75)

La muerte de Gustavo Madero se conocía una hora más tarde que ocurriera, hasta en sus menores detalles. Toda la ciudad lo sabía. Se hablaba de la participación que habían tenido los jóvenes oficiales de la Ciudadela, que se habían disputado el hecho de haber dado el mayor número de balazos...[85](30)

Firmado el Pacto, Wilson lo presentó a los diplomáticos que había hecho llamar y que estaban esperando en la embajada de Estados Unidos, les pidió que revisaran las propuestas para los puestos del gabinete e hicieran saber su inconformidad. Terminado el acto, Wilson informó a su gobierno del resultado de sus intervenciones. (76)

Los periódicos de la capital aplaudieron la acción patriótica del General Huerta, incluso algunos pedían acciones judiciales contra Madero y Pino Suárez. Se citó a reunión a la Cámara de Diputados, pero no lograron quorum. **(93)**

Los carabineros de Coahuila lograron salir de la ciudad y se dirigieron a informar a Venustiano Carranza de lo que estaba pasando. Este período del ocho al 18 de febrero es conocido como La Decena Trágica. (16 y 90)

Al día siguiente de la aprehensión de Madero, Wilson informó a Washington: "por mi iniciativa, he reunido a Díaz y Huerta en la Embajada, con la intención de mantenerlos de acuerdo"; señalando tres arreglos estipulados: libertad de los ministros de Madero apresados, libertad de prensa y telégrafo y trabajo conjunto de los 2 generales para mantener la paz en la ciudad. Dicho arreglo es conocido como El Pacto de la Embajada. (11, 66 y 85)

Por la mañana del miércoles 19 una multitud silenciosa llega a Palacio Nacional buscando noticias. España y Cuba instruyen a sus embajadores no reconocer el gobierno de Huerta. Cólogan y Márquez Sterling inician una mediación con Huerta, tratando de salvar la vida de los prisioneros. (76)

Ese día 19, la madre y la esposa de Madero, junto a la esposa de Pino Suárez, acudieron a la embajada de Chile para pedir su intervención ante Huerta. Hevia, el embajador, fue recibido por Rodolfo Reyes y Guillermo Obregón, éste le señaló que obligarían a Madero a renunciar para liberarse de la acusación de haber matado a Jiménez Riveroll. Huerta permitió al embajador Hevia visitar a los detenidos. Se encontró a Ernesto Madero y a Pedro Lascuráin tratando de convencer a los prisioneros de firmar la renuncia. (49)

85 *Manuel Mondragón, famoso por importar armamento al ejército mexicano, permitió a sus hombres torturar y matar a Gustavo A. Madero. Se exilió luego de la derrota de Zacatecas en julio 1913, falleció de tuberculosis en España en septiembre de 1922, viendo el fantasma de Madero. **(92)**

Madero en prisión dijo a Pino Suárez que "la campaña del pueblo contra los traidores, sólo tendría un paréntesis, una vez que logremos llegar a la hacienda, levantaré otra Revolución". Tenía un plan que consistía en el pronunciamiento de Venustiano Carranza en Coahuila y Nuevo León, Maytorena en Sonora; Abraham González en Chihuahua y en el sur se unirían Zapata y Figueroa. Dijo a Pino Suárez, poniéndole la mano en el hombro: "dentro de un año, estamos otra vez en la presidencia de la República." (30)

Ese miércoles por la mañana Huerta fue hasta el local donde estaba encerrado Madero y se encaró con él. Rafael Hernández y otros prisioneros, se pusieron de pie y lo saludaron de mano. Vázquez Tagle y Madero, permanecieron sentados: era un desafío a muerte. Eso irritó a Huerta, que habló con todo rencor:

> - ¿Recuerda usted cuando me humilló y me hizo mil ofensas sólo porque sus amigos me señalaban como un traidor?
>
> - Lo era usted, replicó vivamente Madero.
>
> - Ya verá usted que no lo mato. Es usted mi prisionero, lo voy a respetar. A mí me juzgará la historia, pero a ustedes los voy a juzgar yo – dijo con tono enérgico.

Madero sonrió con desprecio, se estaba sentenciado a muerte él mismo. (30)[86]

Por la mañana los visitó la esposa de Pino Suárez, al salir llevaba una carta de Madero para su esposa Sara. El General Juvencio Robles fue el encargado, de parte de Victoriano Huerta, de pactar con los presos las condiciones de su salida de Palacio y del país. Madero pidió que interviniera el Cuerpo Diplomático acreditado. Fueron seleccionados los embajadores de Chile, Japón y Cuba. El crucero *Cuba,* ofrecido por Márquez Sterling, los llevaría, con sus familiares a La Habana. Pedro Lascuráin sería el encargado de vigilar el cumplimiento del acuerdo. Madero escribió con lápiz la renuncia, Pino Suárez le pidió que señalara que se firmaba obligados por la fuerza de las armas, pero Madero prefiere *"por la fuerza de las circunstancias"*. Finalmente escribe *"en vista de los acontecimientos"*. Huerta mostró su buena voluntad liberando a varios parientes de Pino Suárez también presos. (16, 49, 59 y 91)

La prisión de Sánchez Azcona y Urueta en Apizaco, la prisión de Oviedo y la prisión de algunos cuñados de Pino Suarez, parece señalar que al mismo tiempo que apresó a los que estaban en Palacio, Huerta habría ordenado encarcelar a varios posibles simpatizantes de Madero.

86 *Pero no hay constancia oficial de dicha reunión. ¿Acto novelesco del autor?

Madero solicitaba que el embajador de Chile fuera el responsable de guardar la renuncia, para presentarla al Congreso hasta que estuvieran a salvo en algún buque en Veracruz. Lascuráin se propuso, asegurando que era mucho compromiso para un embajador extranjero. También solicitaba Madero que en el viaje a Veracruz lo acompañaran algunos diplomáticos extranjeros (tal vez Chile y Japón). Aseguraba que no firmaría hasta que se liberara a su hermano Gustavo, al General Ángeles, a Sánchez Azcona, a Elías su taquígrafo y a su estado mayor[87]. Solicitaba un salvoconducto firmado de puño y letra por Victoriano Huerta. Huerta aceptó todas las condiciones de Madero, señalando las 7 de la noche como la hora de la partida de un tren hacia Veracruz. Tanto Madero como Pino Suárez irían con toda su familia. Se decidieron por una renuncia conjunta, Madero escribió el borrador. Lascuráin lo llevó a Huerta, a la aceptación de éste, se pasó a máquina. Lascuráin aseguró a Hevia que no lo entregaría al Congreso hasta saber que Madero y Pino Suárez estaban a salvo a bordo de un buque en Veracruz. (49)

Huerta prefirió que las gestiones para que Madero renunciara al Poder, las organizara el Ministro de Relaciones, Lascuráin, quien se mostraba espantado por el hecho supuesto de tener que ocupar la Presidencia, en caso de que los señores Madero y Pino Suárez renunciaran. (30)

El Presidente y Pino Suárez renunciaron gracias a la intervención de Lascuráin, Ernesto Madero y de los embajadores de Chile (Anselmo Hevia Riquelme), Cuba (Manuel Márquez Sterling), Brasil (Juan Manuel Cardoso de Oliveira) y España (Bernardo de Cólogan). Tenían varias pretensiones que fueron desechadas y tuvieron que poner lisa y llana la renuncia, sin condiciones. Los diplomáticos hablaron con Huerta, Lascuráin y Ernesto, para que pudieran salir a embarcarse Madero y Pino Suárez y se dispuso un tren para Veracruz, pero no hubo salida, se resolvió que siguieran presos. Mucha gente consideraba que debían ser muertos, para evitar dificultades futuras. Aunque el nuevo gobierno, no parecía que creyera que fuera oportuno matarlos. (58)

Madero y Pino Suárez procuraron las mejores condiciones posibles, incluyendo que los partidarios de Madero no fueran agredidos, que sus familias fueran trasladadas a Veracruz en un tren especial y que en dicho tren los acompañaran miembros del Cuerpo Diplomático[88], Pedro Lascuráin hizo de intermediario con Huerta, solicitando el salvoconducto necesario en varias ocasiones. (93)

---

87 + nunca aparecieron Gustavo (quien había muerto), ni Elías de los Ríos.

88 *Márquez Sterling se ofreció a acompañarlos hasta La Habana (49)

Por la tarde hubo un desfile de La Ciudadela a Palacio, van al frente Díaz y Mondragón, una multitud los vitorea al llegar a Bucareli. Los recibe Huerta diciendo: "Dios nos dé la fortuna de no repetir estos hechos sangrientos". (76)

Huerta informó a Lascuráin y a Hevia, que el tren saldría por la noche, pero el horario por el momento no se revelaría. Exigía a Lascuráin le entregara la renuncia firmada, para llevarla al Congreso, ya reunido. Lascuráin mostró la renuncia, pero no la entregó y exigió el salvoconducto. (49)

Márquez Sterling[89] visitó a Madero preso en la intendencia, quien reconoció haber cometido grandes errores, el mayor: no haberse rodeado de hombres resueltos que lo pudieran sostener. Ernesto Madero y Lascuráin ya habían sido liberados. Madero le preguntó a Márquez sobre su hermano Gustavo, quien no se atrevió a informarle de su muerte. El embajador cubano, que no fue recibido por Huerta, pasó la noche con Madero y Pino Suárez, a manera de protección, junto con el coronel Aguilar, militar de la embajada cubana. En un cuarto Madero y Márquez, en el otro Ángeles y Pino Suárez. Por la noche les avisaron que se suspendía el traslado a Veracruz. Cada 15 minutos cambiaban la guardia, parta evitar que llegara un partidario de Madero o que fueran sobornados y lo ayudaran a escapar. Esa noche se enteraron que Lascuráin había ido al Congreso a presentar la renuncia. (16, 49 y 59)

Uno de los ministros presos el 18 de febrero era Pedro Lascuráin. Fue liberado e incluido en el Pacto de la Embajada, lo que no aceptó. A los dos presos se les insistía en que renunciaran. Para lo que recibieron múltiples visitas. Madero aseguró que firmaría si se les garantizaba protección contra Victoriano Huerta. Protección para él, Pino Suárez y Ángeles. El encargado de cumplir esa solicitud fue Lascuráin, quien llevaría las renuncias al Congreso una vez que los tres prisioneros estuvieran a salvo... ¡Lo que no hizo! (11 y 17)

Madero sabía que Huerta haría trampa, una vez presentada la renuncia, no había oportunidad para salvar sus vidas. Lascuráin era reconocido como un hombre de convicciones firmes, era un representante de la legalidad. Sin embargo, ante la disyuntiva de morir junto a Madero, prefirió negociar con los conspiradores. Vázquez Tagle y Ernesto Madero trataron de impedir que Lascuráin llevara la renuncia al Congreso y esperara al salvoconducto, pero llegaron tarde, Lascuráin ya la había entregado.

89 +La casa de Márquez Sterling, se ubicaba muy cerca de la casa de los Madero, en la esquina de Versalles y Turín. (75)

Wilson escribió a Washington: "El Presidente y el Vicepresidente han renunciado, el Congreso les aceptará la renuncia, por Ley, la Presidencia recaerá en el Sr. Lascuráin, quien proclamará a Huerta como Presidente Provisional". Lascuráin legitimaba el acto. (11)

El Congreso se reunió a las 5 de la tarde del 19 de febrero, con varios hechos incuestionables: los Presidente y Vicepresidente estaban presos de Huerta; Huerta ostentaba el Poder; se requería la aprobación por el Congreso. El diputado Escudero preguntó si era una obligación patriota aprobar lo que querían los militares o si existía libertad para deliberar. Querido Moheno señaló que se trataba de darle un giro legal a "esto". "Esto" era la prisión ilegal de Madero y Pino Suárez, recordando, además, la existencia de los buques estadunidenses en Veracruz. Luego de llegar Lascuráin con las renuncias, a las 8:45 de la noche, el diputado Cravioto señaló: "debemos aprobar para garantizar las vidas de los presos y liberarnos de una intervención extranjera". (11)

123 diputados votaron a favor, sólo 5 se opusieron[90]. Lascuráin protestó como presidente a las 10:25 de la noche y nombró a Victoriano Huerta secretario de Relaciones Exteriores. Vázquez Tagle pidió a Lascuráin que no renunciara sin tener el salvoconducto en la mano, pero Lascuráin renunció a las 11:10 de la noche y Huerta fue, entonces, nombrado Presidente Provisional.[91] Poco después la Suprema Corte de Justicia lo ratifica como Presidente Interino (11, 76 y 91)

A las 10 de la noche los familiares de Madero ya estaban en la estación del ferrocarril. Hevia marchó a Palacio Nacional en busca de los prisioneros. Se enteró que Huerta y Lascuráin estaban en el Congreso, transmitiendo el mando. No se le permitió ver a los prisioneros, por lo que se fue a su casa. A la una de la mañana le pidieron fuera por Lascuráin. Juntos fueron a Palacio por el salvoconducto, pero no estaba firmado...

Se llevó la renuncia a la Cámara de Diputados, reunida con muchos suplentes y sin quorum, aunque se hizo creer que sí lo había. Aceptada la renuncia, en la Sala de Comisiones protestó Lascuráin y en el acto nombró Ministro de Gobernación al General Huerta. Después renunció Lascuráin como Presidente Interino y entró a protestar como presidente Huerta. Todo se hizo en la Cámara de Diputados, en un salón y el senador Obregón[92] le dictó al taquígrafo los nombramientos,

---

90 *Escudero, Pérez, Rojas, Alardín y Hurtado. (76)

91 + Lascuráin afirmó más tarde, que Huerta había prometido liberar a los prisioneros.. **(94)**

92 °Uno de los senadores con mayores participaciones en esos días trágicos, fue Guillermo Obregón, a quien Manuel Márquez Sterling describe como "de agradable presencia, correcto en el traje, bien peinada la cabeza blanca y redonda, y levantadas, a tono de cosmético, las guías de su bigote". Abogado, oriundo de Tamaulipas, diputado federal en la XXV Legislatura y senador en la XXVI. Cosío Villegas, lo coloca en el grupo de "los Científicos", de gran influencia en la segunda mitad del porfiriato, grupo de fuerte presencia

aceptaciones, actas de protesta, etc., etc. Lascuráin ni siquiera se cambió el traje para protestar. Todo acabó a las 11:30 de la noche. (58)

El diputado Cravioto no quería aceptar las renuncias de Madero y Pino Suárez y esperaba que el juicio sereno de la Historia juzgara los acontecimientos. Alarcón, Pérez, Rojas, Escudero, Hurtado Espinoza, Méndez, Morales, Navarro y Ortega tampoco estaban a favor de aceptar las renuncias. Cravioto propuso votar a favor para salvar dos vidas e impedir una invasión armada y, con ello, mantener la Independencia Nacional. Desde el 13 de febrero se había informado que el Almirante Badger tenía instrucciones de llevar su armada a Tampico y Veracruz. En realidad, a Veracruz llegaron cruceros de guerra estadunidenses, pero señalando que venían en son de paz. Coincidió con el natalicio de George Washington y, aprovecharon su estancia en Veracruz para celebrar con una fiesta, donde intercambiaron discursos el almirante y el jefe de la plaza veracruzana. Wilson aprovechó la llegada de sus buques para armar una historia truculenta de invasión armada extranjera. (11, 15 y 29)

A los senadores no les importó que la renuncia de los mandatarios se expusiera ante los diputados suplentes y sin completar el quórum, ni tuvieron pudor frente a la renuncia de Lascuráin antes de asegurar la vida de los prisioneros. En cambio, hubo temor con respecto a la posible falta de acuerdos entre Huerta y Díaz mediados por Lane Wilson. La amenaza del embajador estadunidense de mandar buques de guerra a Veracruz, con dos mil 500 soldados causaron hondísima impresión, por todas las consecuencias terribles que significarían para el país. (58)

El 19 de febrero de 1913 México tuvo tres presidentes diferentes. Al día siguiente Blanquet fue ascendido a General de Brigada y Maass fue ascendido a coronel. El 20 de febrero de 1913, Victoriano Huerta se instaló en el Palacio Nacional e inició un régimen dictatorial militar, aunque intentó dar fundamento jurídico a sus acciones.

Huerta era el amo de México, pudo hacer la paz y ayudar a los humildes, pero salió a flote su odio por la aristocracia, que creía que Huerta era un instrumento suyo. A Victoriano Huerta le irritaba saber que los felixistas supusieran que les iba a entregar la Presidencia. Huerta tenía armas que los otros no tenían: inteligencia y poder. (30)

en el Senado y entre los opositores a Madero. Durante la Decena Trágica, Obregón era el vicepresidente del Senado. Aunque no es posible identificar un vínculo de Obregón con los sublevados, se sabe de su cercanía con Félix Díaz, incluso uno de sus hijos (Emilio) se incorporó a los sublevados de la Ciudadela, donde pudo comprobar el entusiasmo que tenían los Generales Díaz y Mondragón y que muchas personas iban a llevarles dinero para sus necesidades. Fue tan activa y pública su participación, que se vinculaba a Obregón con la decisión de Lascuráin de renunciar antes de que Madero y Pino abandonaran el país. El 18 de julio de 1914 en una entrevista en *El País*, el senador aseguró no haber asesorado a Pedro Lascuráin cuando éste presentó su renuncia. (58)

Hevia consideró que Lascuráin había faltado a su compromiso, desconociendo si fue exceso de confianza o de intimidación... pero es el responsable de las muertes...Lascuráin le quitó la oportunidad al embajador Hevia de salvar esas vidas. (49)

El 20 de febrero, protestaron los nuevos Ministros y al otro día De la Barra pidió licencia al Senado. Se intentó que Madero y Pino Suárez salieran en un tren para Veracruz, a embarcarse al exilio. Quedaron presos con centinelas de vista cada uno en un cuarto en los bajos de la Presidencia, en las oficinas de la Intendencia, junto con el General Ángeles. El General Delgado quedó preso en la Prevención. Ese día se esperaba la llegada a la capital de Pascual Orozco, se procedió contra amotinados en Tlaxcala y contra Abraham González de Chihuahua. El nuevo gobierno tomó las providencias necesarias para mantener la tranquilidad. (59)

El movimiento estalló y terminó en 11 días. Al estallar el movimiento el día 9, fue fusilado el General Gregorio Ruiz, a pesar de tener más edad que la señalada para poder ser fusilado y a pesar de ser Diputado. Este fue otro motivo de acusación penal contra el Presidente Madero. (58)

Lascuráin tenía todo preparado para que un convoy de ferrocarriles llevara a los presos y sus familias a Veracruz, donde embarcarían en el crucero *Cuba* hacia La Habana. Pero eso, nunca sucedió. Huerta no firmaba el salvoconducto ni autorizaba la salida del tren. (16)

Las autoridades militares del puerto de Veracruz[93] se niegan a reconocer a Huerta, hasta no recibir un comunicado oficial del Congreso. Wilson asegura a Márquez Sterling que esa fue la causa de no permitir la salida del tren hacia Veracruz, pero confirma que ya se ha resuelto el asunto y Veracruz está en paz. (16)

El 20 de febrero Félix Díaz hace un recorrido triunfal por la Ciudad de México, aclamado por miles de seguidores. El diputado Manuel Rojas, gran maestre de la Gran Logia del Valle de México, a la que Madero y Pino Suárez pertenecían, invocó los vínculos masónicos el 20 de febrero en un cable enviado al presidente Taft. Al día siguiente lo intentó directamente con Henry Lane Wilson, quien también era masón. Hay una nota del Departamento de Estado a Wilson, donde se le pide intervenga ante Huerta para mantener la reputación de México como un país civilizado. (29 y 91)

---

93 *General José Refugio Velasco.

El viernes 21 Tablada señala que los cablegramas desde Estados Unidos condenan unánimemente cualquier daño físico a Madero y Pino Suárez. (14)

Ese 21 de febrero todos los generales en la Ciudad de México aprobaron la presidencia de Huerta, alguien del Gabinete huertista consideró que Madero y Pino Suárez debían ser enjuiciados por la muerte de Ruiz, Jiménez Riveroll e Izquierdo en Palacio. Victoriano Huerta aseguró que había jurado proteger la vida de los prisioneros. Pero que, en vez de permitirles el exilio, los llevarían a la penitenciaria de la ciudad. (11,16, 17, 43, 59 y 72)

En su mensaje al Cuerpo Diplomático, Huerta señaló: "*... el gobierno de la República seguirá inspirándose en los principios de equidad y justicia y en el estricto cumplimiento de sus deberes internacionales, mis esfuerzos se encaminarán a garantizar plenamente la vida y los intereses de los habitantes del país...*" (16)

El mismo 21 de febrero de 1913, Pino Suárez escribe a Serapio Rendón, solicitando proteja a su esposa y le ayude a regresar a Mérida. Comenta que los humillan al grado de no llevarles agua y hacerlos dormir en catres estrechos. Tienen prohibidas las visitas. Señala que los van a trasladar a la Penitenciaría y se pregunta: "¿Tendrán la insensatez de matarnos? Nada ganarían, pues más grandes seríamos en la muerte que hoy lo somos en vida". **(95)**

El Ejército Federal dio el golpe definitivo, pero la sociedad mexicana de entonces celebró con júbilo la caída del régimen maderista. Porfirio Díaz señaló desde el exilio: "Lo que ha ocurrido es un golpe muy duro para México". (15)

Los familiares de Madero, que pertenecían al gabinete, desaparecieron durante la Decena Trágica. El único que se conservó leal fue su hermano Gustavo, quien lo acompañó hasta el final del martirio. La extrema confianza de Madero fue parte de su perdición, nadie salió a defenderlo. Sólo el cuerpo de Guardias Presidenciales se mantuvo junto a Madero.

El sábado 22 de febrero Madero supo la muerte de su hermano Gustavo, culpándose se arrodilló y lloró. A las 10:20 de la noche, Madero y Pino Suárez fueron sacados de la intendencia por el coronel Joaquín Chicarro y el mayor de rurales Francisco Cárdenas Sucilia[94]. Madero se despidió de Ángeles con un abrazo. A las 10:30, en dos automóviles diferentes fueron conducidos los prisioneros. Madero iba en un Protos

94 *Posteriormente Francisco Cárdenas solicitó su aceptación al ejército federal y llegó a ser general. (92)

Washington propiedad de Alberto Murphy, conducido por Ricardo Romero, junto con Cárdenas y Pino Suárez en un Peerles alquilado por órdenes de Ignacio de la Torre y conducido por Ricardo Hernández y custodiado por Rafael Pimienta. Los autos, a marcha lenta, se dirigen a Lecumberri. En el grupo iban otros 2 rurales: Francisco Ugalde y Agustín Figueres. El grupo de rurales recibió 18 mil pesos de Manuel Mondragón... (29)

Al llegar, alrededor de las 11 de la noche, rodearon la penitenciaría y los bajaron de los autos en la pared oriente, cerca de la Escuela de Tiro. El Coronel Luis Ballesteros, recién nombrado director del penal, había ordenado a los celadores bajarse de los muros donde estaban de guardia. Francisco Cárdenas mató al presidente Madero con dos disparos en la nuca y el cabo Rafael Pimienta[95] disparó múltiples veces al Vicepresidente que intentaba escapar. Ya muertos los colocan en los autos y entran a la prisión. La orden la dio Blanquet, pero Cárdenas la confirmó con Mondragón y con Huerta. Cecilio Ocón se encargó de los detalles, de los autos y de simular un ataque para liberar a los prisioneros. (11, 17, 59, 76, 94 y **96**)

Moisés Díaz, responsable de guardia de una tronera de Lecumberri, cercana al sitio de la tragedia presidencial, resulta ser un testigo presencial, aunque en esos momentos ignoraba de quienes se trataban. Intenta comunicar a su director de los hechos y éste le ordena guarde silencio. (47)

Un grupo de celadores envolvió los cuerpos con cobijas y así fueron llevados a la enfermería. Dos médicos llegaron a realizar las autopsias[96]. Madero dos disparos, Pino Suárez acribillado, tenía 13 orificios de bala. Les retiraron la ropa y fue escondida. Por la madrugada improvisaron una tumba dónde colocaron ambos cadáveres. Como Pino Suarez era de mayor tamaño, fue necesario fracturarle las piernas para que cupiera en la tumba. A las 10 de la mañana del lunes 24, dos carrozas condujeron los cadáveres a sus respectivos funerales. (42 y 59)

Con las piedras ensangrentadas por los martirizados, esa misma noche, el pueblo levantó los dos túmulos correspondientes. (42)

La noticia fúnebre fue dada en la primera página de *El Imparcial*. Nadie había avisado ni a los deudos, ni al Cuerpo Diplomáticos, ni a los miembros del Congreso, ni al Gabinete Presidencial. La noticia publicada señala que: el sábado en la noche, Madero y Pino Suárez fueron conducidos en automóvil de Palacio a la Penitenciaria, con escolta de

95 +Quien rápidamente fue ascendido, llegó hasta general y en 1922 el general Benjamín Hill logró que un Consejo de Guerra lo absolviera del crimen a Pino Suárez. (96)

96 °Los certificados de defunción de Madero y Pino Suárez fueron firmados por el Mayor Médico Cirujano Virgilio Villanueva. (15)

cuatro rurales, al pasar por las calles de Lecumberri, un grupo quiso detener los automóviles haciendo fuego. Murieron uno de dicho grupo, Madero y Pino Suárez. Se informa que Huerta convocó al Consejo de Ministros a las 12:20 de la noche y se dispuso una averiguación militar con intervención del procurador. (58)

Todos los periódicos publicaron el mismo encabezado. A todos sorprendió que la noticia se publicara, pese a la hora de la muerte y, por supuesto, del conocimiento del hecho, ya que las prensas paraban a las 10 de la noche. (40)

Huerta, al final, decidió dejar con vida a Ángeles. Tal vez para evitar cualquier disgusto con los militares federales, tal vez por identidad de clase o de raza..., no hay documento al respecto. Tal vez por lo mismo dejó libres a los del Estado Mayor Presidencial que estaban en Palacio.

El 23 de febrero Huerta generó un parte oficial: al llevar a los señores Madero y Pino Suárez a la Penitenciaria, para su mayor seguridad; fueron atacados por un grupo armado, que pretendían liberarlos; durante la balacera resultaron muertos ambos prisioneros y uno de los agresores. La voz del pueblo decía que habían sido apuñalados y muertos en Palacio y que la balacera en la Penitenciaría fue para engañar y cerrar el círculo. El sitio exacto donde fueron inmolados (Palacio Nacional, Escuela de Tiro, Penitenciaria) se desconoce con certeza. Varios años después, Cárdenas señaló que Félix Díaz participó a través de Cecilio Ocón, quien puso a su disposición los automóviles utilizados para el traslado de Palacio a la Penitenciaría y capitaneaba a los supuestos asaltantes. El parte oficial lo firmó León de la Barra. El acta de defunción de Madero señalaba dos disparos en el cráneo, el de Pino Suárez, tres. Alguien puso unas piedras en el sitio donde cayeron los cuerpos, con ello inicia el culto a Madero. (16, 59, 76 y 84)

El reporte de la autopsia señala: 1.58 mts. de altura[97], rostro con gesto de suprema energía, como liberado, hipertrofia cardiaca izquierda (tal vez por Hipertensión Arterial), cuatro escoriaciones sobre la frente, dos disparos en la nuca, por la espalda, destrozando bulbo y cerebelo. Los disparos de atrás a adelante y de afuera hacia dentro y de derecha a izquierda. Ambos proyectiles se retiraron de la silla turca. (42)

Durante esos días los fotógrafos eternizaron posiciones, armamento, destrozos, muertos.... varios trabajos postales muestran la secuencia fotográfica de los acontecimientos. Sin embargo, no hay fotografía de los cuerpos sin vida de Madero y Pino Suárez. Hay

97 *Taibo II asegura que medía 1,48 mts., pero la filiación de la orden de arresto de San Luis Potosí señala 1.63 mts. (un raro caso de encogimiento corporal en 3 años)

fotografías de las piedras colocadas por el pueblo donde fueron muertos y de sus ropas, pero no de sus cuerpos. Sara y María conservaron las últimas ropas que vistieron Madero y Pino Suárez. Catalina el ojo de porcelana de Gustavo. (40 y 80)

Cuándo y cómo decidieron los cuatro generales golpistas la muerte de Madero no se sabe. Aunque Cárdenas dio al menos 4 versiones diferentes, no existe un documento al respecto. Paco Ignacio Taibo II asegura que no hubiera sucedido si los cuatro no estuvieran de acuerdo. Ninguno de ellos hizo nunca ninguna declaración al respecto. Al parecer fue Huerta quien decidió salvar la vida de Ángeles. No está claro por qué no utilizaron autos oficiales o del ejército o de la policía. Tal vez los mataron por temor a que los maderistas se reencontraran con su caudillo y tomaran las armas nuevamente. Tal vez pensaban acabar con el maderismo y la democracia. Tal vez era la jugada maestra para lograr el reconocimiento de las potencias mundiales. Al momento del martirio, Huerta y Díaz estaban en una recepción en la Embajada de Estados Unidos por el nacimiento de George Washington, en donde permanecieron hasta después de los asesinatos.

Al parecer fue Blanquet quien propuso la muerte, Mondragón lo apoyó y De la Barra sólo murmuró: que se haga la voluntad de Dios...(59)

Taracena, varios años después, señala que Blanquet sugirió el traslado de los prisioneros a la Penitenciaría para simular un asalto en el trayecto, encabezando a los asaltantes Cecilio Ocón. Junto con el Mayor de Rurales Francisco Cárdenas, se presentó ante Ocón, Mondragón y Félix Díaz en el Ministerio de Guerra. Convencieron a Cárdenas de la necesidad del crimen, que Blanquet atribuía al Consejo de Ministros. Cárdenas pidió recibir la orden directamente de Huerta y se le condujo ante él, quien le habló de ser de los pocos hombres de su confianza. Cárdenas mataría a Madero y Rafael Pimienta a Pino Suárez. Cárdenas, junto con Pimienta, se dirigió a la casa de Ignacio de la Torre y Mier, en busca de los dos autos. Blanquet ordenó a Joaquín Chicarro (Jefe de las Residencias Presidenciales) y a Cárdenas, que fueran por Madero y Pino Suárez. Los prisioneros dormían, se vistieron apresuradamente y se despidieron de Ángeles, Madero con un abrazo y Pino Suárez le dijo desde el patio "Adiós, mi general". Madero y Cárdenas subieron a uno de los autos y Pino Suárez y Pimienta al otro. Los autos salen de Palacio, por Moneda, doblan en Ferrocarril de Cintura y se dirigen a Lecumberri. Madero va en el primer carro. Frente a la Penitenciaría, no encontrando a los "asaltantes", Cárdenas bajó a inquirir qué pasaba; se le dijo que Ocón y los suyos esperaban en el costado sur del edificio, allí Cárdenas bajó a Madero y rápidamente le disparó un tiro en la cabeza, mientras Pimienta hería a Pino Suárez, quien trató de huir[98]. Al oír los disparos contra Madero, Pino Suárez intenta escapar, pero tropieza. Es herido por Pimienta y lo mata Cárdenas, quien tuvo mejor puntería. Se remató a las dos víctimas. Los cadáveres fueron envueltos en cobertores y se les enterró en uno de los patios de la Penitenciaría. Más tarde se ordenó que fueran exhumados y lavados; el doctor Villanueva realizó la autopsia. (64 y 72)

El informe de la Embajada británica a su país señala, que ambos (Madero y Pino Suárez) viajaban en el mismo vehículo. Madero fue muerte al descender del auto y a Pino Suárez lo fusilaron en el muro de la penitenciaría. (41)

Márquez Sterling recibió un anónimo que señalaba que Madero y Pino Suárez fueron matados a bayoneta en el polígono de la Escuela de Tiro de Lecumberri y después llevados a la penitenciaría, donde se fingió el asalto de los partidarios y la respuesta de los oficiales. (52 y 59)

Ese 22 de febrero, por la noche, después de la celebración del nacimiento de Washington, tuvieron una larga conferencia, a puerta cerrada, Wilson y Huerta. Más tarde, esa noche murieron Madero y Pino Suárez. Luis García Pimentel, presidente del Partido Católico, días más tarde aseguró al embajador Hevia haber participado en la decisión de no dejar vivo a Madero. (48)

La esposa de Madero pide al embajador de Cuba le consiga el cadáver y permiso para enterrarlo en San Pedro de las Colonias. Márquez Sterling escribe a Wilson, solicitando su intervención con Huerta. De la Barra hizo de intermediario ante Huerta. Curiosamente se permitió a la viuda acudir a la Penitenciaría a las 2 de la tarde, lo que finalmente decidió no hacer. El periódico vespertino de las dos de la tarde señalaba que Sara Pérez se había suicidado ante el cadáver de su esposo. (16)

Durante la prisión de Madero, sus familiares se refugiaron en la embajada japonesa, Manuel Márquez Sterling, embajador de Cuba, hacía las gestiones para asegurar sus vidas y su libertad. (9, 16 y 59)

Ángela Madero y Sara Pérez pidieron apoyo al embajador japonés para recuperar el cuerpo. Finalmente fue Macario Pérez, hermano de Sara, quien acudió a Lecumberri a reclamar el cuerpo. (40)

El gabinete de Victoriano Huerta se oficializó desde el 21 de febrero, el 23 recibió la versión oficial del asesinato, tal vez tuvieron dudas, pero no renunciaron, con lo que se solidarizaron con Victoriano

98 *Pino Suárez llevaba 300 pesos escondidos en un calcetín (77)

Huerta. El gobierno inglés se negó a reconocer a Victoriano Huerta, porque lo consideraba partícipe del asesinato. (8)

Hasta el 24 de febrero entregaron los cuerpos de Madero y Pino Suárez. Los cadáveres fueron embalsamados y se les dio sepultura en los Panteones Francés y Español, respectivamente. La agencia Tepeyac, parte de la funeraria Gayosso, se encargó de transportar el cuerpo de Madero al Panteón Francés de la Piedad de la Ciudad de México. Rogelio Fernández Güel y José Antonio Garro se encargaron del entierro[99]. Manos piadosas arrojaron flores sobre los féretros al salir de la Penitenciaría. Garro tuvo miedo de Victoriano Huerta y escapó a España, el padre de Elena Garro compartía con Madero sus creencias espiritistas. Antonio Caso cargó el féretro. Múltiples coronas de flores acompañaron el cortejo. La misa de cuerpo presente la ofició un sacerdote español de la Iglesia del Sagrado Corazón. En 1960 el cuerpo de Madero fue removido del Panteón y llevado a una de las columnas del Monumento a la Revolución. (40,41, 64, 72 y **97)**

Los asesinatos de Madero y Pino Suárez constituyeron el primer acto de gobierno de Victoriano Huerta, por la vía de Aureliano Blanquet y los sicarios Francisco Cárdenas[100] y Rafael Pimienta, aunque algunos señalan al Gabinete huertista coautor de esos crímenes, lo más probable es que a Huerta le pareció más efectivo hacerlos desaparecer que encarcelarlos y juzgarlos, como solicitaba su gabinete de intelectuales. (11)

Velasco en Veracruz le había señalado a Huerta que no lo reconocía como presidente, que el presidente era Madero. Tal vez Huerta tuvo temor que al llegar a Veracruz Madero se hiciera fuerte y con las tropas de Velasco iniciara un recorrido para reconquistar Palacio Nacional. Huerta había ofrecido respetar la vida de Madero, pero la actitud de Velasco debe haberlo hecho reflexionar.

De lo primero que hizo Huerta fue nombrar General de División a Mondragón y a Félix Díaz lo reinstaló en el ejército. Félix Díaz se deslindó de la muerte de Madero e insistió en considerar a Huerta como presidente provisional. Para el 23 de marzo, Blanquet ya era General de Brigada y Maass Brigadier. (15)

Desde el 26 de febrero, el Gobierno intenta obtener la conformidad de los Estados, logra acuerdo con la mayoría, Coahuila, Aguascalientes y Sonora deciden no aceptar. Carranza regresó a Saltillo e intentan

99 *El caballo favorito de Madero, *Destinado*, fue vendido para pagar el entierro, porque la funeraria no quiso dar crédito.. (81)

100 +Cárdenas tenía 15 años como rural, siempre reconocido como porfirista. Un día antes del asesinato de Madero había pedido pasar de los rurales al ejército federal. Tal vez por eso su nombre estaba en la mente de varios. (72)

convencerlo. De Tamaulipas llegaron a la ciudad de México algunas fuerzas, creyendo que podían hacerse del poder, sin conseguirlo. En Morelos siguen los zapatistas en armas y se tomarán medidas para dominarlos. Ernesto Madero y Francisco Madero padre se embarcaron para La Habana con el Ministro de Cuba en un barco de Guerra cubano. Tanto el gobierno como la gente de Félix Díaz se mantienen muy activos y con la opinión pública a su favor. Se espera la llegada de De la Fuente, Pascual Orozco y Emilio Vázquez Gómez.[101] (58)

Sabemos que el destino tiene su propio camino, pero en muchas ocasiones hay evidencia de que podemos decidir cómo caminarlo, en esta tragedia parece existir una decisión no tomada: ¿por qué Madero no pidió a Pino Suarez que se moviera de Palacio, para garantizar la persistencia del gobierno? ¿Por qué mantenerse cercanos y en riesgo? Separarse hubiera permitido, a la muerte de Madero, que Pino Suarez accediera a la presidencia, de hecho, la separación hubiera impedido la muerte de ambos, porque asesinar sólo a uno no permitiría a Huerta tomar el poder. Pino Suárez se acerca voluntariamente a Madero en cuanto se entera del cuartelazo, pero una vez resuelto y ante la duda en la lealtad de Victoriano Huerta, ¿no sonaba lógico, tanto del punto de vista humano como político e incluso estratégico, separar a ambos y colocarlos en lugar seguro? ¿No pudo Madero moverse a Querétaro o a San Luis Potosí? ¿Pino Suárez no podía moverse a Yucatán o Campeche? Alejandro Rosas habla de soberbia de Madero[102], era un predestinado, era el "bueno" de la historia, pero nadie del Gabinete, ni siquiera su hermano Gustavo, ¡tenían la visión estratégica adecuada!

Al parecer Pino Suárez había solicitado su remoción como Vicepresidente con fecha 10 de febrero, ¿por qué no insistió? ¡Muchos le pidieron su renuncia en esos días! Pino Suárez no hubiera muerto.

Gustavo Madero debía estar en Japón con una misión comercial, viaje que canceló ante los rumores de un cuartelazo. De haber estado en Japón, no hubiera muerto tampoco...

---

101 *Inmediatamente después que tomó el poder, Huerta se dirigió a los gobiernos con los que México sostenía relaciones para informar sobre su acceso al poder y obtener su reconocimiento, lo mismo hizo con los gobernadores de los estados. También se emitió una ley de amnistía. Desde el 19 de febrero Venustiano Carranza rechazó la legitimidad del nombramiento presidencial de Huerta. La legislatura local lo apoyó y le otorgó poderes militares para restablecer el orden legal. El 5 de marzo, la legislatura de Sonora aprobó un decreto en el que desconocía al gobierno federal. Para evitar que secundaran a Carranza, desde fines de febrero Huerta empezó a sustituir gobernadores; otros gobernadores maderistas fueron reconociendo uno a uno a Huerta. El levantamiento constitucionalista se formaliza el 26 de marzo con la firma del Plan de Guadalupe. (58)

102 +Alejandro Rosas: **de Madero a Obregón**, https://youtu.be/u2duABXj1PQ, **(98)**

En la tragedia de febrero de 1913 hubo cuatro mártires: Francisco I. Madero, José María Pino Suárez, Gustavo A. Madero y Adolfo Bassó. Los tres primeros políticos y Bassó un marino leal a Madero.

En ese México de 1913, donde todo mundo se conocía, se contaba que unos cuantos años antes, Victoriano Huerta vivía en Monterrey a la sombra del General Bernardo Reyes, quien acostumbraba recibir en su casa a Gustavo Madero, para tomar la copa... (76)

La conspiración se había fraguado en La Habana en octubre de 1912, al reunirse Manuel Mondragón, Gregorio Ruiz y Cecilio Ocón, donde el hombre fuerte era Mondragón, reconocido artillero porfirista. El plan era sencillo: dar un golpe militar en la Ciudad de México, liberar a Bernardo Reyes y a Félix Díaz; todos amalgamados por su antimaderismo. Ya en la Ciudad de México se les adhirieron Rodolfo Reyes, Samuel Espinoza de los Monteros, Fidencio Hernández, los generales Servín y Velázquez y muchos coroneles y mayores. Rodolfo Reyes, hijo de Bernardo y abogado de Díaz, hizo de enlace entre los prisioneros. Ocón y Mondragón trataron de involucrar a Victoriano Huerta, a través de Aureliano Urrutia, pero Huerta los rechazó. Recibieron apoyo financiero de William Buckley y de Weetman Pearson. De manera independiente un grupo de capitanes anduvo conspirando y buscando un general que tomara el mando, incluso se entrevistaron con Huerta, finalmente se sumaron al grupo de los generales. El periodista Ramírez Garrido se enteró de la conspiración a fines de enero y la denunció en el periódico *Defensa del Pueblo*, pero ni el secretario de guerra ni el de gobernación, ni la presidencia hicieron alguna investigación. (76)

Los conspiradores se reunían en Tacubaya en la casa de Mondragón, en el Hotel Majestic del Zócalo y en la casa de Rodolfo Reyes, precisando las actividades necesarias. Bernardo Reyes le había dictado a su hijo Rodolfo la proclama que haría al tomar posesión de Palacio Nacional. La fecha pactada era la noche del 8 de febrero de 1913. A Juan Sánchez Azcona, secretario particular del presidente Madero llegaron a informarle de la existencia del golpe. López Figueroa, el jefe de la policía desmentía los rumores, pero Lauro del Villar confesó a Sánchez Azcona que creía que algo se tramaba. Del Villar buscó apoyo con el ministro de Guerra para atraer a la ciudad algunos regimientos cercanos, mientras Madero minimizaba los rumores. (76)

El Hotel Majestic, propiedad de Cecilio Ocón, estaba y está en lo que hoy es la calle Francisco I. Madero número 73, en el centro histórico de la Ciudad de México. A Ocón el maderismo le expropió propiedades por valor de un millón de pesos, que quería recuperar. (75)

La noche del Cuartelazo la policía observó inusitado movimiento afuera del cuartel de artillería de Tacubaya, con mucho movimiento de civiles y militares. López Figueroa se lo comunicó a Madero. En Tlalpan, donde estaba la Escuela de Aspirantes, la mayoría de los oficiales eran parte del complot, habían narcotizado al director. Huerta que sabe lo que se trama, acude con el Ministro de Gobernación para solicitar mando de tropas, pero se rechaza su petición. (76)

X. El pacto de la embajada

Una vez presos Madero y Pino Suárez, bajo la sombra protectora de Henry Lane Wilson, se reunieron Félix Díaz y Victoriano Huerta, en la Embajada de Estados Unidos, para convenir un pacto que permitiera a la ciudad recuperar la calma, que facilitara la administración pública y que generara la estructura de poder adecuada, que sustituyera a los depuestos y obligados a renunciar. Se llama oficialmente el Pacto de la Ciudadela y fue firmado en la Embajada estadunidense, por lo que la Historia de México lo conoce como el Pacto de la Embajada.

Gracias al Pacto de la Embajada, Victoriano Huerta y Félix Díaz se comprometían a:

1. El desconocimiento del gobierno legítimo de Francisco I. Madero, e impedir que Madero siguiera en el poder.
2. Díaz y Huerta compartirían por 72 horas y de manera provisional el Poder Ejecutivo.
3. Se definirá un Gabinete responsable, integrado por reyistas y felicistas.
4. Félix Díaz no sería parte del gabinete, porque contenderá por la presidencia en las próximas elecciones.
5. Se notificará a los representantes extranjeros del cese de Francisco I. Madero como presidente, para que informen a sus gobiernos y se garantizarán los derechos de sus connacionales.
6. Se da por terminada la lucha armada. (30)

El Pacto de la embajada (o de la Ciudadela) firmado por Félix Díaz y Victoriano Huerta el 18 de febrero de 1913, es el documento por el cual las fuerzas armadas levantadas contra Francisco I. Madero se pusieron de acuerdo con el Jefe Militar de la Plaza, comprometiéndose a derrocar al gobierno legítimo mexicano, en provecho de miras personales y de los grupos que les ofrecían apoyo, donde ocupa un lugar especial la representación diplomática estadunidense. Fue negociado luego de la toma del Edificio de la Ciudadela, en Ciudad de México, y se firmó en la sede de la Embajada de los Estados Unidos en México, por lo que recibe dicho nombre. Contó con la colaboración intervencionista, del todo ajena a sus funciones, del embajador Henry Lane Wilson. En dicha embajada se realizaron las pláticas y se concertó el acuerdo.

En esa misma ocasión, también se estableció que el gabinete provisional estaría integrado por Francisco León de la Barra, Toribio Esquivel Obregón, Manuel Mondragón, Alberto García Granados, Rodolfo Reyes y Jorge Vera Estañol. (99 y 100)

El pacto señala que Huerta, por ser insostenible la situación y para evitar más derramamiento de sangre, ha hecho prisionero a Francisco I. Madero, a su gabinete y a algunas otras personas y que externa al General Díaz que fraternicen y, todos unidos, salven la angustiosa situación. El General Díaz señala que su movimiento sólo deseaba el bienestar nacional y el beneficio de la Patria. (15)

Al parecer el pacto inicial consideraba exiliar a Madero del país, pero eso no consta en el documento final.

Henry Lane Wilson reunió al Cuerpo Diplomático en su Embajada. Allí expresó que los planes para la prisión de Madero los sabía desde hacía tres días y que debió haber ocurrido en la madrugada, no al mediodía. Agregó que a Madero lo internarían en un manicomio, que era donde siempre debió haber estado. En tanto, Huerta y Díaz, conferenciaban en un salón privado y firmaban el Pacto de la Embajada, que decidieron llamarlo de la Ciudadela. (69)

Cuando terminó la reunión Díaz-Huerta-Wilson salieron a saludar a los embajadores de Chile, Brasil y Cuba, que estaban en la Embajada de Estados Unidos, esperando saber lo que se había acordado. Márquez Sterling refiere: "Díaz, de civil, nos dio la mano con frialdad, su mirada triste caía sobre la alfombra, revelaba ansiedad íntima, desconfianza, incertidumbre, presentimiento. Huerta, en traje de campaña, mostraba la actitud del fuerte, nos oprimió las manos y, a través de sus lentes azules, observamos las llamaradas de sus ojos. Estaban Fidencio Hernández, Rodolfo Reyes, Joaquín Maass, Enrique Cepeda y el senador Obregón. Rodolfo Reyes leyó el documento, Félix Díaz y Huerta se abrazaron. Huerta se fue, Díaz se quedó con Wilson". (16)

El comunicado dado a los embajadores señala que una vez hecho prisionero Madero, en la Ciudad de México, a las nueve y media de la noche del día dieciocho de febrero de mil novecientos trece, reunidos los señores generales Félix Díaz y Victoriano Huerta en la embajada de Estados Unidos[103] y después de 30 minutos de discusiones, asistidos el primero por los licenciados Fidencio Hernández y Rodolfo Reyes, y el segundo por los señores teniente coronel Joaquín Maass y el ingeniero Enrique Cepeda, expuso el señor general Huerta que, en virtud de ser insostenible la situación por parte del Gobierno del señor Madero, para evitar más derramamiento de sangre y por sentimiento de fraternidad nacional, ha hecho prisionero a dicho señor, a su Gabinete y a algunas otras personas; que desea expresar al señor Díaz sus buenos deseos para que los elementos por él representados fraternicen y todos unidos salven la angustiosa situación actual. El señor general Félix Díaz expresó que su movimiento no ha tenido más objeto que lograr el bien nacional y que, en tal virtud, está dispuesto a cualquier sacrificio que redunde en beneficio de la Patria. (16, 66 y 100)

Después de las discusiones del caso, entre todos los presentes arriba señalados se convino en lo siguiente:

Primero. Desde este momento se da por inexistente y desconocido el Poder Ejecutivo que funcionaba, comprometiéndose los elementos representados por los generales Díaz y Huerta a impedir por todos los medios cualquier intento para el restablecimiento de dicho Poder.

Segundo. A la mayor brevedad se procurará solucionar en los mejores términos legales posibles la situación existente, y los señores generales Díaz y Huerta pondrán todos sus empeños a efecto de que el segundo asuma antes de setenta y dos horas la presidencia provisional de la República con el siguiente Gabinete:

Relaciones: Licenciado Francisco León de la Barra.

Hacienda: Licenciado Toribio Esquivel Obregón.

Guerra y Marina: General Manuel Mondragón

Fomento: Ingeniero Alberto Robles Gil

Gobernación: Ingeniero Alberto García Granados

Justicia: Licenciado Rodolfo Reyes Ochoa

Instrucción Pública y Bellas Artes: Licenciado Jorge Vera Estañol

---

103 *En Puebla e Insurgentes se localizaba la embajada de Estados Unidos, en la colonia Roma. (47)

Comunicaciones: Ingeniero David de la Fuente[104]

Distrito Federal: General Alberto Yarza Gutiérrez

Policía: Coronel Celso Acosta (29, 100 y 101)

Será creado un nuevo Ministerio, que se encargará de resolver la cuestión agraria y ramos anexos, denominándose de Agricultura y encargándose de la cartera respectiva el licenciado Manuel Garza Aldape. Las modificaciones que por cualquier causa se acuerdan en este proyecto de Gabinete deberán resolverse en la misma forma en que se ha resuelto éste.

Tercero. Entretanto se soluciona y resuelve la situación legal, quedan encargados de todos los elementos y autoridades de todo género, cuyo ejercicio sea requerido para dar garantías, los señores generales Huerta y Díaz.

Cuarto. El señor general Félix Díaz declina el ofrecimiento de formar parte del Gabinete provisional, en caso de que asuma la presidencia provisional el señor general Huerta, para quedar en libertad de emprender sus trabajos en el sentido de sus compromisos con su partido en la próxima elección, propósito que desea expresar claramente y del que quedan bien entendidos los firmantes.

Quinto. Inmediatamente se hará la notificación oficial a los representantes extranjeros, limitándola a expresarles que ha cesado el Poder Ejecutivo; que se procede a su sustitución legal; que, entretanto, quedan con toda la autoridad del mismo los señores generales Díaz y Huerta, y que se otorgarán todas las garantías procedentes a sus respectivos nacionales.

Sexto. Desde luego, se invitará a todos los revolucionarios a cesar en sus movimientos hostiles, procurando los arreglos respectivos.

El general Victoriano Huerta. El general Félix Díaz. (100)

Bajo la protección del embajador estadunidense y dentro del edificio de su Embajada, convinieron el rebelde Díaz y el traidor Huerta en dar formalidad a la destrucción del Poder Ejecutivo electo constitucionalmente. Díaz y Huerta empeñaron sus esfuerzos para dar validez legal al crimen que se había llevado a cabo. Los documentos originales del pacto quedaron registrados por Lane Wilson en los archivos de la embajada, señalando, inequívocamente, quién había sido el árbitro de la contienda. Para legitimizar el acto, era indispensable liberar a los ministros de Madero. (11)

104 *David de la Fuente era un vazquezgomista en el destierro. (11)

El General Huerta mandó un telegrama a los gobernadores: "Por disposición del Senado he asumido el Poder Ejecutivo, hallándose presos el Presidente de la República y su Gabinete." (16)

A pesar de que Victoriano Huerta había mostrado efectividad a la hora de contener los diversos alzamientos que debió enfrentar Madero, modificó sus lealtades aliándose con los rebeldes dirigidos por Félix Díaz. Gustavo Madero descubrió esta situación e intentó poner sobre aviso al presidente, pero sus recomendaciones no fueron escuchadas, precisamente dados los antecedentes militares de lealtad de Huerta.

Díaz y Huerta lanzaron un manifiesto AL PUEBLO MEXICANO: "La insostenible y angustiosa situación en la capital de la República ha obligado al Ejército a unirse fraternalmente para la salvación de la Patria; las libertades y el orden quedan aseguradas bajo nuestra responsabilidad; asumimos el mando y la administración, ofreciendo que en 72 horas quedará organizada la situación legal." Febrero 18 de 1913. Félix Díaz-V. Huerta. Compartieron el poder hasta la noche del 19. (16)

La dupla Díaz-Huerta tenía 72 horas de compromiso obligatorio de conllevar el poder, Huerta requería hacer todo con rapidez legal, para eliminar a Díaz y quedarse en solitario con el poder y el mando. Huerta no podía desaprovechar esas 72 horas, enviando a Madero a Veracruz y, hasta después, iniciar el proceso formal de cambio de poder. Ignoraba los planes de Díaz, pero sabía muy bien cómo aprovechar su oportunidad.

La falta de comunicaciones desde la capital mexicana durante toda la *Decena Trágica*, propició que Henry Lane Wilson se convirtiera en el único informante que tenía Washington. Pidió a su gobierno, "en interés de la humanidad y por obligaciones políticas", que mandara instrucciones "de carácter firme, drástico y quizá amenazador" para ser transmitidas al gobierno de Francisco I. Madero. Solicitó poderes para inducir un cese de hostilidades e iniciar negociaciones para "un arreglo pacífico". El secretario Knox se rehusó e insistió en que la guerra "no debe ser considerada", Wilson actuó como si le hubieran otorgado ese poder. El nacionalista y republicano gobernador de Texas, Oscar B. Colquitt, le recordó a Taft lo que parecía haber olvidado: "La obligación de Estados Unidos bajo la Doctrina Monroe es intervenir en México, para restaurar el orden y proteger vidas y propiedades". Taft mantuvo en equilibrio la amenaza mostrada por el despliegue de los barcos y la promesa de que no intentaría una acción bélica. Henry Lane Wilson decidió actuar según sus propias normas, creyendo que beneficiaría a su país y prefirió cargar la balanza hacia el miedo de intervención, no tuvo empacho alguno en amenazar a Madero. Wilson continuaba la presión a su propio gobierno para extender sus poderes, pues la situación, afirmaba, "es cada hora más aguda y peligrosa y las condiciones aquí son caóticas". Como no obtuvo respuesta, procedió a actuar por su cuenta. El Pacto de la Embajada, concertado por iniciativa de Wilson, cumplió sus designios de encumbrar a un militar elegido por él a la primera magistratura sin elecciones constitucionales, fue su gran triunfo diplomático, pero, tal vez, el peor fracaso a largo plazo de la política estadunidense hacia México. (62)

Pese al extraño comportamiento, exagerado, parcial y tendencioso del embajador Wilson, Taft lo mantuvo. Guardó silencio cuando su embajador desconoció instrucciones, cuando amenazó de intervención a México, cuando fue autor intelectual del golpe de Estado y cuando encumbró a Huerta mediante un dudoso sistema de sucesión. Wilson determinó el curso de los acontecimientos de manera inesperada e impredecible para Washington, y su diplomacia ocasionó que las relaciones bilaterales fueran delicadas por muchos años. Aunque Taft retrasó la respuesta a la petición de aceptar a Victoriano Huerta como presidente después del asesinato de Madero, obviamente por la sospechosa actitud de su representante, que lo empujaba a definirse y, por supuesto, para dejar esa responsabilidad al presidente entrante. (62)

El Pacto de la Embajada generó una encendida polémica a diversos niveles, las delegaciones de otros países no reconocieron al nuevo gobierno. El Presidente entrante de los Estados Unidos destituyó a Wilson de su condición diplomática debido a su participación en el golpe y en el asesinato de Madero; además de tampoco reconocer a Huerta como presidente.

Un pequeño grupo de senadores se arrogaron la voz del Senado mexicano, aliados con el intervencionista embajador de Estados Unidos. (11)

Henry Lane Wilson trabajó fervientemente en favor del régimen huertista, Taft abandonaba la silla presidencial sin haber intervenido militarmente a México y, en Estados Unidos, se inauguraba una nueva administración que daría un giro de ciento ochenta grados en sus relaciones internacionales. Woodrow Wilson, el nuevo presidente de Estados Unidos, no se apoyaría en la "infantería del comercio". Su moral calvinista y su enfoque del Destino Manifiesto, serían los resortes de la nueva administración, con una política misional, regeneradora, más parecida a una cruzada reconstructiva por la libertad y la democracia. (62)

XI. Las renuncias

Renuncia de Madero y Pino Suárez

"Ciudadanos secretarios de la Honorable Cámara de Diputados: en vista de los acontecimientos que se han desarrollado de ayer acá en la Nación y para mayor tranquilidad de Ella, hacemos formal renuncia de nuestros cargos de Presidente y Vicepresidente, respectivamente, para los que fuimos elegidos. Protestamos lo necesario". México 19 de febrero de 1913. Francisco I. Madero- José M. Pino Suárez. (16 y 93)

Madero renuncia, suponiendo que eso salvaba la vida de sus familiares. (40)

Votaron en contra Alarcón, Escudero, Hurtado, Espinoza, Méndez, Morales, Navarro, Ortega y Rojas.

RENUNCIA DE LASCURÁIN

"Honrado por el Sr. Presidente de la República, Don Francisco I. Madero, con el cargo de Secretario de Estado y del despacho de Relaciones Exteriores, procuré servir a mi patria poniendo el humilde contingente de mi lealtad y de mi honradez. Los acontecimientos a que asistimos, me han colocado en el caso de facilitar los medios para que dentro de la ley se resuelva una situación que de otro modo acabaría con la existencia nacional. He aceptado con toda conciencia ese papel, ya que, de rehusarme, hubiera cooperado a futuras desgracias. La Historia resolverá serenamente sobre mi actitud: estimo demostrar con ella mi lealtad a quien me honró con su confianza y mi amor a mi patria. Estas consideraciones me hacen dimitir del puesto de Presidente de la República, que por ministerio de la ley he desempeñado por unos momentos, después de haber nombrado Secretario de Estado y del despacho de Gobernación al Sr. General Victoriano Huerta. Ruego a ustedes, señores secretarios se sirvan dar cuenta a la Honorable Cámara de Diputados con esta renuncia para los efectos legales. México, febrero 19 de 1913. Pedro Lascuráin- (16)

No habiendo ni presidente ni vicepresidente, de acuerdo a la constitución del 57, el poder se transmite al Secretario de Relaciones Exteriores. Pedro Lascuráin, ya presidente, nombra a Huerta secretario de Gobernación, el siguiente en el orden a la presidencia, por lo que al renunciar Lascuráin, Victoriano Huerta es el presidente legítimo. (40)

XII. EL INFORME HALE

Es INDUDABLE que, en febrero de 1913, la administración del presidente Francisco I. Madero había llegado a ser muy impopular. El señor Madero había subido a la silla presidencial por las elecciones más honradas que hasta la fecha se han celebrado en México. Aunque es verdad que apenas un diez por ciento de la población votante se tomó la molestia de acudir a las urnas, Madero fue, virtualmente, el hombre en quien recayó la unánime elección del país. Unos pocos meses fueron suficientes para demostrar que el nuevo presidente no era capaz de realizar la tarea para la cual se le había elegido. En un país que se hallaba totalmente en ayunas acerca de lo que querían decir las palabras "libertad" y "democracia", los ideales que alentaban en su generoso pecho no podían aplicarse sino en muy escasa medida. Sus promesas de reforma social, y sobre todo de reforma agraria, no podían llevarse a efecto inmediatamente. Sus más ardientes partidarios, una vez que lo vieron en el poder, no tardaron en revelar que lo que los movía era el egoísmo. Desilusionado, pero confirmado en su creencia de haber sido llamado a cumplir una gran misión, Madero adoptó nuevos métodos: los de la represión. Hostilizó a la prensa, proscribió a sus enemigos, dio manos libres a sus generales. Pero, por su naturaleza misma, no era apto para convertirse en tirano. De pequeña estatura, de aspecto y modales poco impresionantes, sumamente nervioso, abrumado por las dificultades en que se veía metido, rodeado por hombres incompetentes, decidido a ser severo, pero obedeciendo sus instintos bondadosos en los momentos en que hubiera debido ser inflexible, Madero, al finalizar su primer año de presidencia, se hallaba en muy mala situación. Zonas vastísimas del país no estaban pacificadas todavía; de todas partes venían murmuraciones; la hacienda pública estaba exhausta, y los dueños de la situación eran un grupito de traficantes de la política, casi tan desvergonzados como los odiados "Científicos", a quienes se debió la ruina del régimen de Porfirio Díaz. En una nación de métodos políticos bien establecidos, el caso no hubiera sido muy grave: se trataría de un jefe del ejecutivo particularmente incompetente, que ha llegado al final de un desastroso primer año de gobierno. En México, era de todo punto evidente que, de no haber un rápido cambio en el estado de cosas, había que esperar una revolución popular. Pero el movimiento que estalló en la capital la noche del 8 al 9 de febrero no era, en ningún sentido, una revolución popular. Era una conspiración de oficiales del ejército, apoyada económicamente por un grupito de españoles reaccionarios, en connivencia con los "Científicos" desterrados en París y en Madrid. Comenzaron a colectarse fondos para derribar a Madero, y esto se hizo en la capital en forma casi descarada. Pero el éxito de la colecta fue muy mediano; la suma más importante de que se sirvieron los conspiradores les vino de fuera, y fue un cheque de 12,000 libras esterlinas, pagadero por el Banco de Londres y México en su sucursal de Veracruz. Este dinero se había destinado primeramente para el levantamiento de Félix Díaz, en el mes de noviembre anterior. Quienes contribuyeron con más fuertes sumas en la colecta que se hizo en México fueron el general Luis García Pimentel y don Íñigo Noriega. Noriega, a quien se suele llamar "el J.P. Morgan de México", había sido beneficiario de gran número de concesiones y monopolios otorgados por el viejo régimen, y era apoderado de Porfirio Díaz. El agente más activo de la conspiración era el general Manuel Mondragón, quien había amasado una buena fortuna en la época de Díaz como perito fraudulento en cuestiones de artillería. A él se le habían encomendado muchas compras de armas; uno de sus métodos predilectos era la ingeniosa idea de poner su nombre en nuevos "inventos", con lo cual se embolsaba una buena comisión. Mondragón compró a los oficiales (antiguos asociados suyos) y se ganó también a los cadetes de la Escuela de Aspirantes, de Tlalpan, suburbio de la ciudad de México, y fueron ellos quienes formaron el núcleo del movimiento. En la noche del 8 de febrero, cierto número de cadetes vinieron en tranvía a la ciudad. Se congregaron en la madrugada siguiente frente a la penitenciaría, y allí pidieron la libertad del general Félix Díaz, que se hallaba preso mientras se le juzgaba por el delito de rebelión. Después de una breve charla, Díaz fue soltado. En seguida se dirigieron a la cárcel militar de Santiago, donde pidieron y consiguieron la libertad del general Bernardo Reyes, prisionero que se hallaba en la misma situación que Díaz. El presidente Madero, desoyendo la opinión de sus amigos, se había negado a autorizar el fusilamiento de Reyes y de Díaz, bajo el cargo de traición, en el momento de su captura (según la costumbre que entonces prevalecía en México), e insistió en que se les sometiera a juicio conforme a la ley. Los que libertaron al general Reyes lo encontraron ya vestido con su uniforme de general del ejército mexicano, que se puso mientras esperaba que le abrieran las puertas.

Reyes montó a caballo e inmediatamente se dirigió, a la cabeza de una columna de cadetes y de soldados amotinados, hacia el Palacio Nacional, situado en el centro de la ciudad, adonde llegó poco después de las ocho de la mañana del domingo. Reyes estaba plenamente seguro de que se le recibiría bien y de que se le entregaría el Palacio, pues sabía que los oficiales encargados habían sido sobornados. Avanzó, pues, como si se tratara de un desfile militar. Pero, no se sabe por qué, algo anduvo mal en los arreglos, y los oficiales que se hallaban en el Palacio el domingo por la mañana no eran de los conjurados. Reyes recibió unos balazos y cayó de su caballo, mortalmente herido. Los hombres que lo seguían fueron desbaratados, y muchos espectadores cayeron muertos en el confuso tiroteo que hubo a continuación. El presidente Madero, que recibió aviso de estos hechos en su palacio de Chapultepec, a cinco kilómetros, se vino al centro de la ciudad, hacia las 9 de la mañana, con una pequeña escolta de jinetes. Al llegar al final de la ancha Avenida Juárez, encontró atestadas de gente las calles más estrechas; se bajó entonces del caballo y entró en un estudio fotográfico que hay frente al inconcluso Teatro Nacional, y allí telefoneó pidiendo las últimas noticias. Se le unieron en esos momentos algunos ciudadanos y oficiales, entre ellos Victoriano Huerta, general del ejército que gozaba de una licencia para curarse los ojos. Huerta estaba relegado, y a todos les constaba que se hallaba amargado porque Madero no lo había nombrado Secretario de Guerra, pues el Presidente sabía que era un borracho consuetudinario.[105] Pero ahora Huerta venía a ofrecer sus servicios a Madero. Se le aceptaron inmediatamente, y Huerta fue nombrado comandante en jefe del ejército dentro de la ciudad. Al día siguiente se le expidió el nombramiento en debida forma. El Presidente apareció en un balcón y dirigió la palabra a la muchedumbre, teniendo a Huerta a su lado. En seguida bajó y volvió a montar en su caballo, un espléndido animal que se encabritaba y piafaba en manos de los hombres que lo sujetaban; él les ordenó que lo soltaran, y, saludando a la multitud que lo aclamaba, avanzó solo, a buena distancia de su escolta, hacia el Palacio Nacional. El general Díaz había andado con mejor fortuna que Reyes. El papel de Díaz consistía en tomar posesión del arsenal o Ciudadela, en las orillas de la ciudad. Llevó a cabo su cometido sin oposición de nadie, y así se encontró dueño de un fuerte dotado de buenas defensas, provisto como estaba con las reservas de armas y municiones del Gobierno.

105 * El capitán Darr, ex oficial del ejército de los Estados Unidos, que trabajaba en México como agente de la Bethlehem Steel Company, asegura que Madero le había dicho que por esa razón no había nombrado a Huerta Ministro de Guerra, cuando él se lo contó a Huerta, este dijo: "Ya lo sabía yo". (68)

En la tarde de ese día Madero se dirigió a Cuernavaca, capital del vecino Estado de Morelos, donde el ejército luchaba contra las huestes del caudillo rebelde Zapata, y por la noche regresó con un tren cargado de armas y parque y alguna gente.

En la mañana del lunes, Madero tenía una guarnición de mil hombres en el Palacio Nacional. Durante el lunes, ninguno de los bandos hizo nada de importancia. El Presidente había telegrafiado al general Aureliano Blanquet diciéndole que viniera con los 1,200 hombres que tenía en Toluca, y le había llegado aviso de que el general se hallaba ya en camino. El martes, como a las 10 de la mañana, el Gobierno inició el bombardeo de la Ciudadela. Los rebeldes contestaron el fuego vigorosamente, y la ciudad sufrió serios perjuicios. Durante el día llegaron refuerzos del Gobierno (aunque no la gente de Blanquet), y se recibieron de Veracruz nuevas provisiones de parque. Los rebeldes no hicieron ningún intento de salir de la Ciudadela, y en ninguna parte de la ciudad hubo señales de rebeldía contra Madero. Sin embargo, el Embajador norteamericano decía a todos cuantos se presentaron ese día en la Embajada que el gobierno de Madero había caído ya prácticamente, telegrafió a Washington pidiendo facultades para obligar a los contrincantes a entablar negociaciones. En el siguiente día, martes 12 de febrero continuó el bombardeo de los dos lados. El Embajador se entrevistó con los embajadores de España y de Alemania [Bernardo Cólogan y Almirante Von Hintze] y, como se ve en su informe de ese día al Departamento de Estado, protestó "contra la continuación de las hostilidades". "El Presidente —prosigue el informe del señor Wilson — se hallaba visiblemente preocupado, y se esforzaba por determinar la responsabilidad de [Félix] Díaz". Desde el comienzo, la actitud del Embajador norteamericano para con el presidente Madero había sido de un desdén sin disimulos. Ya antes de la toma de posesión, en un banquete ofrecido por Madero en el University Club en julio de 1911, el Embajador se había dirigido públicamente al presidente electo en un tono de altanería que todavía recuerdan personas de todas clases en la ciudad. El señor Wilson se ha jactado, en una conversación conmigo, de haber informado a Washington, el día mismo de la toma de posesión de Madero, que ya era claramente visible el final. Cuando Félix Díaz se levantó en Veracruz en noviembre de 1912, el señor Wilson, que se encontraba entonces en Kansas City, dijo en una entrevista, según consta por un cable de la Prensa Asociada, que Díaz era el hombre indicado para gobernar a México. El señor Wilson declaró más tarde que no había dicho semejantes cosas en esa entrevista. A medida que transcurría la administración de Madero, el Embajador iba manifestando cada vez más abiertamente su antipatía hacia el Presidente, su hostilidad contra quienes tenían relaciones con él o con su familia, aunque fuera en un plano social, y sus predicciones de que muy pronto caería. El Embajador sostenía ahora la disparatada idea de que el Presidente, al no rendirse instantáneamente a los amotinados, era el culpable del derramamiento de sangre. Esta idea era compartida por el Embajador de España, y a ella fueron ganados también el de Inglaterra y el de Alemania. Los embajadores de España y Alemania no se encuentran ahora en México, pero he tenido el honor de hablar con el de Inglaterra, y me veo obligado a decir que jamás he encontrado a un individuo cuyo carácter esté en tan absurda contradicción con su nombre. El señor Stronge es un necio, un imbécil que tartamudea, y es el hazmerreír de toda la ciudad, cuyos vecinos no tienen otra cosa mejor para su constante diversión que los cuentos sobre el señor Stronge y el loro que todo el tiempo le sirve de compañero. El señor Wilson, en respuesta a mis preguntas, me ha dicho que si, en ésa y en otras ocasiones subsiguientes, se entrevistó únicamente con sus colegas de Inglaterra, España y Alemania (y quizá también en una ocasión con el encargado de negocios de Francia), fue porque éstos representaban los mayores intereses extranjeros en el país y porque "los demás no importaban en realidad". En otra conversación, el señor Wilson me explicó que hubiera sido difícil charlar con todos, de manera que sólo se entrevistó con quienes representaban los intereses más importantes. El hecho es que los demás no estaban de acuerdo con la política que seguía el señor Wilson. Las legaciones de Austria y del Japón, así como todos los representantes de la América Latina, en especial los del Brasil, Chile, Cuba, Guatemala y El Salvador, opinaban que el gobierno constitucional tenía la justicia de su parte al empeñarse en mantener su autoridad, y que a los diplomáticos extranjeros no les correspondía intervenir contra el gobierno constitucional en un asunto que sólo tocaba a México. Aunque el señor Wilson se empeñaba constantemente en presentar a su grupo como " el cuerpo diplomático", la verdad es que la mayoría numérica de los miembros de ese cuerpo seguían una línea de conducta totalmente opuesta, encabezados por los embajadores de Chile y de Cuba. Después de la entrevista con Madero, durante la cual los señores Wilson y Stronge y el almirante Von Hintze le expresaron al Presidente su protesta por la continuación de las hostilidades, el señor Wilson, acompañado por el señor Stronge, se dirigió a la Ciudadela[106],

106 * Quienes se entrevistaron con Madero fueron los representantes diplomáticos de España, Alemania y los Estados Unidos. El señor Wilson llevaba un documento firmado por el señor Stronge en que lo autorizaba a hablar en nombre del Embajador de Inglaterra; éste se reunió más tarde con sus colegas, cuando fueron a visitar a Félix Díaz. (68)

solicitó una entrevista con Díaz y, como dice el señor Wilson en su informe de ese día al señor Knox, pidió "que el fuego se limitara a una zona determinada". Así, pues, el Embajador había llegado a tal extremo, que reprendía al gobierno legítimo como si fuera un rebelde, y trataba a los amotinados como si fueran el Gobierno de hecho y de derecho. Durante el miércoles y el jueves, días 13 y 14, prosiguió la batalla; las posiciones relativas de los combatientes siguieron sin ningún cambio, pero aumentó la angustia en las partes de la ciudad a donde llegaba el tiroteo. El Embajador le dijo al señor Lascuráin, primer ministro de Madero y su secretario de Relaciones Exteriores, que Madero debía renunciar.

Según se lee en el informe enviado al secretario Knox, las palabras de Wilson fueron éstas: "La opinión pública, así mexicana como extranjera, hace responsable de estas condiciones al Gobierno federal"[107]. El jueves 14 (aunque es posible que esto haya sido el miércoles 13), el cónsul general de los Estados Unidos en México, señor Arnold Shanklin, que había tenido que escapar del consulado a causa del fuego de artillería y proseguía entonces heroicamente su tarea en la Embajada, se hallaba trabajando en el patio que hay a la entrada de la Embajada, cuando oyó que lo llamaba un individuo conocido suyo y relacionado con el general Huerta, el cual venía a pedirle el favor de que lo presentara con el Embajador. Le dijo: "Traigo un recado de parte del General; creo que sería posible hacer que él y Díaz llegaran a un entendimiento, si el Embajador cree que es ésta una buena idea. Quiero verlo y presentarle el plan que traigo."

El mensajero prosiguió diciendo que, en realidad, no era necesario que el Embajador se dejara ver, y que las partes interesadas se considerarían satisfechas con que el señor Wilson autorizara al señor Shanklin a llevar a cabo cualquier clase de negociaciones y a representarlo en todo lo demás.

Lo que deseaban era un entendimiento con el Embajador, sin comprometerlo en ninguna responsabilidad delicada. El señor Shanklin contestó que, por lo que a él se refería, no quería tener la menor participación en semejante plan; añadió sin embargo que, si el mensajero insistía, se haría cargo de su petición y trataría de conseguirle una entrevista con el señor Wilson; el Embajador podría

107 * El telegrama enviado por el embajador Wilson el 14 de febrero dice: "Traté de hacerle comprender (a Lascuráin) el hecho de que la opinión pública, así mexicana como extranjera, estaba haciendo responsable de estas condiciones al Gobierno Federal, y le insté a tomar inmediatamente las medidas necesarias para llevar a cabo una discusión entre los dos bandos contendientes... Él (Lascuráin) está profundamente impresionado con la actitud de nuestro Gobierno, pues la juzga amenazadora, y confidencialmente me dijo que, en su opinión, el Presidente debía presentar su renuncia." (68)

ocuparse personalmente del asunto. En consecuencia, el Cónsul general se retiró y dio cuenta al Embajador de cómo el mensajero solicitaba una entrevista con él, diciéndole expresamente la naturaleza del recado que traía, esto es, que deseaba someter a la consideración del Embajador un plan de entendimiento entre el principal de los generales del Presidente y el caudillo rebelde. El señor Shanklin explicó que él se había negado a tener la menor participación en el asunto, pero que le había parecido que su deber era dar cuenta de todo al Embajador. "Hágalo entrar —dijo el señor Wilson—, pues quiero hablar con él." El señor Shanklin fue a traer al mensajero, lo hizo entrar, y se retiró. El viernes, día 15, el Embajador mandó decir a los representantes de Inglaterra, Alemania y España que solicitaba su presencia en la Embajada. No invitó a los demás miembros del cuerpo diplomático. En su informe al señor Knox dice: " La opinión de mis colegas, aquí reunidos, fue unánime." Al embajador de España se le encomendó la misión de presentarse en el Palacio Nacional para dar a conocer al Presidente esa opinión unánime, a saber: que debía renunciar a su puesto. El señor Madero contestó al Embajador de España diciendo que a los diplomáticos acreditados ante una nación no les reconocía el derecho de inmiscuirse en sus asuntos internos. Llamó la atención sobre un hecho que, según dijo, temía que varios de los diplomáticos hubieran perdido de vista, por alguna extraña razón, a saber: que él era el Presidente constitucional de México. Declaró, además, que su renuncia hundiría al país en el caos político y añadió que sus enemigos podrían matarlo, pero no obligarlo a renunciar. Ese mismo día, más tarde, el señor Wilson se presentó en el Palacio, acompañado por el embajador de Alemania. Su objeto, según dice, era "conversar con el general Huerta". Pero, sigue diciendo, "a nuestra llegada [al Palacio], se nos llevó, con gran desconcierto nuestro, a ver al Presidente", con todo, también se hizo venir a Huerta, y se convino en pactar un armisticio. Al regresar a la Embajada, el Embajador envió al agregado militar a la Ciudadela para obtener, como obtuvo en efecto, el consentimiento de Díaz para el armisticio, que se efectuaría el domingo.

El domingo llegó el general Blanquet, con uno o dos regimientos. Había tardado una semana en hacer un recorrido de sesenta kilómetros, y desde luego se vio que no iba a tomar parte en la contienda. Blanquet estaba traicionando al Presidente. Lo mismo estaba haciendo el hombre a quien el Presidente había nombrado comandante en jefe: Huerta. Huerta había estado en comunicación con el señor Wilson por intermedio de un mensajero confidencial, y de esa manera se había llegado a un acuerdo. Durante el armisticio (pactado, según se dijo oficialmente, para enterrar los cadáveres y para trasladar a los no combatientes a lugares alejados de la zona peligrosa), se ultimaron los detalles de la traición que se estaba tramando, y antes de terminar ese día Huerta mandó un recado al embajador Wilson diciéndole que todo marchaba en forma satisfactoria. En el informe enviado esa noche [del domingo 16 de febrero] por el señor Wilson al Departamento de Estado había estas eufemistas palabras: "Huerta había enviado un mensajero especial a decirme que esta noche esperaba tomar las medidas necesarias para poner fin a la situación." Por alguna causa, la intriga no pudo llevarse a efecto esa noche. Pero el mensajero regresa en la mañana siguiente. Esta vez, el señor Wilson abre un poco más su conciencia en su informe al señor Knox: "Huerta ha enviado su mensajero para decirme que puedo tener confianza en que se darán algunos pasos para expulsar a Madero del poder en cualquier momento, y que los planes se han madurado perfectamente... Yo no hice ninguna pregunta ni expresé ningún comentario; sólo pedí que no se sacrificara la vida de nadie, excepto por el debido proceso legal."[108]

Esa noche el Embajador dijo, por lo menos a un periodista, que Madero sería arrestado al día siguiente, a mediodía. A la hora indicada se hallaban varios reporteros en el Palacio Nacional, y por lo menos uno de ellos llevaba ya sus mensajes escritos por anticipado, y listos para ser terminados rápidamente. Pero sufrieron una decepción, pues nada ocurrió a mediodía en el Palacio. Sin embargo, a esa hora fue detenido el hermano del Presidente, Gustavo Madero, en el restaurant Gambrinus, donde acababa de almorzar en compañía de Huerta y de algunos otros señores, los cuales, al terminar la comida, se apoderaron de él y lo hicieron prisionero. El plan de apoderarse de la persona del Presidente se demoró sólo una hora, aproximadamente. A las 2 de la tarde, el señor Wilson tenía la satisfacción de telegrafiar al Departamento de Estado: "Acaba de venir mi mensajero confidencial ante Huerta", a dar cuenta del arresto de Madero.[109]

Wilson informa que el martes anterior, esto es, el primer día de la batalla [martes 11], él y Zepeda arreglaron la manera de que Huerta y Díaz se entrevistaran en una casa vacía, en algún punto de la ciudad. De ser cierto esto, resultaría que todo el bombardeo no fue sino una patraña muy bien urdida, y que durante todo ese tiempo los generales

108 *Wilson dice en su despacho: "El general Huerta acaba de enviar su mensajero otra vez para decirme que puedo tener la seguridad de que se darán algunos pasos para expulsar a Madero del poder en cualquier momento, y que los planes se han madurado perfectamente; dice que la dilación se debe al deseo de evitar toda violencia o derramamiento de sangre. (68)

109 + El mensajero confidencial entre Huerta y Henry Lane Wilson, figura anónima que aparece misteriosamente en los informes de Wilson, era Enrique Cepeda, un individuo de mala fama, hijo natural de Victoriano Huerta, casado con la hijastra de un norteamericano (E. J. Pettegrew). (68)

se hallaban en mutuo entendimiento. Muchos otros detalles apuntan hacia esa conclusión. Así, pues, en caso de ser verdad lo que cuenta Wilson, parecería ser que, cuando Zepeda solicitó los buenos oficios del señor Wilson para hacer que los dos generales celebraran su entrevista, no fue porque esta intervención fuera necesaria, sino porque los conspiradores deseaban que el Embajador se quedara con la creencia de estar "resolviendo la situación" y porque querían asegurarse su promesa de que Washington otorgaría el reconocimiento al gobierno que estaban planeando constituir. Sin embargo, como no puedo esclarecer plenamente este particular, prescindo por completo de él en lo que a continuación voy a referir.

Cuando Zepeda se presentó en la Embajada el día 18 a las 2 de la tarde, llevaba una mano sangrando. Entró en la planta baja, donde se encuentran las oficinas de los secretarios y de los agregados, y donde había en esos momentos gran número de personas. Entre ellas estaba el doctor Ryan, cirujano de la Cruz Roja, quien inmediatamente se puso a curarle la mano a Zepeda, mientras el señor Shanklin se la sostenía. Zepeda dijo: "Me hirieron mientras ayudaba a detener a Madero, pero no me detuve para que alguien me atendiera, porque le había prometido al Embajador que él sería el primero en recibir la noticia, en cuanto hiciéramos esto." Ante tal indiscreción, el grupo de mirones se dispersó rápidamente y se cerraron las puertas. Unos pocos minutos después, mientras el Embajador estaba charlando con el señor E. S. A. de Lima, gerente del Banco Mexicano de Comercio (el Banco Speyer) -el cual ayudaba financieramente en la Embajada a los norteamericanos necesitados de dinero en efectivo— se encontraban los dos al final de la escalera que lleva de la planta baja al piso de arriba, vino un empleado que le dijo: "Señor embajador, el señor Zepeda dice que tiene que salir a llevar un mensaje al general Díaz, pero su mano está sangrando muchísimo, y es lástima que no se pueda quedar aquí tranquilamente. " El señor Wilson contestó: "¡Claro! No es necesario que vaya él. Dígale que no debe moverse. Yo haré que vayan a entregar su mensaje. Dígale al señor Zepeda que aprecio profundamente todo lo que ha hecho. " Aquí voy a abandonar un poco el orden cronológico a que me vengo ajustando en este relato. Cierto día, un mes más tarde, el señor Zepeda estaba contando cómo ocurrió el arresto. El señor C. A. Hamilton, norteamericano, propietario de una mina en Oaxaca, lo interrumpió y le dijo: "Si ustedes tenían determinado acabar con Madero, ¿por qué diablos no lo hicieron entonces, durante la refriega? Hubiera parecido más natural. " Y Zepeda le contestó: "Bueno, es que yo le había prometido al Embajador que no lo mataríamos en el momento de detenerlo." Esto fue en la noche del 22 de marzo, en casa de J. N. Galbraith, en presencia del señor Hamilton, del señor Galbraith, del cónsul general Shanklin —todos los cuales, cada uno por separado, me han contado el incidente — y del señor C. R. Hudson. Aquí, como en todas partes, la historia de Zepeda puede reconstruirse con algún mayor detalle. En premio por los servicios que prestó como medianero, Zepeda recibió el puesto de gobernador del Distrito Federal. (Poco tiempo antes había sido expulsado del Country Club de México por su inmoralidad en la casa del club). El domingo 9 de marzo ofreció un fastuoso banquete al señor Wilson y a algunas personas invitadas por éste último, en el restaurant Chapultepec. En esta ocasión el señor Wilson pronunció un discurso tan desenfrenado en su ataque contra los hermanos Madero y tan franco en la confesión del papel que él había tenido en el golpe y su complacencia en esta confesión, que uno de los invitados me ha dicho: "Nos mirábamos unos a otros, llenos de pena, y algunos se pusieron pálidos". En la noche del 26 de marzo, este individuo Zepeda, que había comido con el "presidente" Huerta y que luego había seguido tomando con un grupo de amigos en el restaurant Sylvania, se dirigió a la cárcel en que se hallaba preso Gabriel Hernández, general del ejército mexicano, ordenó que lo sacaran al patio, que le dispararan hasta matarlo y que quemaran el cadáver. Empaparon de petróleo el cuerpo y le prendieron un fósforo. Zepeda contempló cómo se iba consumiendo poco a poco el cadáver, y luego, con sus acompañantes, se dirigió a una casa de prostitución, donde pasó el resto de la noche entregado a excesos indeciblemente viles y crueles, como los que ya lo habían hecho famoso. "Mi mensajero confidencial ante Huerta" se encuentra ahora en la cárcel mientras lo procesan, pero se espera que lo dejen por considerársele loco".

Al recibir el informe de Zepeda, aquel martes por la tarde [día 18], el embajador Wilson envió un mensaje a Díaz, que seguía en la Ciudadela, informándole que el Presidente había sido arrestado y que Huerta deseaba tener una charla con el caudillo rebelde. Se acordó que esta conferencia se celebrara en la Embajada. A las 9 en punto llegó Huerta a la Embajada, y el señor Wilson envió por el general Díaz al doctor Ryan y a otros, en un automóvil que llevaba enarbolada la bandera norteamericana. Efectivamente, los comisionados regresaron con Díaz. El señor Wilson dice que en el viaje de regreso no iba desplegada la bandera. El cabecilla del motín, el traicionero comandante en jefe y el Embajador norteamericano, con su traductor, Louis d'Antin, pasaron las tres horas siguientes en el salón fumador de la Embajada, celebrando su conferencia y elaborando un plan para constituir el nuevo gobierno que sustituyera al del Presidente traicionado y prisionero. Díaz insistía en su derecho al cargo más prominente, fundándose en que era él quien había trabado la pelea. Pero los argumentos de Huerta eran más poderosos, pues, evidentemente, de no haber sido porque se convirtió en traidor, la revuelta no habría tenido ningún éxito. Tres veces estuvieron a punto de romper la plática en muy malos términos, dice el Embajador, pero gracias a sus esfuerzos se prosiguió la charla, al final de la cual se elaboró un plan que era en realidad una transacción: Huerta entraría como presidente provisional, pero debería convocar a elecciones y daría su apoyo a Díaz para que a éste le correspondiera la presidencia permanente. También se llegó a un acuerdo en cuanto a la constitución del gabinete, y en este particular el Embajador desempeñó un papel prominente. Por ejemplo, fue él quien puso su veto al nombramiento de Vera Estañol como secretario de Relaciones Exteriores, aunque consintió en que se le designara secretario de Educación. Cuando se nombró a Zepeda como gobernador del Distrito Federal, el intérprete tuvo un gesto de desagrado, pero fue reprendido por el señor Wilson. El Embajador dice que estipuló la libertad de los ministros de Madero. No hizo estipulaciones en cuanto al Presidente y al Vicepresidente. Esa noche, una hora después de haberse dado por concluida la conferencia de la Embajada, Gustavo Madero, hermano del Presidente, fue conducido a un solar baldío, en las afueras de la Ciudadela, donde lo acribillaron a balazos; allí mismo lo enterraron, en un hoyo hecho en la tierra. Al día siguiente, Francisco Madero, confinado en la cárcel y amenazado con la muerte, firmó su renuncia. La firmó porque así se lo pidieron su esposa y su madre, y, como ésta dijo, para salvar sus vidas, no la de él. El vicepresidente Pino Suárez hizo otro tanto. Se había convenido en que las renuncias se pondrían en manos de los embajadores de Chile y Cuba, quienes las entregarían sólo cuando los dos funcionarios salientes se encontraran sanos y salvos, con sus familias, fuera del país. Parece, sin embargo, que era necesario que los documentos fueran certificados por el jefe del gabinete, o sea el ministro de Relaciones Exteriores, y, en los momentos en que se hallaban en sus manos, se ejerció sobre el señor Lascuráin una presión de tal naturaleza, que acabó por entregar las renuncias, directa e inmediatamente, en manos de los enemigos de Madero. Con todo, a Madero y a Pino Suárez se les había prometido la libertad, y un salvoconducto para ellos y para sus familias, con objeto de que salieran del país. El señor Wilson me dice que Huerta le había pedido su opinión en cuanto a la mejor manera de tratar a Madero, y en particular acerca de lo que estimaba más conveniente: deportar a Madero o meterlo en un manicomio. "Yo —dice el Embajador — me negué a expresar ninguna preferencia. Lo único que le dije fue esto: "General, haga usted lo que estime mejor para el bien de México." Y Huerta decidió, o pretendió decidir, que lo mejor era la deportación.[110]

En la estación del Ferrocarril Mexicano estaba ya listo un tren en que Madero y Pino Suárez, con sus familias, irían a Veracruz, donde pasarían a bordo del cañonero cubano Cuba, que los llevaría a un puerto extranjero. Hacia las nueve de la noche, las familias, después de prepararse rápidamente para el viaje, se encontraban reunidas en el andén, esperando. Los embajadores de Chile y de Cuba, que habían pasado el día acompañando a Madero, habían anunciado anteriormente su intención de acompañar a los viajeros hasta el puerto, y se presentaron en la estación, diciendo que no tardarían en llegar el Presidente y el Vicepresidente. Pero no llegaron. A eso de medianoche, el embajador de Chile se despidió de las atribuladas señoras, se dirigió precipitadamente al Palacio y pidió una entrevista con el general Huerta. El General le mandó decir que se sentía muy cansado después de un día de trabajo agobiador, y que en esos momentos estaba descansando; que más tarde vería al señor embajador. El señor Riquelme esperó hasta las dos de la mañana, y se le siguió negando el permiso de ver a Huerta. No tuvo más remedio que volver a la estación y aconsejar a los familiares que regresaran a sus casas. En el curso de la mañana se explicó que el comandante militar del puerto de Veracruz había recibido de la señora Madero unos telegramas que lo indujeron a contestar de manera insatisfactoria a las instrucciones de Huerta. Se dice que el comandante contestó: "¿Por autoridad de quién? Yo sólo reconozco la autoridad del presidente constitucional de México, Francisco I. Madero." Sin embargo, entre los maderistas predomina la creencia de que lo que impidió la salida del tren fue la decisión que manifestaron los embajadores de Chile y Cuba de acompañar a los viajeros, y que el plan era volarlo a medio camino. La esposa y la madre de Madero y los parientes de Pino Suárez, consolados al saber que sus deudos seguían vivos, pero temiendo lo

110 * H.L. Wilson recibió la siguiente instrucción: Confidencial y urgente. De manera informal y extraoficial puede usted poner en conocimiento del general Huerta que se ha recibido el telegrama que envió al Presidente el 18 de febrero. Aunque este Gobierno tiene el deber general de mantener vigente, por el bien de sus propios ciudadanos y de sus intereses nacionales, la influencia que posee, no obstante, el hecho de que el general Huerta le haya consultado a usted acerca del trato que debería darse a Madero, tiende a conferirle a usted cierta responsabilidad en el asunto. Por lo demás, no hace falta decir que un trato cruel dado al ex Presidente dañaría mucho la reputación de la civilización mexicana ante los ojos del mundo. Este Gobierno confía encarecidamente en no tener noticias de un trato semejante, y espera saber que se le ha tratado en una forma que vaya de acuerdo con la paz y la humanidad. Sin contraer ninguna responsabilidad, usted podrá emplear estas ideas de la manera que le parezca conveniente, en su conversación con el general Huerta.» [Firmado] Knox. (68)

peor, se dirigieron entonces al Embajador norteamericano pidiéndole que concediera a los perseguidos un asilo en la Embajada. El Embajador había abierto sus puertas a los traidores, convirtiéndola en un sitio de reunión para los que tramaban el golpe, pero esta vez no pudo encontrar la manera de dar acogida a sus víctimas. En vez de eso, el señor Wilson recomendó que se trasladara a los detenidos a un lugar más confortable: del Palacio a la penitenciaría. Casi todos dan aquí por un hecho que las señoras pidieron al señor Wilson que transmitiera un mensaje al Presidente de los Estados Unidos, redactado en la clave empleada en el Departamento de Estado norteamericano, pidiendo que ejerciera su influencia para salvar la vida de los presos. Sobre esto no tengo ninguna prueba, como tampoco sobre otro incidente, sin embargo, me parece digno de mención: El jefe de los simpatizantes de Madero en la ciudad de México, Serapio Rendón, me ha asegurado muy enfáticamente que el día 22 el Embajador norteamericano recibió del Departamento de Estado (de Washington) unas instrucciones en virtud de las cuales debía hacer saber al general Huerta que si los dos presos, el Presidente y el Vicepresidente, recibían un trato indigno de ellos, este hecho produciría un efecto muy desagradable en la opinión del gobierno de los Estados Unidos, y que el Embajador no quiso transmitir ese mensaje. No tengo pruebas para afirmar la verdad de semejante cargo, pero el señor Rendón ha hecho su declaración en términos tan categóricos, que creo que el asunto merece ser investigado. El general Huerta asumió la presidencia el día 20, no sin observar cuidadosamente ciertas formalidades, con objeto de establecer la legalidad de su gobierno. Dada la renuncia del Presidente y del Vicepresidente, el Secretario de Relaciones Exteriores de Madero fue reconocido como presidente durante los escasos minutos necesarios para que nombrar secretario de Gobernación a Victoriano Huerta, tras lo cual renunció, dejando que Huerta, conforme a la Constitución, lo sucediera en la presidencia. El día 21, el Embajador norteamericano telegrafió al secretario Knox diciéndole que se disponía a reconocer al gobierno que de ese modo acababa de establecerse, y que ya había girado instrucciones a todos los cónsules norteamericanos del país, "pidiendo el sometimiento y adhesión general al nuevo gobierno, que el día de hoy será reconocido por todos los gobiernos extranjeros". A lo que parece, el Embajador recibió instrucciones del señor Knox, en las cuales se le decía que no prestara ese reconocimiento tan precipitado.

H.L. Wilson contesta al Secretario de Estado: "Creo que podré lograr los resultados apetecidos en la instrucción del Departamento sin recurrir a la negativa en cuanto al reconocimiento pleno, ni tampoco al expediente de tratar directamente del asunto con el general Huerta". En efecto, ese mismo día, más tarde, telegrafía diciendo que ha celebrado una entrevista con el nuevo secretario de Relaciones Exteriores, el señor De la Barra, y que espera haber actuado de acuerdo con el sentir del Departamento de Estado, si bien no ha querido "dar una negativa en cuanto al reconocimiento pleno". Una lectura de los despachos enviados por el señor Wilson al Departamento de Estado durante el mes siguiente nos lo muestra dando informes acerca de los progresos del nuevo gobierno y sobre cómo se le iban sometiendo todas las partes del país, lo cual es tan exactamente contrario a la verdad, que resulta imposible comprenderlo. El hecho es que, desde el momento en que Huerta tomó en sus manos el poder, el país comenzó a caer rápidamente bajo el imperio de la rebelión. Actualmente, Huerta es dueño de menos de la mitad del país.

El día siguiente era la fiesta del aniversario del nacimiento de Washington. Por la mañana, el Embajador y el nuevo Secretario de Relaciones Exteriores intercambiaron felicitaciones en presencia de una muchedumbre congregada ante el monumento a Washington. Después de depositar en él unas coronas, se organizó un desfile hasta el monumento a Juárez, donde también se dejaron unas coronas. Por la tarde, el señor Wilson ofreció una recepción en la Embajada. A ella acudieron Huerta, Díaz, Mondragón y otros personajes del nuevo régimen. Huerta y Wilson desaparecieron de entre la gente allí reunida, y me fundo en el autorizado testimonio del Embajador chileno para declarar que Huerta y Wilson se hallaban en el salón fumador, trabando una conversación que duró una hora y media; todo este tiempo estuvo esperando el Embajador chileno, quien quería tener oportunidad de hablar con el señor Wilson. El Embajador omite toda mención del día 22 de febrero como una de las bien contadas fechas en que, según informa al señor Bryan (véase su largo despacho del 12 de marzo), ha tenido comunicación oral o escrita con Huerta. El Embajador chileno puede haberse equivocado. Pero si está en lo cierto, tenemos conferenciando a Huerta y Wilson hasta las 7 de la tarde. A las 9 de la noche, el alcaide de la penitenciaría recibió la visita del coronel Luis Ballesteros, con órdenes de que el alcaide entregara en sus manos la dirección de la cárcel. El alcaide destituido se retiró a su casa en el automóvil en que había llegado su sucesor. Muy poco después de haber sonado las 12 de esa noche, Francisco I. Madero y José Pino Suárez fueron asesinados. El embajador Wilson, en la mañana siguiente, envió a Washington un informe en el cual decía que, a lo que alcanzaba a averiguar, se les mató a consecuencia de un intento de liberación, en los momentos en que se les trasladaba del

Palacio Nacional a la penitenciaría. "Yo había recomendado su traslado a un sitio más confortable", explicaba Wilson. El cuento del intento de liberación de los presos fue abandonado casi inmediatamente después de haberse lanzado. El expediente de la "ley fuga", con su leyenda contra el nombre de las víctimas "muertas durante un intento de escapatoria", ha sido durante siglos un método predilecto en los países hispánicos, pero nunca se ha pretendido convertirlo en algo más que una ficción destinada a salvar las apariencias. La verdad de las cosas es que Madero y Pino Suárez, a las 11.45, fueron obligados en el Palacio a subir en dos automóviles, uno en cada uno, y que así se les llevó en dirección a la penitenciaría, escoltados por una docena de soldados, bajo el mando del mayor Francisco Cárdenas. Cárdenas, camarada muy íntimo de Huerta, y además hechura suya, había llegado a la ciudad justamente a las 9 de esa misma noche, procedente de Manzanillo. La comitiva no se dirigió a la puerta de la penitenciaría, sino que dejó atrás la calle que conduce a ella y fue a dar a un espacio baldío que hay a espaldas del edificio. Aquí se detuvo el automóvil. Lo que ocurrió a continuación es probable que nunca se sepa con exactitud. Según los testimonios más dignos de crédito que he logrado reunir, sacaron primero a Pino Suárez del automóvil y lo abatieron a tiros. En seguida le tocó su turno a Madero. Para él fue suficiente una sola bala, en la nuca. El pelo estaba chamuscado. Cuando se dispuso el cadáver para el entierro, se observó una contusión en la frente; puede haber sido resultado de su caída después del tiro fatal, o bien un golpe dado con la cacha de la pistola antes de dispararla. La banda de asesinos, una vez realizada su tarea, desapareció rápidamente. Uno de los automóviles se había escapado, y el chofer, aterrorizado, no se detuvo a pesar de las balas que llovieron sobre él. Inmediatamente después, un par de peones, oscuros prisioneros ambos, fueron enviados por el nuevo alcaide para que metieran los cadáveres en el edificio, se sacó de los bolsillos del Vicepresidente muerto cierto número de objetos que yo he tenido en mis manos: Una hoja de papel en la cual hay algo que parece ser la clave de un alfabeto cifrado; un pase, núm. 350, del Ferrocarril de Kansas City, México y Oriente; una carta franca del Wells-Fargo Express, núm. 3; dos recetas, una de un oculista y otra de un optómetra; y una libranza, fechada en la ciudad de México el 19 de febrero, por $ 2,000.00 moneda norteamericana, en favor del señor José María Pino Suárez, firmada por Salvador Madero y Cía. y dirigida al señor E. D. Maurer, 80, Maiden Lañe, New York City . En la madrugada, los transeúntes amontonaron piedras hasta formar un pequeño túmulo sobre los dos lugares empapados de sangre, y encima pusieron unas velas encendidas. Durante varios días, después del asesinato, Huerta y su Secretario de Relaciones Exteriores hablaron mucho de llevar a cabo averiguaciones. Pero ninguna averiguación se ha hecho. Ninguna averiguación se está haciendo. El mayor Cárdenas fue arrestado, pero inmediatamente se le soltó, y se le ha ascendido a teniente coronel. Ahora es comandante de rurales en Michoacán. Justamente un día antes de que se escribiera este párrafo, los periódicos daban la noticia de que había asesinado a un preso a sangre fría. El señor Wilson nunca ha pedido que se haga una averiguación sobre lo ocurrido. En sus conversaciones conmigo, no demuestra tener formado juicio alguno en cuanto a la naturaleza de la fechoría realizada la noche del 22 de febrero, después de que todos los hombres responsables de ella habían sido huéspedes suyos en su casa, ni tampoco parece tener la menor sospecha de que alguna responsabilidad pueda recaer sobre él, aunque, examinando desapasionadamente todo lo ocurrido, cabe decir que fue él quien entregó a esos hombres a la muerte. El señor Wilson, en sus conversaciones conmigo, ha vituperado violentamente a Madero y a su familia. Da muestras de orgullo al decir que él estuvo prediciendo constantemente la caída de Madero. En algún momento le pregunté si, en opinión suya, estaba manteniendo una actitud correcta, en cuanto diplomático, al presidir una conferencia de dos generales rebeldes y al prestar su ayuda para ultimar los detalles de la nueva presidencia, cuando el Presidente constitucional, ante el cual estaba acreditado él, se hallaba preso; y el Embajador me contestó que era necesario, para bien de México, que se eliminara a Madero. A una pregunta mía acerca de la responsabilidad por la muerte de Madero y Pino Suárez, el señor Wilson dijo que él partía de la idea de que eran ciudadanos particulares en el momento en que murieron, y que hubiera sido una impertinencia el que un país extranjero pidiera que se hiciesen averiguaciones acerca de un negocio estrictamente interno. Y luego, con bastante violencia, continuó diciendo que Madero había matado a centenares de personas ilegalmente, y que no era asunto suyo de qué manera había muerto ese hombre. "De hecho —añadió—, la persona realmente responsable de la muerte de Madero es su esposa. A ella es a quien hay que echarle la culpa. Era preciso eliminar a Madero. Su telegrama a Veracruz hizo imposible que Madero saliera de la capital."

Todo el informe que antecede acerca de los hechos ocurridos en México, supone la convicción de que el movimiento contra Madero fue una conspiración y no una revolución popular; es decir, que fue un cuartelazo, una asonada militar, la intriga de unos pocos y no el levantamiento de un pueblo indignado, y que la traición que cometieron los generales contra su Presidente fue una traición de gente mercenaria, y de ninguna manera la respuesta a los sentimientos de una nación, ni siquiera a los de la ciudad. No tengo ninguna razón para dudar de la sinceridad del embajador Wilson cuando expresa una opinión tan contraria a ésa. De hecho, creo que es sincero. Él pensaba, indudablemente, que el bien del país exigía derribar a Madero. Había llegado a considerarlo como a un Nerón. Si se parte de esta base, es mucho lo que puede decirse para justificar gran número de actos de Wilson, y para atenuar otros. Si se parte de allí, es posible hacer todo este relato en un tono muy distinto, y con muy distintos acentos. Y me apresuro a reconocer que en el presente informe, necesariamente apresurado, es probable que haya omitido ciertos incidentes que sería equitativo contar, cualquiera que sea la teoría adoptada. Justo es agregar que el señor Wilson habla con gran libertad, y con todas las muestras de sinceridad, sobre el papel que le cupo en el drama, y en cada una de sus frases da pruebas de creer que ése era el único papel que el humanitarismo y el patriotismo (desde el punto de vista de México y desde el de los Estados Unidos) le permitían desempeñar. Se muestra muy sorprendido y profundamente desconcertado ante el hecho de que esto no se lo reconozca todo el mundo. Está sencillamente maravillado de que el país en su totalidad haya repudiado la revolución, pues él sostiene que ésta se emprendió y se realizó en respuesta a sus deseos; y lo aflige hondamente el hecho de que no haya traído la paz. PROBABLEMENTE, la historia hará recaer la responsabilidad del asesinato de Madero sobre los hombros de alguien que no sea su fiel esposa. No obstante, a pesar de lo curiosa que resulta esta ilustración de hasta dónde puede llevar un error inicial a quien es su víctima, es absurdo, en opinión mía, presentar al señor Wilson como un conspirador lleno de malicia. Lo peor que puede decirse, hablando con veracidad, es que, siendo un hombre de intensos prejuicios, se hallaba de tal manera cegado por su odio a Madero, que interpretó honradamente este odio como si fuera el odio de todo el pueblo mexicano, y su propia convicción como si fuera el veredicto de la nación. No obstante, por muy sinceros que hayan sido sus motivos, es imposible no concluir que la conducta del señor Wilson fue totalmente errónea, dañosa y trágicamente desafortunada en sus resultados. Sin el apoyo que el Embajador de los Estados Unidos dio a Huerta en sus planes de traición contra el Presidente, la revuelta habría fracasado. Esto no es cuestión de meras conjeturas, sino la conclusión hacia la cual apuntan todos los hechos. El lunes 17, que fue el último día de la pelea, Madero se hallaba, indiscutiblemente, en posesión de toda la ciudad, con excepción de la Ciudadela y de tres o cuatro casas cercanas a ella, que seguían ocupadas como avanzadas. Los amotinados no se habían atrevido a llevar a cabo ninguna salida, y nada que pudiera interpretarse como muestra de simpatía hacia ellos había ocurrido en ninguna parte de la ciudad. El pueblo se había negado a unirse a la revuelta. Ningún levantamiento en apoyo de ellos se había registrado en el país. Los zapatistas, bandoleros que durante bastante tiempo habían estado en posesión del Estado de Morelos y de las montañas que rodean a la ciudad, no se habían presentado, aunque el embajador Wilson telegrafiaba día tras día a Washington diciendo que ya venían en camino. Lejos de eso, Zapata le había mandado decir a Madero que suspenderían las operaciones contra el Gobierno federal hasta que él hubiera acabado con Félix Díaz. En una palabra, el día 17, transcurrida ya una semana, era de todo punto evidente que el Gobierno se hallaba sencillamente frente a un solo grupo de unos cuantos centenares de hombres, rodeados y encerrados en un fortín, y que el meterlos en cintura era sólo cuestión de tiempo.

No hubo durante toda la "Decena Trágica" ni un momento en que no hubiera sido posible "poner término a la desoladora situación", "poner punto final a este innecesario derramamiento de sangre", mediante una seria advertencia de la Embajada norteamericana a los oficiales traidores del ejército, en la cual se les hubiera dicho que los Estados Unidos no estaban dispuestos a patrocinar otros métodos que no fueran los constitucionales y pacíficos, y que no otorgarían su reconocimiento a ningún gobierno erigido por la fuerza. El presidente Madero no fue traicionado y arrestado por sus oficiales sino en el momento en que ya no hubo dudas de que el Embajador norteamericano no tenía objeción contra semejante hazaña. El plan para el establecimiento inmediato de una dictadura militar no pudo haberse elaborado nunca, excepto en la Embajada norteamericana, bajo el patrocinio del Embajador norteamericano y con su promesa, en nombre de su Gobierno, de un rápido reconocimiento. Madero nunca habría sido asesinado si el Embajador norteamericano hubiera dado a entender en forma clara que la conspiración debía detenerse antes de llegar al crimen. No PUEDE MENOS que causar pena a todos el hecho de que esta historia, probablemente la más dramática en que se ha visto envuelto un funcionario diplomático de los Estados Unidos, sea una historia de simpatía con la traición, la perfidia y el asesinato, en un asalto contra un gobierno constitucional. Y es particularmente desafortunado que esto haya sucedido en uno de los principales países de la América Latina, donde, si alguna labor moral es preciso llevar a cabo, es negar apoyo a la violencia y respaldar la legalidad. Tal vez venga a resultar baladí, en medio del cúmulo de miserias que de todo eso han resultado —aunque, en cierto sentido, no carezca de importancia—, el hecho de que millares de mexicanos creen que el Embajador actuó según instrucciones recibidas de Washington, y que, además de considerar la permanencia en su cargo, bajo el nuevo Presidente norteamericano, como una señal de aprobación, culpan al Gobierno de los Estados Unidos del caos en que ha caído el país.

[firmado] Wm. Bayard Hale. [111]

México, 18 de junio de 1913. (102)

En una hoja suelta que precede al informe propiamente dicho, Hale escribió a mano: "La necesidad de tomar un tren con este manuscrito me hace imposible la tarea de corregirlo como es debido. Soy un pésimo mecanógrafo. WBH. " El informe carece de título, y no se indica a quién va dirigido. Se catalogó en el Departamento de Estado en fecha muy tardía: el 11 de marzo de 1920. (68)

Hale confunde las fechas en los acontecimientos de lunes, martes y miércoles. Recuérdese que estos acontecimientos se iniciaron en la noche del sábado 8. Hale, seguramente por inadvertencia, se equivoca en los días, pero más adelante sus indicaciones son correctas. Al final de su informe, dice: "El lunes 17 [de febrero], que fue el último día de la pelea ... "

La mayor parte de quienes han estudiado las relaciones de Woodrow Wilson con México han pasado por alto este informe. Lo han mencionado Philip H. LOWRY, en su tesis doctoral (inédita) "The Mexican policy of Woodrow Wilson" (Universidad de Yale, 1949); Howard CLINE, quien utilizó la tesis de Lowry para su libro The United States and México, en "The American Foreign Policy Library", publicada bajo la dirección de Sumner Welles, y en 1963 Arthur S. Link incluyó el Informe Hale en Woodrow Wilson and the Progressive Era (1910-1917), parte de "The New American Nation Series", colección dirigida por Henry Steele Commager y Richard B. Morris. (68)

Después de leer el informe de Hale, se entienden las afirmaciones de A. S. Link: "Los vívidos y dramáticos despachos enviados por Hale durante el verano de 1913 insisten en un solo tema: al gobierno de Huerta le era imposible sobrevivir y sólo la elección de un gobierno constitucional podría salvarlo". (68)

---

111 *Naturalmente, el Dr. Hale, al redactar su informe, sólo tenía acceso al archivo de la Embajada(66)

XIII. Los protagonistas

Francisco Ignacio Madero González

Aunque el acta de defunción señala Indalecio. Nació el 30 de octubre de 1873 en la hacienda El Rosario, en Parras, Coahuila, de una familia numerosa y opulenta, como hijo primogénito. Murió el 22 de febrero de 1913 en la Ciudad de México. Sus padres fueron Francisco Madero y Mercedes González. Su abuelo, Evaristo Madero[112], alguna vez Gobernador del Estado de Coahuila, fue uno de los hombres más ricos del Porfiriato. Francisco I. Madero fue el primer nieto de la estirpe de Evaristo Madero. Provenía de una de las familias más ricas del país, su bisabuelo fue diputado del primer Congreso Constituyente de Coahuila y Texas. (16, 17, 98 y 103)

Fue educado por profesores que daban clase a domicilio, aunque a los 12 años acudió por un año a un colegio de jesuitas (San Juan Nepomuceno) en Saltillo. Después estudió en el Saint Mary's College de Baltimore, Estados Unidos y en Europa, en París, en el Liceo Versalles y en la Escuela de Altos Estudios Comerciales. En Francia se hizo masón, lo que después abandonó para afiliarse al espiritismo y a la homeopatía. Regresó a México en 1892 para hacerse cargo de las fincas y haciendas de su padre. Se estableció en San Pedro de las Colonias y desde ahí se dedicó a realizar acciones de beneficencia social y fundó una escuela comercial. En México era una especie de Gran Maestro del espiritismo[113]. (8 y 59)

Soñador y espiritista, tenía un enfoque económico simplista, práctico y filantrópico. Al regresar a México se dedicó a crecer sus negocios, llegando a tener un capital de 500 mil pesos, publicó un libro sobre el aprovechamiento de las aguas del Nazas, que le mereció una felicitación de Porfirio Díaz. (4, 15 y 41)

Su labor política destacó a principios del siglo XX. Siendo heredero de una familia acaudalada y de ideas liberales, se declaró

112 *Evaristo, es gobernador de Coahuila por 3 años a partir de 1880, se opuso a la primera reelección de Porfirio Díaz, por lo que renunció a su cargo. Sin embargo, se mantuvo cercano a José Yves Limantour, con quien coincidía en sus recelos hacia Bernardo Reyes. (41)

113 *Después de estudiar en Baltimore y en París. Instruyéndose sobre el espiritismo recorre Bélgica, Holanda y Alemania. Después siguió estudiando en California técnicas agrícolas. (41)

en contra del régimen porfirista y a favor del pueblo. En 1901 ayudó a difundir el periódico *Regeneración*. Cuatro años más tarde, fundó el Club Democrático Benito Juárez del cual fue presidente y, para difundir sus ideas creó el periódico *El Demócrata*. En octubre de 1908, publicó *La sucesión presidencial en 1910* y fundó el *Partido Nacional Democrático*. En enero de 1909, fundó el Club Democrático Antireeleccionista de San Pedro. Un mes después, en la Ciudad de México y junto con Roque Estrada y José Vasconcelos, fundó el Centro Antirreeleccionista de México. El 5 de octubre de 1910 lanzó el Plan de San Luis, que lo llevó a la presidencia. (16, 17 y 21)

Junto con Félix F. Palavicini y Luis Cabrera, recorrió la República para fundar clubes con sus ideales. Fue aprehendido el 7 de junio de 1910 en Monterrey y trasladado a San Luis Potosí. En las elecciones presidenciales Porfirio Díaz resultó ganador y Madero optó por la lucha armada. Se escapó a San Antonio, Texas y desde ahí publicó el Plan de San Luis, donde convocaba al pueblo a alzarse en armas el 20 de noviembre. En febrero de 1911 atacó Casas Grandes en Chihuahua. Porfirio Díaz renuncia el 25 de mayo y se embarca rumbo a París. Madero entró triunfante a la Ciudad de México el 7 de junio.

Madero era bajito de cuerpo[114], robusto pero no gordo, de ojos redondos y pardos, cara redonda y facciones gruesas, con una negra y tupida barbiche a la francesa, ligero de movimientos, trajeado a la campesina, con polainas de montar y camisa blanca. Tenía apariencia tímida y pacífica, pecaba de ingenuo y siempre sonreía. Pálido, barba negrísima con cejas espesas, pero con pupilas de iluminado. Cabeza redonda y desproporcionada para su baja estatura. Abultada y alta la frente, con ojos pardos y expresivos. Cabello castaño, sedoso y lacio. De complexión vigorosa, ágil de movimientos. De hablar norteño: fuerte, claro, arrogante. Fue un niño raro, a veces precoz. Con el tic nervioso de levantar el hombro izquierdo. (41, 59 y 105)

Calero[115] describe a Madero como siempre risueño, afable, que trataba con infantil desenfado los asuntos más descorazonadores, embriagado de optimismo y buen bailarín. Villa lo describe como un catrín con sarapito, pero dispuesto a morir por lo que cree. (39 y 48)

Madero, como espiritista, aseguraba que los bienes de un hombre deben aplicarse al servicio de los demás. Incrementó el salario a sus trabajadores, los sometió a exámenes médicos e introdujo la educación

---

114 *Medía 1.48 metros de acuerdo a Paco Ignacio Taibo II (72)

115 + Manuel Calero fue senador con Porfirio Díaz y después embajador en Washington en 1912, con Madero. (48)

obligatoria. También introdujo métodos de cultivo más productivos. Siempre opuesto al expansionismo monopólico estadunidense. (4 y 59)

Estando en Berkeley, California, a donde había ido a estudiar junto con su hermano Gustavo, conoció a Sara Pérez, con quien después se casó. No tuvieron hijos. (8)

El espiritismo para Madero no era una religión, sino una filosofía de vida, cargado de disciplina moral. El espiritismo le permite a Madero conocerse a sí mismo. Madero, elegido por la Providencia, se creía el elegido y confiado en eso tomaba sus decisiones. (98)

En enero de 1903 se casó con Sara Pérez[116]. Se convierte en vegetariano, deja de fumar y destruye su cava. El espíritu de su hermano Raúl, le señala que socorrer a los demás es su misión. Ocasionalmente lo dominaba el espíritu de Mariano Escobedo. En 1904 inicia su interés por la política, como parte de su misión de dar apoyo a los desprotegidos. Para 1905 incursiona en la política de su estado. Una vez tocado por su misión, nace el apóstol. Se convierte en un médium-predicador que lleva un mensaje de cambio. "Sembremos la semilla de la libertad, para cultivarla y cuando germine tendremos un árbol frondoso". Con ello inicia su plan para democratizar a México. Madero en 1906 sostiene el concepto: *"el espiritismo es la síntesis suprema de religión y ciencia"*. Para ese entonces *Raúl* había sido sustituido por *José*. (41)

Paulatinamente su ideario filosófico y espiritista generaron su decisión de participar en política: el espiritismo puesto en marcha. Funda el Club Democrático Independiente y es cuando funda el periódico semanal El Demócrata, en San Pedro. En El Demócrata aprendió el oficio de escritor político, donde se oponía a la candidatura de porfiristas al gobierno de Coahuila. Propuso la enseñanza pública, los derechos electorales ciudadanos y la No Reelección. (10, 16 y 58)

Madero inició su actividad política en 1904 al formar el "Club Democrático Benito Juárez" en San Pedro de las Colonias, para oponerse a la candidatura del Lic. Frumencio Fuentes, candidato de Ramón Corral a la gubernatura del Estado. **(106)**

Hablaba fuerte y claro, era vegetariano a causa de trastornos digestivos, generoso y afectuoso. Se decía que era un *médium escribiente.* Por las noches se comunicaba con los espíritus y de día atendía con su botiquín homeopático a sus jornaleros. (17 y 55)

116 ° **Sara Pérez Romero** (Sn Juan del Río, Qro, 19 de junio de 1870 — Cd de México, 31 de julio de 1952), hija de Macario Pérez y Avelina Romero, en 1893, fue enviada al Colegio de Notre Dame, en San Francisco, Cal. , donde conoció a 2 hermanas de Madero. Novios desde 1897, los casó en 1903, en la Ciudad de México, el arzobispo Próspero María y Alarcón. Vivieron en Sn Pedro de las Colonias, Coah. Muerto su esposo, se exilió en Cuba, luego en los Estados Unidos. En 1921 retornó a la Ciudad de México. Fue sepultada en el Panteón Francés de la Piedad, en la misma tumba donde descansaban los restos de su marido. **(104)**

Se afilió un tiempo al magonismo, al que apoyó económicamente, pero su violencia y su anarquismo, le hizo abandonarlo. (11)

Durante la campaña de 1909, Madero se refirió a Bernardo Reyes como un autócrata, mucho más déspota que Porfirio Díaz. Reyes se decidió por aceptar una comisión militar a Europa y eso hizo crecer la campaña de Madero. (103)

Escribió el libro *La sucesión presidencial en 1910*, donde enjuicia y reprueba a Porfirio Díaz, pese a que Madero siempre estuvo relacionado con los llamados *Científicos* del porfirismo, incluyendo a Pedro Lascuráin y José Yves Limantour. Se sabe que pidió permiso a su padre para editar y publicar el libro y que lloró al recibir la autorización paterna, pese a que el abuelo Evaristo reprobaba el libro. En su momento hizo llegar el libro a Porfirio Díaz, acompañado de una carta personal, donde conmina al presidente a seguir siendo un héroe y no presentarse a la reelección. (11, 17 y 59)

A partir de la publicación del libro, Madero proponía la creación de un Partido Nacional Democrático, abanderando el lema: "Sufragio efectivo, no reelección". Junto con Roque Estrada y José María Pino Suárez, en 1910 fundó el periódico *El Constitucional,* que dirigió Heriberto Frías. (17)

El libro de Madero no convocó a su alrededor a las fuerzas antiporfiristas, fue su actividad personal, sus giras, sus campañas, sus discursos lo que despertó las simpatías y los apoyos. El libro adolecía de información excesiva y poco clara y de una exposición incoherente. (40)

Mientras Madero está en su primera campaña política, recorriendo todo el país, el gobierno desarrolla un fuerte ataque contra su familia: interviene el Banco de Nuevo León, acusa a Madero de robo de guayule y dictan orden de aprehensión contra Madero, de la que se libra por la intervención de Limantour. Evaristo Madero aprovecha para heredar a los hijos de su segunda esposa, ante el temor a Don Porfirio[117]. (43)

Madero era un reformador, no un revolucionario. Aunque conocía la mayor parte de los problemas del porfirismo, siempre consideró que el principal problema era político. El pensamiento político de Madero se basaba en tres premisas básicas: siempre creyó en el Ejército Federal; inicialmente creía en un cambio políticos en las urnas, pero al final creyó en la necesidad de un cambio por la fuerza de las armas y; creía que Porfirio Díaz negociaría un vicepresidente salido

117 *Evaristo muere el 6 de abril de 1911. (43)

de las filas antirreeleccionistas. Madero no se ensució las manos ni con oro ni con sangre, dio su sangre, pero no probó una gota de nadie más. Madero cambió la vida de privilegios que tenía, por los riesgos de los reformadores. Carismático, hizo confluir hacia él, muchas inquietudes nacionales. (11, 59 y 72)

Era antimilitarista, modesto, rectilíneo, cabal, probo y soñador. Canalizó sus actos en la causa popular. Un producto genuino del momento histórico. Madero fue un hombre honesto, que persiguió sus ideales hasta la muerte. (43 y 107)

En Europa aprendió el espiritismo y en Estados Unidos que los impulsos morales se aplican al servicio público. En su opinión tener el poder permitía servir a los demás. Tenía una extraña mezcla de bondad, inocencia, tenacidad y valor civil. (60 y 80)

A partir del Plan de San Luis, publicado en Estados Unidos, Madero predicó la violencia y lanzó a México a la Revolución. Se dio el título de presidente provisional y convocó al pueblo a levantarse en armas el 20 de noviembre a partir de las 6 de la tarde. Invitó al Ejército Federal a acompañarlo. Madero planeaba regresar ese día y a esas horas a México por Ciudad Porfirio Díaz (hoy Piedras Negras), pero no pudo reingresar al país ese día. Lo hizo hasta el 14 de febrero, cruzando por San Agustín, desde donde se dirigió a Casas Grandes. Madero llevaba la cuenta exacta de lo que gastaba en la campaña e informaba a quienes lo apoyaron en que había usado el dinero. (11 y 59)

Antes del 20 de noviembre, Madero vendió sus acciones guayuleras para comprar armas, por cada acción 100 Winchisters. Ante el fracaso del 20 de noviembre, se refugia en Nueva Orleans. (41)

Madero creía que el orden público no lo podría guardar el pueblo, por eso licenció a sus fuerzas en 1911, pese a que el ejército porfirista era un ejército por leva y no voluntario ni profesional. (11)

Fue este apoyo de Madero al Ejército Federal lo que le impidió llegar a algún acuerdo con Emiliano Zapata. Zapata siempre supo que el Ejército Federal buscaba y lograría matarlo. Fundamentalmente porque los hacendados no estaban dispuestos a repartir la tierra[118].

Para Madero, la condición fundamental del ser humano era la libertad y sólo con ella lograría realizarse plenamente. El mayor obstáculo a la libertad, escribe, es el poder absoluto. Estaba convencido que la democracia era el remedio a las desigualdades sociales. (5, 57 y 58)

---

118 * En asuntos agrarios, Madero proponía un trato diferenciado y autónomo para cada región. (41)

En Madero, mantener los lazos familiares muy apretados era fundamental, siempre procuró el apoyo de sus padres y con frecuencia requería las indicaciones de su hermano Gustavo. Fue acusado de nepotismo por haber dado acomodo a muchos de sus parientes en el Gabinete y en su cuerpo de gobierno. (59)

Madero organizó el partido Constitucional Progresista para participar en las elecciones. Había propuesto como vicepresidente a José Ma. Pino Suárez. Madero obtuvo la victoria y se convirtió en presidente el 6 de noviembre de 1911. Como no cumplió con la promesa de la repartición agraria, el 28 de noviembre Emiliano Zapata lanzó el Plan de Ayala en contra del gobierno de Madero.

La vida política de Madero fue breve, pero de una intensidad no igualada. Nace en la abundancia y eso lo hace especialmente sensible a la miseria ajena. Se habla de haber cambiado sus zapatos nuevos con otro niño que los traía rotos. No tuvo hijos, pero adoptó a seis huérfanos, hijos de algunos de sus peones[119]. En su casa de San Pedro de las Colonias todos los días recibía y alimentaba a 60 huérfanos, finalmente fundó un albergue donde ofrecía casa y comida. No era un gran orador, pero su palabra era persuasiva. (41, 105 y 108)

Madero, un hombre íntegro, nunca renunció a ser el mismo; personalmente conduce al General Navarro y su estado mayor hasta El Paso, para evitar que lo fusilen Orozco y Villa y, en las negociaciones de Cd. Juárez, Madero insiste en pedir la renuncia de Díaz en tal forma que no se le lastime... Madero fue un hombre libre, que conocía el poder del perdón. (41 y 91)

119 Dos de ellos se unieron a Pancho Villa y murieron durante la revolución.(107)

Bernardo Reyes Ogazón

Nació en Guadalajara en 1850, militar y político fue uno de los prohombres del Porfiriato, contribuyendo a la pacificación y desarrollo económico del país. Luchó contra los franceses y fue gobernador de Nuevo León de 1889 hasta 1909, cumpliendo eficazmente su labor de soporte institucional del porfirismo. Estuvo dos veces a cargo de la Secretaría de Guerra y Marina. (8, 109 y 110)

Bernardo Reyes hizo su carrera por méritos propios, se enlistó en el ejército a los 14 años, logrando ascender rápidamente por su habilidad como táctico militar. Con el ejército republicano combatió al Imperio de Maximiliano, siempre leal a Porfirio Díaz. A los 36 años ya era general. Llegó a Nuevo León en 1885 para acabar con los cacicazgos de Gerónimo Treviño y Francisco Naranjo y desconocer el gobierno de Genaro Garza García, que se le entregó a Lázaro Garza Ayala. Reyes y Naranjo mantuvieron por muchos años una lucha política por el poder en Nuevo León. (103 y 110)

Bernardo Reyes estuvo en el sitio de Querétaro, donde es testigo de la rendición de Maximiliano. Pertenecía a la logia masónica de Guadalajara y construyó el edificio masónico en Monterrey. (72)

Bernardo Reyes fue Jefe de la Zona Militar que abarcaba Coahuila, Nuevo León y Tamaulipas, donde hizo relaciones amistosas y comerciales con Don Evaristo Madero, en una comida en casa de Evaristo, se conocieron Bernardo y Francisco I., a quien Bernardo describió como raquítico y notablemente feo. (103)

Corto de estatura y de cuerpo pequeño, siempre vestía de gala militar o bien elegante y con sombrero de copa. Siempre que podía se presentaba a caballo. Reyes rehuía fotografiarse de frente y de pie. Siempre hacía ostentación de su autoridad. Esa soberbia le costaría la vida. El 20 de noviembre de 1898, en Monterrey, Porfirio Díaz dijo a Bernardo Reyes: "¡así se gobierna!" (14 y 59)

Fue el responsable del impulso industrial de Monterrey (el Chicago de México). Mediante exenciones de impuestos atrajo inversión inglesa y estadunidense, a la que se sumó importante inversión neoleonesa. El crecimiento industrial generó una modernización urbana. Promovió la Ley sobre Accidentes de Trabajo, edificó el Palacio de Gobierno y muchas otras obras. (110)

Reyes en 1900, participó en el libro *El Ejército Nacional*, coordinado por Justo Sierra, donde señaló que los criollos y mestizos representan la identidad nacional, lo que lo colocó en el bando de los liberales. En 1901, por el fallecimiento de Felipe Berriozabal, el general Bernardo Reyes, gobernador de Nuevo León, es nombrado Secretario de Guerra. En ese entonces sólo había diez generales de división en el país. El general Reyes organizó el desfile del 16 de septiembre de 1902, donde la organización y disciplina generaron gran admiración por su majestuosidad, coincidía con los 72 años de Porfirio Díaz. En 1903 regresa a la gubernatura de Nuevo León. (10 y 103)

El 02 de abril de 1903 reprimió a balazos una manifestación pacífica del Partido Liberal en Monterrey, en la Plaza Zaragoza, disparando desde la azotea del Palacio Municipal y matando a 15 manifestantes. (14)

La sucesión presidencial de Porfirio Díaz empezó a sentirse como un problema nacional a partir de 1901, como consecuencia de una enfermedad en el viejo dictador. Bernardo Reyes y José Ives Limantour sonaron como los posibles sucesores. Al recuperar la salud Porfirio Díaz, Reyes se posicionó como el futuro vicepresidente, más aún después de publicarse la entrevista de Creelman en 1908, cuando diferentes clubes políticos lo colocaban como su candidato. Bernardo Reyes frecuentemente hacía patente su devoción por Porfirio Díaz. Los grupos políticos que no pertenecían a los "Científicos", presionaron a Bernardo Reyes a aceptar su postulación a la Vicepresidencia, pero el general prefirió que el propio Porfirio Díaz decidiera quien lo acompañaría en la boleta electoral. (11)

El presidente Díaz lo mandó en misión militar a Europa, alejándolo de la contienda electoral. Durante el gobierno provisional de León de la Barra, Reyes regresó a México y se menciona en diferentes documentos la intención de Madero de incluirlo en su gabinete, pero las grandes diferencias ideológicas entre ambos, impidió que la propuesta pudiera cristalizar. Reyes vuelve a salir del país el 28 de septiembre de 1911. (103)

Hubo tres planes militares surgidos del Antiguo Régimen porfirista contra Madero. El primero lo suscribió Bernardo Reyes el 16 de noviembre de 1911, diez días después que Madero jurara como presidente electo, desde Soledad, Tamaulipas, sorprendentemente aduciendo que Madero no estaba cumpliendo con el Plan de San Luis. Bernardo Reyes fue porfirista, reyista, maderista y rebelde, todo con la única intención de ocupar la presidencia de la República. Se rindió el 25 de diciembre de ese año en Linares, Nuevo León. (11 y 105)

En la prisión de Santiago Tlatelolco, en la Ciudad de México, el presidente Madero le cambió la pena de muerte por prisión. Nuevamente, en 1913 se levantó contra el gobierno de Madero. En esta ocasión haciendo equipo con Félix Díaz y Manuel Mondragón. (11 y 105)

La madrugada del domingo 9 de febrero de 1913, la escuela militar de aspirantes de Tlalpan y la tropa del cuartel de Tacubaya se levantaron en armas en contra del gobierno de Madero. El grupo era comandado por el general Mondragón, quien después de liberar a Bernardo Reyes y a Félix Díaz, dejó el mando a Reyes. El grupo se dirigió a Palacio Nacional. Rodolfo Reyes advirtió a su padre que Lauro del Villa estaba encargado de la defensa de Palacio, Bernardo contestó: *"La suerte está echada!"* Lauro del Villar le pidió la rendición, Reyes respondió atacando directamente las puertas de Palacio... fue el primero en morir. (76 y 91)

Mondragón dirá que murió por imprudente y engreído. Era tal la soberbia de Bernardo Reyes, que murió a manos de Adolfo Bassó, al intentar tomar Palacio Nacional, porque creyó que la guardia militar traicionaría al gobierno y lo apoyaría a él. El Mayor Bassó era el intendente de Palacio y no dudó un momento en dispararle al traidor. (11)

Cuando Madero vio el cadáver de Reyes, señaló: "esto no debió suceder"...La muerte de Reyes fue absurda, lo mató la ambición de ser presidente, siempre se creyó el heredero. Alfonso Reyes, su hijo, años después, escribió: *"una oscura equivocación hizo desaparecer a una de las pocas voluntades capaces de conjurar los destinos".* (59 y 76)

Fue enterrado en el Panteón del Tepeyac y muchos años después, el 30 de septiembre de 1984, sus restos fueron depositados en la explanada de la Macroplaza de Monterrey, al pie de la estatua de Benito Juárez. (111)

Félix Díaz

Nació en 1868 en la ciudad de Oaxaca, huérfano desde 1871, quedó a cargo de su tío Porfirio, que se sentía culpable de su orfandad. Se graduó como Ingeniero Militar en 1888, fue diputado federal, cónsul en Chile, jefe de policía del Distrito Federal, jefe del Estado Mayor Presidencial, senador y general brigadier. (59 y 112)

Félix Díaz tenía como única virtud ser "sobrino de su tío"; era hijo de "el Chato", reconocido como hombre de poquísimas palabras, se creía ungido para continuar la dinastía porfirista. Hizo su carrera militar a la sombra de su poderoso tío. (59 y 109)

Cuando el Cuartelazo tenía 45 años, pasado de peso, cara redonda y potente bigote, curiosamente con enormes simpatías populares y gran arrastre entre las clases acomodadas. Ya había organizado una conjura contra Madero: el segundo Plan Militar contra Madero sale de Félix Díaz, desde Veracruz, en octubre de 1912. Con el lema de "Paz y Justicia", pide al Ejército Federal lo apoye para destituir a Madero. (59)

En la madrugada del 16 de octubre de 1912, Félix Díaz se rebeló en Veracruz y logró tomar el puerto. El general Joaquín Beltrán fue el encargado de enfrentar el movimiento, al amanecer del día 23, atacó y recuperó la plaza en pocas horas y arrestó a Díaz. Al día siguiente se reunió una corte marcial para juzgar a los sublevados, Félix Díaz, como jefe del movimiento fue juzgado en un Consejo de guerra, que decretó su pena de muerte, junto con otros tres rebeldes. Diversas comisiones solicitaron que Díaz fuera perdonado, varios senadores hicieron gestiones para que los Ministros de Guerra y Justicia informaran al Senado y evitar que fuesen fusilados, a la Suprema Corte de Justicia se solicitó una pena acorde con el hecho de que Díaz había renunciado al ejército y no debía someterse a la justicia militar. La Suprema Corte de Justicia atendió la petición, se suspendió la sentencia, evitó el fusilamiento y Díaz fue trasladado a la penitenciaría del Distrito Federal. (59)

Al fracasar el golpe fue a dar a la cárcel porque Madero le perdonó la vida. Madero lo perdonó aduciendo que no mataría a un hombre que ya se había suicidado. Ya preso conspiró con Mondragón y Bernardo Reyes, posteriormente se alió con Victoriano Huerta para matar a Madero. (7 y 59)

Cuando el cuartelazo, los alzados llegan por él a las 7:30 de la mañana, se estaba rasurando. Liceaga, director de la penitenciaría se niega a liberarlo, pero sólo cuenta con 20 hombres. El gobernador de la ciudad, que ya sabe lo que pasó en Palacio Nacional con los Aspirantes y Del Villar, le pide que retrase su entrega lo más posible. No puede retenerlo mucho tiempo. Frente a la prisión, Félix Díaz y Bernardo Reyes se abrazan. Una muchedumbre de civiles aplaude. Una vez en el acceso al Zócalo, Félix Díaz y Mondragón dejan que Bernardo Reyes se adelante y se presente ante Lauro del Villar. En el tiroteo muere Reyes. Muerto Reyes, Mondragón y Díaz se achican, por lo que se van a La Ciudadela. (76)

Una vez preso el presidente Madero, Díaz estuvo reunido con Wilson y Huerta desde las 9 de la noche a las una de la madrugada en la embajada de Estados Unidos, firmando el llamado Pacto de la Embajada. (113)

El ocho de abril de 1913, el Congreso determinó no realizar las elecciones pactadas en la embajada de Estados Unidos y nunca pudo ser presidente. (76)

Félix Díaz, mediocre, nunca supo aprovechar ser "el sobrino". No era intelectual, ni atleta, ni disciplinado, ni estudioso. (114)

Años después dijo: "yo no participé en la conspiración, un día se presentaros varios amigos y me hicieron saber...". Esperaba ser candidato y ganador de las elecciones presidenciales que organizaría Victoriano Huerta y, con ello, pasar a la historia. Elecciones que nunca se realizaron. (76, 92 y 109)

Una vez terminada la Decena Trágica, Huerta lo mandó a Japón como embajador, desde donde se autoexilió, para regresar a México hasta 1916, en 1918 organizó un movimiento armado contra Venustiano Carranza, una vez derrotado y ante el fracaso, se autoexilió y volvió a México hasta 1941, murió en Veracruz en julio de 1945. (109)

Félix Díaz se rebeló al gobierno legítimo en múltiples ocasiones, pero siempre fracasó. En la colonia Mártires de la Revolución de San Luis Potosí, una calle lleva su nombre. (92 y 113)

Félix Díaz fue el único de los generales del Cuartelazo que murió en su cama. Comparte la responsabilidad histórica e intelectual de la muerte de Madero y Pino Suárez.

Gustavo Adolfo Madero González

Estudió en el Colegio jesuita de San Juan Nepomuceno en Saltillo. Desenvuelto, bullidor y enérgico destacaba en todos los deportes, con gran facilidad para hacer amigos y bromas. Inteligente, activo, emprendedor. Antes de la revolución dirigía una papelera en Monterrey. (59, 76 y 107)

Gustavo Madero siempre participó en política, tenía el defecto físico de haber perdido un ojo, por lo que la prensa católica lo apodaban "ojo parado". Pronto se enemistó con el Dr. Francisco Vázquez Gómez. (16 y 105)

Desde que se presentó el Plan de San Luis, Gustavo Madero insistía en su cumplimiento total, sin ninguna concesión al gobierno de Porfirio Díaz.

Fue el cerebro financiero del maderismo armado y nunca dudó de sacar y usar la pistola. Ya con su hermano presidente dirigió el periódico *Nueva Era*. La prensa porfirista lo acusaba de corrupto y de aprovecharse de su hermano en sus negocios turbios. (76)

Ante la reclamación de los diputados por haber sido indemnizado luego de la Revolución, presentó un estado de gastos que incluían, entre otros, $154,000 USD por compra de armas y municiones, $12,000 USD por campañas de prensa, $60,000 USD por pago a agencias de Estados Unidos y $55,000 USD por abogados en Estados Unidos. Aduciendo que no pasó por el área de reclamaciones, porque en realidad se trataba de pagar deudas adquiridas para hacer la Revolución. (10 y 11)

Originalmente secretario de Hacienda en el gobierno provisional de León de la Barra, después diputado federal. Siempre activo, realista y sagaz, coordinaba a los diputados maderistas. (7)

Como hermano que era, su influencia siempre se mantuvo sobre su hermano, quien pese a ser mayor acostumbraba obedecerlo y seguir sus instrucciones desde la época escolar. Gustavo gana a Francisco en la ciencia de la vida, como estratega, en ambición. Es ingenioso y agradable, calculador y alevoso. (16 y 59)

Era el más inteligente y el único verdaderamente revolucionario en toda la familia Madero. Era activo trabajador a favor de su hermano: con un grupo, al que había bautizado el periodista Sánchez Santos como *La Porra*, hacía manifestaciones tumultuosas, befando a la gente de prestigio. (30)

La noche del ocho de febrero estaba en un banquete, que abandonó al recibir información de López Figueroa sobre los movimientos en Tacubaya. Van a Tacubaya, lo aprecian directamente: ¡está en marcha el cuartelazo! Desde ese momento, al iniciar la Decena Trágica, se fue a vivir a Palacio Nacional para poder estar junto a su hermano. (76)

Siempre sospechó de Victoriano Huerta, investigó y descubrió el contubernio Huerta-Díaz. Por lo que lo arrestó, lo desarmó y lo llevó ante su hermano, pero Huerta negó todas las acusaciones. (17)

Aguirre Benavides señala que Gustavo le dijo a su hermano: "Vamos a acabar colgados de los árboles del Zócalo" y el presidente le contestó: "Me dolería tu muerte". (76)

Con engaños fue llevado al restaurant Gambrinus donde fue desarmado y hecho prisionero. En esos días y debido a los acontecimientos, el restaurant permanecía cerrado, así que se abrió sólo para ellos. Los acomodaron en un reservado. Huerta anunció un día antes que ese mismo día tomaría La Ciudadela. Huerta salió primero del Gambrinus, entonces hicieron prisionero a Gustavo. Una vez prisionero de Huerta, fue enviado a la Ciudadela donde fue atacado por cerca de 100 individuos, sufriendo feroces humillaciones. Golpeado por sorpresa, le desprendieron su único ojo, un balazo le destruyó la mandíbula. Ciego y desnudo, suplicando que no lo mataran fue acribillado. Su cadáver recibió 37 heridas de bala y después fue quemado. La versión oficial señala que fue muerto por soldados "sin órdenes". (11, 59, 76, 95 y 115)

Entre las pertenencias que le devolvieron a Carolina, su esposa, había una libreta de notas, donde lo último escrito decía: *"todo está perdido, los soldados no quieren pelear"*. La familia tardó 6 días en recuperar el cadáver. Dejó a su viuda, un seguro por 100 mil pesos. (76)

Gustavo es el mártir de la tragedia de 1913 menos reconocido por los cronistas. Era algo así como la sombra perpetua de su hermano Francisco. Pero durante el periodo maderista era el hombre fuerte, el hombre de acción, el poder detrás del trono. Muy atacado por la prensa y los caricaturistas. (47 y 50)

Henry Lane Wilson

Fue embajador para los Estados Unidos desde 1897, inicialmente en Chile y después en Bélgica. A fines de 1909 se convirtió en embajador en México, pero llegó hasta el 5 de marzo de 1910, era el único representante de Estados Unidos en América Latina que tenía ese rango. Inició sus actividades diplomáticas luego de quebrar su negocio de bienes raíces en el Panic de 1893. Su hermano John, senador por Washington y dueño de un periódico en Seattle, lo acomodó usando sus influencias. Nació en Crawfordsville, Indiana, hijo de James Wilson, congresista. Asistió a la escuela pública, se graduó de abogado en Wabash College y ejerció su profesión en Indiana, Seattle y Lafayette, donde además publicó un periódico. (61 y 116)

Flaco, de mediana estatura, elegante, impaciente, de facciones duras, mirada ceñuda y semblante seco, era famoso por su habilidad para meterse en problemas. Irascible, quisquilloso y egoísta, por lo que fácilmente se molestaba. En la embajada de la Ciudad de México no era querido por los empleados por su tendencia a discutir por asuntos de poca importancia. Era republicano y hablaba perfectamente el español. (16 y 76)

Había sido embajador de los Estados Unidos de América con los presidentes William McKinley y Theodore Roosevelt, y fue nombrado embajador en México por el Presidente William Taft. Cuando Francisco I. Madero tomó posesión como presidente, era el decano del Cuerpo Diplomático en México. Tuvo temor por las tendencias políticas del gobierno de Madero tras la expulsión de Díaz, asumiendo el papel de catalizador para el complot de Félix Díaz y Bernardo Reyes contra Madero. (61)

Desde el inicio de su gestión, se involucró en los asuntos internos de México para defender los intereses de los inversionistas y empresarios de su país, a quienes el gobierno porfirista había protegido y otorgado concesiones y privilegios para explotar los recursos petrolíferos, principalmente en el norte del Estado de Veracruz y sur del Estado de Tamaulipas (la Faja de Oro). (11 y 68)

Henry Lane Wilson, director de la sombría conjuración que condujo al magnicidio, era un bebedor consuetudinario. Amparado en la impunidad diplomática, en el Pacto de la Embajada apoyó la conjura Díaz-Huerta, para derrocar a Madero. Todos los informes que dio a su gobierno, coincidían con los formulados por los enemigos mexicanos del presidente Madero. Una historia de simpatía con la traición y el asesinato. (10 y 59) 11

Mantuvo comunicación constante con Huerta, lo que lo mantuvo al tanto de todo lo que pasaba en Palacio Nacional, incluyendo las aprehensiones de Madero y Pino Suárez y su posterior ejecución. (11)

Una vez presos Madero y Pino Suárez, Félix Díaz y Victoriano Huerta concurrieron a la embajada estadunidense para continuar, junto con Lane Wilson, organizando sus movimientos. Designaron al Gabinete sustituto, formado por incondicionales a los tres, inclusive con personajes que se encontraban en el exilio, en la noche del 18 de febrero. Inmediatamente Wilson avisó a su gobierno, adelantando que Lascuráin asumiría el poder, para pasarlo inmediatamente a Victoriano Huerta. (11)

Wilson afirmó: "*He asumido una responsabilidad considerable al proceder sin instrucciones, pero he conseguido grandes beneficios para nuestro país y nuestros conciudadanos en México*". (6)

Se negó a ayudar a Sara Pérez de Madero, cuando le pidió interceder por la vida de su marido, en manos de Huerta. Toda la trama fue manejada por Henry L. Wilson, quien ya había decidido deshacerse de Francisco I. Madero.

Cuando los diplomáticos acreditados en México solicitaron a Wilson su intervención para asegurar las vidas de los prisioneros, se negó a hacerlo, pidiendo al Ministro Cólogan y al Ministro Márquez Sterling que acudieran con Huerta, para tramitarlo de manera personal, pero no del Cuerpo Diplomático. Bernardo Cólogan lo recuerda como "jefe y zurcidor de la conspiración" contra Madero y Pino Suárez. (66 y 112)

Cerró su actuación simulando que los navíos norteamericanos en las costas de Veracruz estaban ahí con la intención de desembarcar fuerzas militares para tomar el control del país en guerra civil. Aunque el presidente Taft ya había garantizado al gobierno de Madero que no existía ninguna intención de realizar ninguna invasión a territorio mexicano, pero existe un documento dirigido a Lane Wilson en donde le piden no negar enfáticamente la posible intervención naval.

Después de su elección en marzo de ese año, el Presidente Woodrow Wilson fue informado de los sucesos acaecidos en México por el agente especial William B. Hale quedando horrorizado por el apoyo de Henry Lane Wilson al cuartelazo contra Madero. Hale reportó que "Madero no hubiera sido asesinado si el embajador estadunidense lo hubiera querido", y acusó a Wilson de "traición y perfidia, asalto y patrocinio del asesinato de un gobierno constitucional". El Presidente estadunidense envió también a México a John Lind, quién consideró a H.L. Wilson como dañino para mexicanos y norteamericanos, por lo que el Presidente despidió al embajador Wilson. Los informes de Hale y de Lind, resultado de una extensa investigación sobre los sucesos ocurridos durante La Decena Trágica, fueron determinantes para que el presidente Wilson se negara a reconocer el gobierno de Huerta y ordenara la destitución del embajador. (60, 68, 102 y 116)

El 17 de abril de 1914, en una entrevista del The Springfields Republican, Henry Lane Wilson señala: *"...la Embajada Americana se convirtió en el centro de todas las actividades en favor de la humanidad"*. (61)

En Estados Unidos, al conocerse aquellos informes, hubo un verdadero escándalo en la clase política. En la prensa estadunidense se atacó tan duramente a Lane Wilson que, en junio de 1916, acusó de difamación al periodista Norman Hapgood, demandando 350 mil dólares de indemnización. Hapgood mostró el verdadero rostro de corrupción, confabulación, animadversión y desprecio hacia la vida de Madero. (99)

Caído en desgracia, se retiró a Nuevo México. En 1927 publicó sus memorias, se arruinó cuando la debacle económica de 1929 y murió envenenado en Indianápolis en 1932, siendo sepultado sin ningún tipo de honor diplomático. En su diario aseguró: *"si me enfrentara a la misma situación, tomaría el mismo rumbo de acción"*. (99 y 109)

El General Del Villar se distinguió en la defensa del Palacio Nacional repeliendo el ataque rebelde del general Bernardo Reyes el 9 de febrero de 1913. Lo apodaban "el Remington", tenía 63 años y sufría de gota. (46 y 77)

Nacido en Soto la Marina, Tamaulipas, en 1849, murió en la Ciudad de México el 26 de junio de 1923. En el ejército desde 1865, combatió contra la Intervención Francesa y el Imperio de Maximiliano. Francisco I. Madero lo hizo general de división en diciembre de 1910; demostró su lealtad a las instituciones defendiendo el Palacio Nacional durante la Decena Trágica. (77)

Al inicio de la Decena Trágica estaba encargado de la defensa del Palacio Nacional como Comandante Militar de la Plaza (a los casi 64 años) y, al ocurrir el asalto de Bernardo Reyes fue herido en el omóplato, por lo que fue sustituido por Victoriano Huerta, Del Villar alcanzó a decirle: *"Mucho cuidado, Victoriano..."*. (64)

Fue el primer militar leal en reaccionar ante el Cuartelazo. Al enterarse del golpe militar, recurre al 24° batallón del cuartel de San Pedro y San Pablo, a quienes los golpistas habían menospreciado, por su pequeño tamaño. Sólo había 3 oficiales y 84 soldados. Los municiona con 200 cartuchos para cada quien y, en doble fila, los lleva al cuartel de zapadores que estaba a espaldas de Palacio. Ahí se le suma el escuadrón primero de caballería, que estaba al mando del capitán Torrea. (76)

La noche del ocho de febrero y ante los rumores existente de un golpe militar, buscó apoyo con el Ministro de Guerra para atraer a la ciudad algunos regimientos cercanos, pero le respondieron: "Conténtate con lo que hay". Logró que se girara orden de aprehensión para el General Mondragón, pero esa noche no se ejecutó tal orden. Esa noche hizo mucho frío y hubo terribles tolvaneras desde Texcoco. (76)

Recuperado Palacio Nacional, Del Villar pide al capitán Torrea hacerse cargo de los zapadores y que preste atención a cualquier evento extraño, mientras el mismo se coloca al frente de Palacio entre dos filas de tiradores colocados pecho a tierra. Llevaban 2 ametralladoras que estaban al mando de Adolfo Bassó. (76)

Reyes, espada en mano, avanzó hacia Palacio. Del Villar salió hasta la mitad de la calle, se detiene unos 30 pasos antes de Reyes y le ordena deponer las armas, Reyes le intenta echar el caballo encima, del Villar da la orden de abrir fuego. Bassó acierta en la humanidad de

Bernardo Reyes. Los alzados, incluyendo a Rodolfo Reyes, se ocultan en el quiosco del centro de la plaza. El tiroteo dura unos cuantos minutos. Del Villar recibe un balazo en el hombro. Los alzados tienen 80 heridos y 35 muertos, los leales 43 entre muertos y heridos. Los caballos, sin jinete, dan vueltas por la plaza. También hay civiles y mirones muertos, algunos iban saliendo de misa en catedral. (76)

El General Lauro del Villar enfrentó valiente y audazmente a los golpistas, liberó al Ministro de Guerra y a Gustavo Madero y alcanzó a rehacerse y prepararse para recibir a los alzados. (49)

Después del tiroteo y al retirarse los rebeldes, Del Villar no tiene suficientes elementos para perseguirlos. Sube a la azotea de Palacio para ver hacia donde se encaminan. Madero sube a la azotea para ver la herida de Del Villar y conocer su opinión. También lo felicita. El general del Villar guardó fidelidad al gobierno legalmente constituido y nunca confabuló con los reyistas. Se mantuvo en activo durante el gobierno de Huerta. (11 y 77)

José Victoriano Huerta Márquez

Nacido en Colotlán, Jalisco el 22 de diciembre de 1850[120], era ingeniero militar, poseedor de excelentes notas en el Colegio Militar, por esas notas y por ser indígena fue elogiado por Benito Juárez. Con Porfirio Díaz se le encomendaron muchas actividades contra los indígenas, tanto del norte (yaquis en 1900) como del sur (mayas en 1903). Bernardo Reyes, siendo Secretario de Guerra, lo nombró Ministro de la Suprema Corte Militar y, después, responsable de la pavimentación de Monterrey. (76 y 117)

Estaba casado con Emilia Águila, de familia acomodada de Xalapa. Era de estatura media, cuadrado, vigoroso, piernas cortas y ancho de pecho, brazos largos. Melómano, se volvía locuaz al emborracharse. García Naranjo decía que "tenía domesticado al alcohol". (76)

Ambicioso, frío y rudo, pero no tonto, su autoritarismo lo convirtió en pieza clave de la *pax porfiriana*, siempre cruel y oportunista. Madero creía que era el mejor militar del país. Porfirio Díaz le permitió escoltarlo en el ferrocarril que lo conducía a Veracruz al exilio, en mayo de 1911. León de la Barra lo designó para acabar con Zapata. Después sirvió al gobierno maderista, se encargó de la revuelta de Orozco, por lo que recibió honores de héroe. (21, 76 y 92)

Graduado como Ingeniero y topógrafo, sus mejores notas fueron en Astronomía, era famoso por la facilidad con que realizaba cálculos matemáticos sin requerir lápiz o papel. Dipsómano, aficionado al cognac *Hennessy*, requería que sus ayudantes lo llevaran a su casa por la noche, pero en cuanto amanecía estaba listo para la jornada, fresco y despabilado, con la mente clara y ágil. (59, 76 y 117)

Entre 1907-9 radicó en Monterrey como jefe de Obras Públicas en el gobierno de Bernardo Reyes. **(112)**

Al custodiar a Porfirio Díaz y su familia en su viaje a Veracruz para partir al exilio, fue acompañado por Joaquín Chicarro. Durante la campaña contra Orozco tuvo un altercado con Francisco Villa, porque este robó unos caballos que quería para atacar a Orozco e intentó fusilarlo, sin embargo, los hermanos de Madero lo impidieron, cambiando la pena por prisión en la Ciudad de México. (10, 16, 112 y 114)

Sus compañeros del Colegio Militar lo consideraban inteligente, ambicioso, reposado, astuto, frío, escéptico, impulsivo, temerario, vigoroso, organizado y muy valiente. Cuando salió a la campaña contra

120 *Ignacio Taibo II dice que nació en 1844, que era hijo de mestizo y de india huichol y que lo apodaban "*el chichimeca*". (76)

Orozco, personalmente revisó los elementos de combate, cada fusil, cada cartuchera, cada ametralladora, la calidad del parque, de los instrumentos para cavar o reparar las vías férreas. Una vez derrotado Orozco, Huerta reacomoda a Abraham González como gobernador de Chihuahua y regresa como héroe al regazo de Madero, quien lo nombra General de División. (16)

Juan José Tablada había escrito de Huerta en 1912: "... de rostro impasible y sereno es semejante a los guerreros del viejo Anáhuac, el pueblo cariñosamente le llama *el Indio*, es del mismo bronce que Cuauhtémoc...". (49)

Desde que Huerta regresó de derrotar a Orozco, Gustavo Madero lo mandó vigilar, porque le vio madera de gavilán. Aprovechando que se operó de los ojos, desmantelaron la División del Norte, lo que quitó a Huerta sobresueldo, poder y lujos. (15)

Conoció desde muy temprano la conspiración de los generales Mondragón y Ruiz, pero no los denunció, tal vez porque convalecía de una cirugía de cataratas. Seguramente esperando el momento oportuno para sacar ventaja de la situación.

Una vez herido Lauro del Villar, fue nombrado Comandante militar de la plaza. Ante la amenaza de los conspiradores de La Ciudadela, Madero cometió el error de darle el mando de su defensa a Victoriano Huerta. Una vez a cargo, Huerta cambió la guardia leal por componentes del 29 Batallón, que fueron su apoyo en la traición. Inmediatamente después hizo prisioneros a quien estaban en Palacio con Madero. (11)

Huerta tuvo dificultades para decidir qué hacer con Madero y Pino Suárez, el tren que los llevaría a Veracruz fue cancelado, ante el temor de que en el camino fueran liberados por el pueblo. Con mayor razón después que Refugio Velazco, jefe militar de Veracruz se negara reconocer la presidencia de Huerta. (93)

Huerta se alió con Félix Díaz (que había sido su alumno en el Colegio Militar) y con Henry Lane Wilson para conspirar contra Madero, negoció con Lascuráin, mató a Madero y se deshizo de Díaz.

Huerta nunca vivió en el Castillo de Chapultepec, tampoco dirigió ninguna operación militar contra los constitucionalistas de Carranza, aunque si le pidió dinero a la Iglesia Católica y a los ricos de la Ciudad de México para pagar las campañas. Sólo sobrevivió 17 meses en el poder. (72 y 76)

Entrevistado en el exilio, Huerta aseguró que la decisión de matar a Madero y Pino Suárez no fue suya, pero insistió en guardar el secreto, se limitó a señalar que Rodolfo Reyes (Ministro de Justicia) y Rafael Martínez Carrillo[121] eran los responsables de la seguridad de Madero y Pino Suárez, mientras se tomaba una decisión. Huerta le había asegurado a Lascuráin, sobre la memoria de su madre, que garantizaba la vida del Presidente Madero, si éste renunciaba. (76 y 80)

Su traición generó la revolución constitucionalista y facilitó una nueva invasión estadunidense. Inicialmente se exilió en Europa, donde intentó negociar con Alemania la participación de México en la Gran Guerra, para lo que pedía apoyo para regresar al poder, intenta entrar a México a través de Estados Unidos, pero es interceptado como espía alemán y encarcelado. (8 y 92)

Huerta presentó su renuncia a la presidencia el 15 de julio de 1914 ante el avance de las fuerzas constitucionalistas de Carranza. Murió en Fort Bliss, en El Paso, Texas, el 13 de enero de 1916, a los 71 años, de cirrosis hepática. Se convirtió en el villano favorito de la política mexicana, pero en su pueblo natal hay una calle con su nombre y una estatua. (109 y 117)

Experto en capotear tempestades, sobrevivió a la rebelión en su contra y en julio de 1914 se exilió. Existen cuatro calles con su nombre, la más llamativa está en la colonia Francisco Villa de Cuautitlán Izcalli en el estado de México, entre Emiliano Zapata y Plan de Guadalupe. (113)

121 * Muere a los 76 años en la Ciudad de México.

José María Pino Suárez

Nacido en Tenosique, Tabasco, el ocho de septiembre de 1879, abogado de profesión, poeta de corazón (había publicado dos libros de versos) y era parte importante del movimiento antirreeleccionista. De origen humilde, soñador, era de reconocida honradez. Delgado, apacible y ojos hundidos. Llegó a Mérida a los 12 años, en que ingresó al Colegio de San Ildefonso, como interno. Estaba casado con María Cámara Vales. Convencido que su personalidad no iba con la abogacía, se dedicó al comercio, asociado con su suegro. Había conocido a Madero en una reunión antirreeleccionista en Mérida, donde fundó y dirigía, desde 1904, junto con Serapio Rendón, el periódico opositor *El Peninsular*, donde continuamente señalaban los abusos a los indígenas del estado. El 15 de abril de 1910 presidió la Convención en el salón Tívoli, donde se decidió por la candidatura Madero-Vázquez Gómez a la presidencia. Por su conducto, Manuel Sisniega Otero[122], español radicado en Guatemala, apoyó a Madero con 70 mil dólares. También participó en las pláticas de paz con los enviados de Porfirio Díaz, estando presente en las fases finales de la reunión del Río Bravo el 30 de abril y el 1 de mayo de 1911, siendo firmante de los tratados de paz de Ciudad Juárez del 21 de mayo de 1911. Al término de la Revolución Maderista fue gobernador de Yucatán. Poco antes de tomar posesión devuelve los 70 mil dólares y lo hace saber al Congreso local. Pino Suárez era un hombre firme, inteligente y modesto. (8, 11, 17,21 47, **118, 119 y 120**)

Mirada de poeta, llena de ternura y bondad, con temperamento tropical era franco y generoso. Sus estudios los hizo en Yucatán, donde también formó a su familia. Su oposición a Porfirio Díaz hizo que le destruyeran su periódico en 1906. Comandaba a los antirreeleccionistas de Tabasco, Campeche y Yucatán. Después de la asamblea antirreeleccionista que señala a Madero como candidato a la presidencia, Pino Suárez decidió refugiarse en Estados Unidos, por lo que fue fácil que fuera uno de los firmantes de los Tratados de Ciudad Juárez. Durante su estancia en Ciudad Juárez hace amistad y coincide con las ideas de Gustavo Madero. (**118, 119 y 120**)

Con el paso de los meses y ante el comportamiento de Vázquez Gómez, Madero prefería ir en fórmula con Pino Suárez a las elecciones, sin embargo, dada la vocación democrática de Madero, la elección la hizo el pleno de la Convención convocada para ello, por el Partido Constitucional Progresista. (11)

122 *Abogado importante de la época.

Los últimos 15 meses de su vida fue gobernador de Yucatán, Ministro de Educación Pública y Vicepresidente de México. Encomiendas que ejerció con solvencia moral, intelectual y política. Su posición era mantenerse íntegro y leal. (55, 119 y 120)

Una vez ganada la elección de 1911, Pino Suárez declaró: "ni he sido impuesto en el cargo, ni yo lo habría aceptado. La Vicepresidencia es la herencia maldita del Régimen Porfirista". Además de la Vicepresidencia, Pino Suárez ocupaba el cargo de Ministro de Instrucción Pública y Bellas Artes al momento del cuartelazo. Junto con Gustavo Madero eran los blancos favoritos de la oposición al gobierno de Madero. (11 y 118)

En una reunión oficial, dijo a Márquez Sterling, el embajador cubano: "nos hallamos en situación muy crítica, sólo un cambio de método podrá evitar la catástrofe. Mano enérgica y dirección política concreta es lo que requiere la salud del país. No recomiendo persecuciones ni atropellos, debemos mantener un programa de leyes, libertad y civilización. De eso depende la vida del Gobierno y tal vez la nuestra propia". (16)

Aparentemente, Pino Suárez había entregado a Madero una carta renuncia a la Vicepresidencia, que entraría en vigor el nueve de febrero, muy decepcionado de la política. (47)

Pino Suárez fue hecho prisionero por gente de Victoriano Huerta el 18 de febrero en las oficinas de la Secretaría de Guerra, junto con Ernesto Madero y Rafael Hernández. Fueron trasladados a Palacio Nacional. Pino Suárez estuvo originalmente encerrado en uno de los garitones de la puerta central, pero posteriormente fue trasladado a la intendencia de Palacio. (119)

Con lealtad ejemplar acompaña a Madero en la tragedia, aunque éste, al parecer, le había aconsejado que huyera y se escondiera. Le escribió a Serapio Rendón, pidiéndole que velara por su familia. Antes de morir señaló, al mismo embajador cubano: "me persiguen los mismos odios que al presidente, sin la compensación de sus honores". (16, 118 y 119)

El 19 de febrero señaló, hablando para sí mismo: "La política sólo me ha proporcionado angustias, dolores y decepciones. Sólo he deseado hacer el bien, respetar la vida y el sentir a los ciudadanos, cumplir con las leyes y exaltar la democracia". (94)

Presos en Palacio Nacional, Madero y Pino Suárez fueron forzados a renunciar. Una vez aceptada la renuncia, Cárdenas victimó a Madero y el cabo Rafael Pimienta a Pino Suárez a mansalva. Después se simuló un asalto.

Pino Suárez muere a los 34 años, acongojado por dejar en la orfandad a sus hijos. Su cuerpo fue enterrado en el Panteón Español. El 22 de febrero de 1920 fue trasladado al Panteón Francés y el 11 de agosto de 1939, su cuerpo fue colocado inmediato a Madero. En 1968 fue trasladado a la Rotonda de las Personas Ilustres. (59, 117, 118 y 119)

Pedro María Lascuráin Paredes

Pedro José Domingo de la Calzada Manuel María Lascuráin Paredes nació en el rancho de La Romita en la Ciudad de México. Era nieto del general Mariano Paredes Arrillaga, quien también fue presidente de México por un breve período en 1846, cuando la intervención estadunidense a México. (121)

Pedro Lascuráin fue el presidente número 39 en la historia de México. Su padre era un próspero empresario de Veracruz. Era un hombre de elevada estatura, de rostro sereno y amable, muy culto, discreto y cortés, noble y patriota. Entró en el gobierno por servir a la tendencia unificadora de Madero. No supo contener al Embajador de Estados Unidos, quien lo arrinconó con sus amenazas y su verborrea diplomática. (16)

Se formó como abogado en el Seminario Conciliar y en la Escuela Nacional de Jurisprudencia. Ejerció su profesión como miembro del ayuntamiento de la Ciudad de México y fue director de la Escuela Libre de Derecho. Estuvo de acuerdo con que Madero mantuviera la estructura gubernamental porfirista, principalmente para mantener la estabilidad producida por las inversiones extranjeras. (121)

Pedro Lascuráin, quien era secretario de Relaciones Exteriores, participó informando y preocupando a los senadores sobre la supuesta invasión norteamericana en Veracruz, recomendando se exigiera la renuncia de Madero. Lascuráin, con cierta vehemencia, insistía a Madero, cuando estaban encerrados en Palacio Nacional, que renunciara y acabara con la carnicería callejera. (11)

Fue quien más puso su vida en peligro durante el cuartelazo militar, las grandes potencias descargaron en él una tarea que no estaba capacitado para cumplir y, la avalancha lo arrolla. Durante su prisión junto a Madero, a la esposa le informaron que lo habían matado. (16)

Al mismo tiempo que insistía en la renuncia de Madero y Pino Suárez, Lascuráin acudía al Senado a pedir a los senadores que acudieran en grupo a Palacio Nacional a influir en las renuncias. De hecho, una vez aceptadas las renuncias de Madero y Pino Suárez por el Senado, el mismo Senado nombró a Lascuráin Presidente Provisional, sin embargo, ante el temor a la responsabilidad y a Victoriano Huerta, inmediatamente renunció a favor del traidor.

Tras apresar a Madero y al vicepresidente Pino Suárez, Huerta exigió las renuncias al gobierno a cambio de la su libertad. Una vez emitida la dimisión, el poder recayó constitucionalmente sobre el secretario Pedro Lascuráin, quien se había constituido como salvaguarda de la vida de Madero. Para aceptar el trámite, Pedro Lascuráin hizo jurar a Huerta ante una imagen guadalupana que protegería la vida del presidente, de manera que fungió como interpósita persona entre Madero y Huerta. Una vez entregadas las renuncias, Lascuráin asumió constitucional y legítimamente la presidencia de las 17:15 a las 18:00 horas del 19 de febrero de 1913. (121)

Fue presidente por 45 minutos, tiempo apenas suficiente para aceptar el cargo, nombrar a Huerta Ministro de Gobernación y renunciar. Pudo garantizar las vidas de Madero y Pino Suárez, pero no supo hacerlo. El 19 de febrero, cuando aquellos ya eran prisioneros de Huerta, se había comprometido a llevarlos a Veracruz, de donde embarcarían a Cuba. El acuerdo era entregar al Congreso las renuncias una vez que hubiera partido el barco, pero no lo hizo. Aunque supo de la muerte de Gustavo Madero, nunca se lo comunicó al Presidente Madero. El 24 de febrero asistió al funeral de Francisco I. Madero, pese a haberle prometido salvar su vida. (86,109 y 121)

Lascuráin vivió hasta los 96 años. Durante el resto de su vida defendió no ser parte del complot contra Madero. Sobre ello declaró: «Mi único propósito había sido obtener garantías que pusieran a salvo la vida del señor Madero. Fue el malvado engaño, porque muy pocas horas después de serme garantizada la vida del presidente, era asesinado. No quiero añadir más». (121)

Aureliano Blanquet

Se asegura que Aureliano Blanquet dio el tiro de gracia a Maximiliano en Querétaro y era el Jefe Militar de Puebla cuando la muerte de Aquiles Serdán, pero no se le conoce ningún otro hecho histórico. Siendo coronel, en la noche del 12 al 13 de julio de 1911, después de la renuncia de Porfirio Díaz, en un mitin desarrollado por Madero en la plaza de toros de Puebla, hizo múltiples víctimas maderistas a base de fusilería y ametralladoras. El mitin era para festejar a Madero y entre los asistentes había mujeres y niños, varios de ellos inmolados a bayoneta. Años después Vasconcelos lo ponía como ejemplo de hasta dónde puede llegar en México un verdugo. (11 y 109)

Nació en Morelia en 1849. En su expediente militar se menciona que era de "conducta dudosa", que pudiera significar indisciplinado. Porfirista siempre, participó en la Guerra de Castas en Yucatán y fue reconocido por su brutalidad. En noviembre de 1911, Madero lo nombró general brigadier, en el acto Blanquet declara: "este gobierno sintetiza la legalidad, esto obliga al Ejército a sostenerlo o morir por él...". (72 y 76)

Tanto Huerta como Blanquet fueron importantes para León de la Barra, quien, durante su interinato, los utilizó para controlar el movimiento revolucionario de Zapata en Morelos. (11)

Ya con Madero en la presidencia, desde noviembre de 1911 recibió instrucciones de enfrentar militarmente al grupo de Zapata en Morelos. Acompañó a Huerta y fue herido en la campaña contra Orozco y por ello Madero lo nombró General. Al inicio de la Decena Trágica y al mando de sus fuerzas en Toluca, dijo: "contribuiré a la pacificación del país", llamando al orden a los rebeldes y apoyando a Madero, señalando que éste ¡representa la legalidad! A la traición de Victoriano Huerta y estando de su lado, se hizo cargo de la guardia de Palacio Nacional con el 29 Batallón, de acuerdo a instrucciones recibidas de Huerta. Inmediatamente hizo prisioneros a Felipe Ángeles y a Manuel Rivera, para proceder a apresar a Madero y a quienes estaban con él en Palacio. Lo que intentaron realizar, sin conseguir, Jiménez Riveroll, Izquierdo y Cepeda. Madero bajó por el elevador pidiendo apoyo a Blanquet, quien inmediatamente lo hace prisionero. Blanquet mantiene prisioneros a Madero y a Pino Suárez hasta el 22 de febrero. Una vez presos, organizó su asesinato vía Francisco Cárdenas y Rafael Pimienta. Fue recompensado con el grado de General de Brigada. (11, 16, 59, 92 y 109)

En junio de 1913, ya como divisionario, sustituyó a Mondragón como secretario de Guerra, pero no pudo derrotar a los constitucionalistas. Más tarde fue parte de la fórmula Huerta-Blanquet para la presidencia. (11, 109)

Tras la caída de Huerta, se refugió en Cuba. Posteriormente, ya en la época de Carranza (1918), regresó apoyando una revuelta de Félix Díaz, se unió al grupo felicista y se levantó en armas en Veracruz, donde murió el 15 de abril de 1919, lo que representó un duro golpe al movimiento felicista, ya que su capacidad militar era mucho mayor que la de Félix Díaz. Se despeñó en una barranca, mientras huía de sus enemigos. Su cabeza fue exhibida como trofeo de guerra por las calles de Veracruz (11, 92 y 109)

XIV. Resultados

La historia es una recuperación de hechos que ocurrieron en el pasado, pero realizada en el presente. Por ello, conocer la historia (el pasado), tal como fue, será poco probable. Siempre se tendrá una visión parcial, matizada por nuestro presente. (21)

Después de la Guerra de Secesión, Estados Unidos inició su industrialización, lo que transformó su expansionismo territorial en un expansionismo financiero. Abraham Lincoln era un liberal progresista, que consideraba que el Gobierno tiene la obligación de generar oportunidades a los habitantes y estaba seguro que la mano de obra libre incrementaría la productividad. Sobre esas bases se desarrolla la expansión industrial estadunidense y dada la influencia de la zona fronteriza con México, el norte de nuestro país inicia su industrialización.

En ese orden de ideas, en 1900 los mexicanos veían al país como una empresa y al General Díaz como un administrador y provisor que la manejaba con prudencia y energía, donde los ciudadanos eran los trabajadores beneficiados. Madero, que había vivido en otros países, identifica los vicios políticos que imperan en el país y decide iniciar el cambio. En su inocencia creía que la libertad y la democracia humanizaban a las personas. (21)

Al renunciar Porfirio Díaz el 25 de mayo de 1911 algo se rompió en la capital mexicana, las fiestas del Centenario mostraron al mundo un ensueño de tranquilidad y progreso, pero rápidamente salió a flote la realidad: pobreza, analfabetismo, campesinos sin tierra... esperando justicia. **(99)**

En los últimos días del Porfiriato, México disfrutaba de prosperidad, pero no había libertad. La opresión estaba presente en la vida pública. Contra el aparato gubernamental se levantó Madero. Sin odio. Deseaba que el servicio público fuera tarea de hombres honrados. (59)

Madero trató de respetar el aristocrático aire citadino, su casa de Liverpool y Berlín[123] en la colonia Juárez era de lo más moderna, con todos los parámetros arquitectónicos de aquella época. Prosiguió con las construcciones fastuosas que había dejado sin terminar Porfirio Díaz, quien por cierto vivía en una casa de renta en el número ocho de la calle Cadena (hoy Venustiano Carranza). Para continuar con las obras inconclusas, se llegó a expropiar terrenos por un valor cercano a 200 mil pesos. En 1912 se inauguraron las primeras líneas de camiones urbanos para pasajeros. Después de la Decena Trágica la ciudad de México quedó desolada. Los mejores edificios públicos habían sido maltratados por la lluvia de proyectiles. **(96, 98 y 99)**

Madero nunca pensó ni quiso una revolución. Una revolución es un movimiento progresista, con fines redentores, que pretende eliminar instituciones caducas, vicios profundos, creencias absurdas, viejos privilegios agonizantes. En *La Sucesión Presidencial*, Madero pide a Díaz que escoja para vicepresidente a cualquiera de sus amigos, excepto Corral o Reyes, amenazando con una revolución. Se le aceptaba la séptima reelección a cambio de un vicepresidente elegido popularmente. (14)

En 1910, aparte de Madero, no había muchas opciones a la presidencia, el mismo régimen dictatorial había hecho invisible a cualquier candidato a suplir a Porfirio Díaz. De la Barra y Lascuráin tenían inteligencia y capacidad, pero no la personalidad suficiente para gobernar un país con tantas diferencias culturales, educativas, sociales, lingüísticas, etc. Personajes conocidos como Limantour, Calero, Ernesto Madero, Guillermo Obregón, Dehesa, Maytorena, etc., hubieran querido, pero difícilmente hubieran logrado un apoyo mayoritario que fuera representativo y decisivo en las urnas.

Muchos jóvenes como Vasconcelos, López Velarde, Sánchez Azcona, Urueta, Roque Estrada, tal vez hubieran sido opciones luego que Madero terminara su período. Incluso su hermano Gustavo. ¡Pero no en 1910!

Los Vázquez Gómez querían, pero estaban muy limitados a su medio social, incapaces de salir a la calle y caminar la legua moviendo la voluntad popular en mítines políticos.

Es claro que el México de 1910-13 no estaba listo para el ejercicio de la democracia, 30 años de dictadura le habían quitado la capacidad de elegir y decidir, y no sólo en el ámbito político.

---

123 *En la Colonia Juárez, Berlín 21, esquina con Liverpool, estaba la casa de la familia Madero y donde vivieron Francisco I. Madero y su esposa Sara, antes de irse a Chapultepec. (75)

Por eso Huerta cayó como anillo al dedo. Militar fuerte y con prestigio, tanto en la milicia como en los círculos del poder. Inteligente, calculador, conocedor del pueblo y de casi todo el país. Ni Mondragón ni Blanquet tenían ese adecuado perfil. Félix Díaz siempre careció del temple y fortaleza de su tío. Aunque en realidad Huerta no cayó.... ¡se acomodó astutamente en menos de 15 días!

La familia Madero tenía la convicción que sólo se podía progresar trabajando duro. Millonarios desde el tronco ancestral, acostumbraban que los varones, al terminar los estudios, iniciaran y desarrollaran negocios propios, que les permitiera una fortuna personal. Por eso Francisco I. Madero estudió en la Escuela de Altos Estudios Comerciales en París. A la muerte de Francisco y de Gustavo Madero, sus propiedades y negocios desaparecieron. El exilio de Francisco Madero padre, tuvo los mismos resultados con su fortuna. Hombres acaudalados y trabajadores, dejaron en la pobreza a sus familias. (91 y 105)

Porfirio Díaz había dicho: "Hay que ser algo más que un hombre honrado para gobernar a México". Se conoce como Decena Trágica al movimiento armado ocurrido en la ciudad de México entre el 9 y el 18 de febrero de 1913. Aunque Madero y Pino Suárez fueron asesinados el 22 de febrero. Debe aclararse que nadie, en ningún estado, apoyó el cuartelazo de los generales. Ni tampoco la traición de Victoriano Huerta. Todo sucedió en la capital de la república. (17 y 59)

La Decena Trágica del 9 al 18 de febrero de 1913 tuvo protagonistas de distintas clases. Muchas historias de ese periodo colocan a integrantes de la alta planilla del ejército federal como traidores a la Patria que se sumaron a la rebelión, o bien, observaron sin inmutarse el golpe de Estado contra el presidente Francisco I. Madero. Los Guardias Presidenciales se mantuvieron siempre leales a Madero, así como algunos personajes de alto rango que se mantuvieron fieles al mandatario y arriesgaron su vida en contra de los sublevados, como los generales Felipe Ángeles y Lauro del Villar. (76)

El sustento social para la Decena Trágica fueron los terratenientes y los poseedores del dinero, que sentían amenazadas sus propiedades y riquezas por las posibles reformas del gobierno de Madero. La prensa fue el agresivo portavoz y la organizadora intelectual de la violencia de aquel febrero de 1913. El acontecimiento que acabó con Madero fue una rebelión de los altos mandos del Ejército Federal. Fue una historia de traición y tragedia entre militares. Los civiles creen desempeñar un gran papel, cuando quienes en verdad deciden son los dueños de las armas y, detrás de ellos, los dueños del buen dinero.... (49)

El gobierno de Madero duró solo 15 meses, se esforzó por respetar la libertad de prensa e impulsar la renovación de la política mexicana. También aprobó el derecho a la huelga y legalizó la libertad sindical.

Unos senadores conspiradores y unos militares traidores, orquestados por un embajador extranjero fueron los responsables. Fueron 10 días de intriga, traición, caos y derramamiento inútil de sangre.

El cuartelazo de la Ciudadela, la traición de Huerta y las intrigas de Henry Lane Wilson permitieron que se aliaran contra el maderismo los ricos, los partidarios del porfirismo, el Partido Católico y los que tenían negocios prósperos explotando a los peones del campo, que entendían que era su oportunidad de recuperar lo perdido. (11)

Sin olvidar que hubo personas honorables y de prestigio que fueron arrastrados por Huerta a su Gabinete, la realidad es que Huerta deseaba imponer un régimen militarista, por lo que paulatinamente fue sustituyendo a los gobernadores electos por militares afines a él. Por ejemplo, Maass fue gobernador de Coahuila en 1913-14. Maass era hijo de la hermana mayor de la esposa de Huerta.

Madero ganó la presidencia por una votación abrumadora, sin embargo, en los 10 días de la Decena Trágica no hubo ninguna manifestación popular de apoyo a su candidato ganador. Vasconcelos dice haber buscado al pueblo, ¡pero éstos le pedían armas! Todo magnicidio suele tener un velo de misterio, las circunstancias permanecen oscuras y no es fácil llegar al fondo de la conspiración. (59)

El régimen maderista no cayó a causa de un levantamiento popular, tampoco lo derrocó el cuartelazo de la Ciudadela, Madero fue víctima de la deslealtad oportunista de Victoriano Huerta, aprovechada por la reaccionaria y feroz acción de los conservadores, en contubernio con el embajador de Estados Unidos. Pancho Villa, alguna vez le había advertido: ¡"Te van a matar esos curros"! (17 y 76)

Madero cayó víctima de su propia ideología, quería promover la democracia y a eso jugaron los jueces, los legisladores, los gobernadores, los periodistas y los electores. Creía que la República mostraría madurez democrática y usaría responsablemente la libertad. ¡Lo que no pasó! (41)

Los conservadores mantuvieron una férrea oposición a Madero, por múltiples motivos, que de manera independiente no hubieran causado daño al régimen maderista, pero su conjunto y su constancia sí fueron determinantes para minar la opinión pública: el espiritismo, su ánimo idealista y democrático, la imagen despótica difundida por la prensa opositora y el incumplimiento al Plan de San Luis. Sin embargo, seguramente influyeron más la supresión del ejército revolucionario y la conservación del ejército federal. Los militares se sublevaron y no hubo quién lo defendiera. Sin olvidar que hubo algunos leales, como Lauro del Villar, Adolfo Bassó, Gustavo Garmendia y José Refugio Velazco.

Nemesio García Naranjo concluyó que el gobierno de Madero cayó por obra de dos cuartelazos, uno el nueve de febrero y el otro el 18 del mismo mes. Victoriano Huerta, autor del segundo y definitivo acto de traición militar, supo aprovechar la división existente en ese ejército federal. Diarios y revistas capitalinas tenían meses azuzando a la gente contra el gobierno legalmente constituido de Madero. García Naranjo era diputado opositor y director de *La Tribuna*[124]. (15)

400 grupos aislados se levantaron a la muerte de Madero y formaron en pocos meses hasta 100 grupos guerrilleros revolucionarios ordenados en el norte del país. (39)

En 1913, la población de México era de 15 millones 300 mil habitantes y el ejército estaba constituido por 61 mil hombres.

El ofrecimiento de elecciones resultó una burla para Félix Díaz. El Gabinete del usurpador mandó al Congreso la convocatoria a elecciones y se puso como fecha el mes de octubre de 1913, lo que obviamente molestó a los felicistas que lo querían de inmediato. Paulatinamente fueron eliminados los felicistas del gabinete (García Granados y Esquivel Obregón). A Félix Díaz lo nombró embajador en Japón, con lo que lo alejó del país. Seguido de una orgía de sangre, que incluye a Serapio Rendón, Néstor Monroy, Adolfo Gurrión y Belisario Domínguez, entre muchos. (11 y 59)

El Cuartelazo tenía por objeto llevar a la presidencia a Bernardo Reyes, a su muerte, tomó el mando Félix Díaz. La Traición se planeó el 17 de febrero en Tacuba, cuando Victoriano Huerta y Aureliano Blanquet se pusieron de acuerdo para el golpe del día 18. Huerta sabía que en La Ciudadela no había unidad de mando y que el 29º batallón era el más fuerte del momento. Huerta decidió jugar todo a una mano de baraja. Convenció a Díaz que sería presidente provisional, que llamaría a elecciones a brevedad, y que Díaz ganaría la presidencia. Negociaron un gabinete lleno de personalidades con prestigio y reconocida integridad. El Congreso, la Suprema Corte y los gobernadores aceptaron el hecho rápidamente. Para la masa popular todo fue muy sencillo: la bota

124 *Nemesio García Naranjo también fue miembro del Ateneo de la Juventud, en octubre de 1913 fue nombrado Secretario de Instrucción Pública por Victoriano Huerta. (15)

poderosa les dio un puntapié a las instituciones. Madero heredó un ejército debilitado. La prensa se aprovechó de su instinto democrático. (114)

La presión de los ministros liberados por Huerta, donde destaca Lascuráin, la presión de sus propios familiares y la certeza que tenían de la traición del Ejército, obligaron a Madero y a Pino Suárez a firmar la renuncia y, con ello, su sentencia de muerte. Madero murió fiel a sus convicciones.

Los diputados aceptaron las renuncias y nombraron a Pedro Lascuráin como Presidente Interino, este nombró a Victoriano Huerta ministro de Gobernación y luego renunció a la presidencia, lo que convirtió, de un plumazo, a Victoriano Huerta en presidente. (11)

Madero no tenía ninguna oportunidad, la rebeldía de los generales porfirianos les allegó la simpatía de los demás generales que extrañaban las canonjías del antiguo régimen. Sin embargo, el número de efectivos (tropa) que tenía el ejército federal era mucho mayor que el de los rebeldes, pero la traición de Huerta lo dejó sin ninguna defensa. Entre los generales rebeldes y los traidores estaba todo el ejército federal de la Ciudad de México. Las rebeliones de Zapata, Reyes y Díaz, al principio de la presidencia de Madero, las había resuelto gracias al ejército federal, la rebelión de Orozco requirió el concurso federal y de algunos grupos maderistas, villistas en su mayoría, fundamentalmente porque la zona del norte era territorio de Orozco. Francisco Villa significó quitarle fuerza al movimiento orozquista, sobre todo entre las masas populares.

Pero en este caso no había forma de ganar, el grupo de cadetes del Colegio Militar, o su guardia personal o los jinetes de Coahuila nunca podrían enfrentarse a la artillería de los conspiradores. Había algunos generales leales, pero sin armas, sin mando de tropas. Hubo otros militares que prefirieron hacerse de la vista gorda y esperar los acontecimientos. La clase media se había decepcionado mucho del gobierno de Madero, porque esperaba muchas oportunidades de crecimiento, que no pudieron darse en tan pocos meses de gobierno y la chusma popular no estaba armada sino de cuchillos y machetes.

Madero pudo salvar su vida en varias ocasiones durante el cuartelazo... ¡pero nadie escapa de su destino!

Tanto Francisco I. Madero como Victoriano Huerta son responsables directos de la muerte de Madero. Huerta, porque finalmente él tenía la última decisión y Madero porque a lo largo de esos quince días tuvo muchas oportunidades de cambiar su destino, en caso de que eso sea posible de hacer...

Huerta fue invitado a participar en la conspiración desde el principio, pero rechazó la oferta. Estaba suspendido del ejército por orden de Madero, con el pretexto de resolver su problema de catarata, pero hay evidencia de habérsele ofrecido mando de tropas rebeldes la noche previa al inicio de la revuelta de los generales, sin embargo, lo rechazó y acude espontáneamente con Madero antes de llegar al zócalo. ¿Cuándo decidió incluirse? ¿Cuándo consideró que era su momento? ¿La debilidad del movimiento ante la muerte de Reyes? ¿La fragilidad de Díaz? ¿La extrema inocencia de Madero? ¿La incapacidad de García Peña, ministro de Guerra para resolver el problema? ¿Lauro del Villar fuera de combate? ¿Henry Lane Wilson? ¿Qué convierte a un hombre en traidor?[125]

Los conspiradores se mostraron desordenados, indecisos, confusos, improvisados, tratando de madrugarse unos a los otros. Martín Luis Guzmán asegura que fue la pasividad del gobierno lo que impidió detener el movimiento anunciado a tiempo, en su opinión estaba tan desordenada la sublevación que era imposible que no fracasara. Era tal el desorden de los conspiradores, que nunca se reunieron en Tacubaya, un grupo se dirigió al Zócalo, otro a la prisión militar. Los que debían llegar a las 4 a Lecumberri a liberar a Félix Díaz llegaron después de las 6, cuando los civiles que esperaban al ejército levantado ya estaban planeando escapar al extranjero, seguros de que el golpe fallaría. Esa mañana medio mundo militar estaba dormido y la otra mitad se estaba sublevando en absoluto desorden. El único general que tenía en orden sus pensamientos y un plan bien elaborado era Victoriano Huerta. El propio Zayas Jr. escribió: "fueron unos medianos conspiradores y pésimos revolucionarios, sólo Huerta sabía lo que quería y cómo hacerlo...". **(49)**

Sin el apoyo que el Embajador de los Estados Unidos dio a Huerta en sus planes de traición contra el Presidente Madero, la revuelta habría fracasado. El plan no pudo haberse elaborado nunca, excepto en la Embajada, bajo el patrocinio del Embajador estadunidense y con su promesa, en nombre de su gobierno, de un rápido reconocimiento. Madero nunca habría sido asesinado si el Embajador Wilson hubiera dado a entender que la conspiración debía detenerse antes de llegar al crimen. Madero pensaba que la actitud del embajador Wilson era una indicación de su gobierno, por eso escribió a Taft, pero, en realidad Henry Lane Wilson actuaba por motu proprio. **(106 y 113)**

Aun cuando algunos estudiosos del pasado cuestionen la capacidad personal de Francisco I. Madero como gobernante, no hay quien ponga en duda el carácter democrático de su gobierno. Es

125 *Huerta le aseguró a Zayas Jr. que tenía 2 millones de pesos

aceptado que desde que se inició el gobierno de Madero, la posibilidad de las renuncias del presidente, vicepresidente y secretarios de Estado rondaba en la cabeza de los opositores al régimen en el Senado de la República, en su mayoría simpatizantes del antiguo régimen. Se ha sostenido que la experiencia maderista debió modificar la Constitución y elaborar nuevas leyes, porque el marco legal era una camisa de fuerza que no permitía afrontar la situación nacional. (58)

Huerta se distancia de Madero por muchos pequeños detalles (la necesidad de obedecer a De la Barra, el no permitirle fusilar a Villa, el no premiarlo con la Secretaría de Guerra luego de derrotar a Orozco, disolver la División del Norte), que paulatinamente le hacen sentir rencor contra Madero. La historia personal de estos dos (Madero y Huerta) estuvo llena de rencores y malos entendidos. Varias veces le probaron la traición de Huerta y todas las veces Madero lo sostuvo.

Los *Científicos* decidieron vincularse con el gobierno maderista por medio de Rafael L. Hernández, secretario de Fomento. Presionaban al gobierno revolucionario al insistir en la comparecencia de los secretarios de Estado para informar a los legisladores, también exigían a Madero la renuncia de sus secretarios o del vicepresidente. Exigían antecedentes para ciertos cargos, es obvio que los únicos que tenían experiencia política y administrativa habían colaborado con Díaz, los *Científicos* pretendían que los hombres del viejo régimen se mantuvieran en el Poder Legislativo y fueran parte del gabinete. (58)

El derrocamiento de Madero por la vía violenta fue un proceso que conmovió a la sociedad mexicana, porque se desarrolló en la capital -la ciudad más grande y poblada del país-, porque los hechos afectaron severamente y porque culminó con los asesinatos del presidente y vicepresidente después de presentar su renuncia al cargo. ¡El suceso transformó la vida del país! (59)

Madero y su gobierno en un predicamento político-militar, con la necesidad de preparar una operación para la que harían falta una buena organización y muchos recursos; la necesidad del sometimiento de los levantados; los militares leales intentando comprender una situación militar inédita; Huerta, dispuesto a negociar con los rebeldes y con ello, obtener beneficios personales; Díaz y Mondragón, amenazando a la ciudad, pero incapaces de romper el cerco, utilizando a legisladores mexicanos y diplomáticos extranjeros como agentes oficiosos para negociar la caída del gobierno. (59)

Reyes estaba embriagado por su libertad y sobreestimó sus fuerzas. Madero sobreestimaba sus fuerzas e ignoraba la realidad.

Ambos encontraron su destino, quien jugaba su propia e inequívoca partida. (49)

Los habitantes de la Ciudad de México estaban hartos del tiroteo deliberado y errático. El descontento reinaba en el interior de La Ciudadela y en la agitada agenda de los medios impresos y de eso se aprovechó Huerta. (15)

Con la muerte de Madero empezaron muchas desdichas, una larga noche para expiar. Muchos se sentían traicionados por Madero, que siendo de una familia criolla y rica, había encabezado una rebelión de indios, creían que su muerte no sólo era justa sino necesaria. Pero de ahí surgieron muchos años de guerra civil, años atroces, con los mestizos e indios peleando por unos derechos y unas tierras que, de acuerdo a los criollos, ¡no les pertenecían! (122)

La muerte de Madero generó la usurpación de Victoriano Huerta y ello trajo la Revolución Constitucionalista y sus millones de muertos, las tierras abandonadas e improductivas, la intervención descarada de los Estados Unidos y las traiciones sucesivas entre los respectivos jefes de la Revolución.

La última comunicación espiritista comprobada a Madero fue en 1908. Tal vez la mística espiritista fue lo que lo convirtió en el Apóstol de la Democracia (¿político místico?). Un mes después de muerto Madero, en una sesión espiritista en la colonia Juárez, se hace presente Sor Juana Inés de la Cruz, con un poema para Madero. En los círculos espiritistas se señaló que el 27 de marzo resucitaría Madero. En una sesión espiritista de febrero de 1920, Madero se hizo presente por última vez a Roque Estrada, tal vez despidiendo la Democracia Mexicana. (40)

Madero, además de un hombre, era un héroe, y como héroe es que lo recuerda México. En Madero se encarnan muchos anhelos y muchas esperanzas. Es la promesa de tranquilidad y ventura, el salvador imaginario, es el valor más importante de la Revolución Mexicana. Madero significa el espíritu noble, generoso y culto. Su Revolución era de espíritu, profunda, moralmente inquebrantable. Aunque no era el típico Caudillo, se convirtió en un símbolo. Los errores que le señalaron como gobernante no empañaron su decoro. (108 y 123)

El crucero Cuba partió para La Habana el 25 de febrero de 1913 con los padres, la viuda y las hermanas de Francisco I. Madero. Sus hermanos Emilio y Raúl huyeron a los Estados Unidos. (59 y 94)

Fue al gobernador de Coahuila, Venustiano Carranza, a quien le pareció inconducente que, según aviso de Victoriano Huerta, al mismo tiempo que tenía presos a los altos mandatarios de la Federación, declaraba haber asumido el poder ejecutivo con la autorización del Senado. El Senado no tenía atribuciones constitucionales para permitir la sustitución presidencial. (11)

A Carranza lo acompañaron Lucio Blanco, Francisco Coss, Pablo González y su hermano Jesús Carranza, entre otros. En Sonora apoyaron a Carranza el gobernador Maytorena, Álvaro Obregón, Benjamín Hill y Plutarco Elías Calles. Abraham González fue detenido y fusilado por órdenes de Huerta, Villa se encontraba en Arizona. (29)

Las coincidencias entre el embajador estadunidense y el porfiriato eran manifestaciones de la alianza. Esa alianza siguió aún con Porfirio Díaz en Europa. El dinero de los ricos, las intrigas de políticos e intelectuales, la prensa y el ejército lograron recuperar el poder y cortar de raíz las nuevas ideas. Para los del antiguo régimen era importante paralizar las acciones maderistas que iban contra sus intereses. (11)

El primer problema que tuvo Huerta fue que el Demócrata Woodrow Wilson sustituyó al republicano William Taft, quien había propiciado el derrumbe del gobierno maderista. Wilson nunca reconoció el gobierno de Huerta. Su segundo problema fue el levantamiento de Carranza y su Plan de Guadalupe. Veracruz, Sonora y Nuevo León lo secundaron casi inmediatamente. (75)

Victoriano Huerta, luego de atacar las instituciones constitucionales mexicanas, se dedicó a buscar el reconocimiento de las potencias extranjeras, para lo que contó con la colaboración de Henry Lane Wilson, quien organizó una reunión en Palacio Nacional con todo el Cuerpo Diplomático, al día siguiente de la toma de posesión de Huerta. El discurso estuvo a cargo de Wilson, señalando que Huerta había tomado el poder de acuerdo a la Constitución de 1857. La presencia de los embajadores parecía indicar el reconocimiento de todos los países presentes. (11)

Tiempo después de la traición de Victoriano Huerta, varios de quienes fueron miembros del primer gabinete, hicieron declaraciones a los periódicos, algunos nacionales, otros extranjeros. Otros ex ministros, incluso escribieron libros al respecto. La realidad es que no hicieron lo adecuado para asegurar las vidas de Madero y Pino Suárez, ni tampoco lo correcto para generar las elecciones requeridas para normalizar la vida pública nacional. ¿Creyeron que quitar a Madero permitiría regresar a la pax del Porfiriato, o eran miopes políticos?

Vale la pena considerar el cuestionamiento de si los miembros del primer gabinete de Victoriano Huerta habían discutido y aprobado, el 21 de febrero de 1913, el asesinato de Madero y Pino Suárez[126]. (59)

Cuando le avisaron a Porfirio Díaz, exiliado en París, la muerte de Madero, señaló: "Cuánto siento esta muerte!, después de este crimen vendrán días tristes para México". (124)

Muy consultados por los historiadores son los escritos de los diplomáticos acreditados en nuestro país en esos momentos, incluyendo reseñas remitidas para informar a sus respectivos gobiernos, declaraciones, memorias y diarios. Como estos personajes no estaban sujetos a ninguna censura partidista, sus escritos han resultado reveladores: una intrincada red de acontecimientos militares, diplomáticos, políticos y sociales, tejida por numerosos actores, más preocupados por su situación personal que por la del país. Los testimonios de los mexicanos de la época, regularmente partidistas, intentan presentar los hechos objetivamente, pero siempre acaban por justificar su posición política. Cruzar la información no parece tarea fácil, porque es abundantísima, porque incluye rumores, mentiras mal intencionadas, sigilos, motivaciones personales, etc. Una verdadera maraña sobre los hechos, con explicaciones complejas. (56)

Es difícil evaluar si la política de Taft con México fue inepta o, en cambio, inteligente y sensata. Su administración prolongó demasiado la respuesta a los asesinatos de Madero y Pino Suárez, así como la definición de su postura ante el ascenso de Huerta al cargo ejecutivo, pero su política de no intervención, salvó a México de una invasión militar. La neutralidad que pregonó fue siempre muy relativa, no se mantuvo completamente distante, y los vastos intereses estadunidenses en México, le impidieron quedar al margen. Los problemas diplomáticos surgidos en 1913 provocaron un enorme daño en las relaciones entre ambas naciones, evitándose la comprensión y el acercamiento entre ellas. Esto alimentó un odio, con exacerbado patriotismo y xenofobia en México. En Estados Unidos se intensificó el desprecio racial, antimexicano y antirrevolucionario, donde tanto el caudillo como el soldado federal son salvajes, bárbaros, asesinos sin principios. La Revolución Mexicana significó el enfrentamiento de grupos poderosos de la burguesía mexicana para conservar el *statu quo*, de caudillos y líderes con programas de reforma social y política contra un régimen opresor y elitista. Pero, también significó un enfrentamiento con una potencia

126 *Vera Estañol, en su Historia de la Revolución (pp. 295-310), asegura que se rehusaron a aceptar las muertes el propio Jorge Vera Estañol, Rodolfo Reyes, Francisco León de la Barra, Toribio Esquivel Obregón y Alberto García Granados. (25)

capitalista con quien compartimos una historia común y una enorme y conflictiva frontera. El temperamento mexicano, nuestra manera de ser, nuestra actitud frente al mundo y a los valores de la vida resultaron incomprensibles para los anglosajones. (62)

A más de 100 años de los hechos todavía discutimos algunos puntos: ¿fue un golpe militar o fueron dos?[127] ¿Huerta estaba involucrado en la rebelión de Reyes desde un principio, o aprovechó la oportunidad que le ofrecía Henry Lane Wilson, para hacerse del poder? ¿Por qué los senadores estaban tan interesados en la renuncia del presidente constitucional? ¿Qué tanto influyeron los diplomáticos extranjeros? ¿Querían salvar la vida del presidente? ¿Les interesaba, o convenía a los países extranjeros, la caída del gobierno? ¿Había hombres y armas suficientes para combatir a los desleales o éstos tenían la capacidad de resistir y aun superar a los fieles? ¿Por qué fue personalmente Madero a Cuernavaca por Felipe Ángeles? ¿Cuál fue el real desempeño de Ángeles? ¿Por qué se comportó de esa manera Pedro Lascuráin? ¿Por qué no aprovechó el telegrama de Taft, asegurando que no movilizaría a sus fuerzas contra México, para tranquilizar a los senadores? ¿Por qué García Peña, secretario de Guerra, no tomó el mando? ¿Por qué Madero no formó a su alrededor un grupo fuerte que lo defendiera en Palacio? ¿Qué parte del juego jugaba el expresidente Francisco León de la Barra? ¿Por qué fue tan pobre la participación de la población de la Ciudad de México? ¿Por qué fueron muertos Madero y Pino Suárez? ¿Por qué Lascuráin se prestó a dar legalidad al golpe de Huerta? ¿Porqué Decena Trágica y no quincena?[128] (59 y 83)

Algo se ha escrito sobre la participación real de Ángeles en la defensa de Madero. Katz nos deja muy claro que estaba muy abajo en la línea de mando, dependía directamente de Rubio Navarrete, quien comandada la artillería leal. No hay documentos que permitan asegurar que Madero insistió en dar mando a Ángeles y tampoco hay datos que prueben que éste lo haya exigido. (83)

127 * Aceptar que hubo dos golpes no invalida la posibilidad de que cuando se preparaba el primero, los organizadores se hubieran puesto en contacto con Huerta. Los reyistas buscaban adeptos, debieron haber acudido a otros reyistas como lo había sido Huerta. Rafael Zayas Jr., quien estuvo en La Ciudadela, afirma que, desde el 10 de enero de 1913, Huerta se desligó de los complotistas, asegurando que "no era conveniente levantarse así". (59)

128 El nombre de "La Decena Trágica" lo dieron los vencedores a lo sucedido por el Cuartelazo, nos permite concluir que al mismo tiempo que daba nombre a un proceso, implicaba una descalificación a Madero por las muertes y penurias sufridas por los habitantes de la ciudad de México. El Imparcial bautizó como la Decena Trágica a los hechos ocurridos entre en 9 y el 18 de febrero de 1913. El título prevaleció, conservando el carácter trágico del momento. Al mismo tiempo los vencedores se deslindaban del asesinato. (59 y 75)

Después de estos trágicos hechos, el Estado posrevolucionario desplazó el ejercicio democrático por muchos años, ejercicio indispensable en la formación cívica de una república. (58)

México independiente abrió sus puertas al exterior, cuando la revolución de 1910 aún estaba abrumado por la penetración extranjera, que impidió el desarrollo económico interno, alentado por la ambición personal, la ineficacia política y la desunión. Discusiones fronterizas, reclamaciones por daños, embargo de armas, amenazas de intervención, negociaciones para el reconocimiento de gobiernos, fueron situaciones comunes entre ambos países los siguientes 30 años. (62)

La lucha armada que siguió al Cuartelazo, fue seguida de muchas otras luchas, prácticamente la Revolución Constitucionalista fue seguida, sucesivamente, de hasta 20 años de guerra civil ininterrumpida, donde la cantidad de muertos y daños a la nación son imposibles de contar.

Toda revolución es un caos que rompe hogares, relaciones y principios. Donde todo se permite y la violencia es el denominador común. (98)

Durante el proceso revolucionario hubo grandes victorias, derrotas, traiciones, deserciones, algunos amasaron enormes fortunas y otros quedaron en extrema pobreza. La única facción que nunca interrumpió la lucha fue el zapatismo. Madero se hizo gobierno, pero no regresó las tierras a los pueblos. Los grandes derrotados de la Revolución fueron los campesinos. Aunque Cárdenas trató de compensarlos, al final decidieron emigrar a Estados Unidos. Los campesinos terminaron siendo los instrumentos y las víctimas de la Revolución. (125)

Durante la Revolución Mexicana, el conflicto entre México y Estado Unidos giró en torno al lugar que habría de ocupar la inversión extranjera. México buscaba la soberanía sobre los recursos naturales, finalmente aceptada en 1938, con la expropiación petrolera. (1)

Fue hasta fines del Maximato que México logró la paz necesaria para reorganizarse como país. Fue Lázaro Cárdenas quien primero tuvo la oportunidad, Manuel Ávila Camacho logró iniciar el periodo de productividad organizada y Miguel Alemán quien cristalizó el Milagro Mexicano en los 50's. Estos tres presidentes consecutivos trabajaron para lograr la unidad nacional, y convertir nuestro nacionalismo en algo útil y para convencer a los industriales de las ventajas y bondades de activar la economía nacional. (126)

Pero...el Sistema diseñado dejó de funcionar en 1968 y desde entonces andamos en busca de otro sistema.

México le debe a Madero su despertar político. No quería nada para él, sólo buscaba el camino para dignificar al mexicano. En su momento fue el símbolo de la juventud que anhelaba más y mejor. Sin embargo, tenía "todos los defectos de sus virtudes". No supo medir las lealtades de quienes lo rodeaban. Era crédulo hasta la ingenuidad. Fue un rebelde propagador de ideas que cayó ante el golpe rudo del pasado, sin rencores ni esperanza de recompensa. Se convirtió en la bandera de la democracia mexicana. (127)

XVI. Citas bibliograficas

(1) **Ampudia, Ricardo.** *Los Estados Unidos de América en los informes presidenciales de México*, pp 11-6; 94-6. Fondo de Cultura Económica/Secretaría de Relaciones Exteriores, México, 1993

(2) **Vázquez, Josefina Zoraida y Meyer, Lorenzo.** *México frente a Estados Unidos*, pp. 9-10; 113-35 Fondo de Cultura Económica, México, 2001 (edición aumentada).

(3) **Gaytán, Francisco y Pérez Turrent, Tomás,** *Los últimos años del porfiriato.* Filmoteca UNAM. https://youtu.be/v4lA-TDbghk

(4) **Katz, Friedrich,** *de Díaz a Madero, orígenes y estallido de la Revolución Mexicana.* Ediciones Era, México. 2004 www.edicionesera.com.mx

(5) **Matute, Alvaro,** *La Revolución Mexicana*, pp. 28-32; 35-9; 85-92. Editorial Océano, 1993

(6) **Salmerón, Pedro,** *La hora de la justicia.* Relatos e Historias en México, Año 4, núm. 39, Editorial Raíces, México D.F. 2011

(7) **Speckman Guerra, Elisa,** *El porfiriato, en Nueva Historia Mínima de México*, pp 192-224. El Colegio de México, Ciudad de México 2004.

(8) **González y González, Luis,** *Viaje por la Historia de México*, Editorial Clío, México 2009

(9) **Trujano Fierro, María Gloria y Anaya Pérez, Marco A.** *El porfiriato 1876-1911, en Los Díaz sin tregua.* Universidad autónoma de Chapingo. México 1992

(10) **Casasola, Gustavo,** *Historia grafica de la Revolución Mexicana, tomo 1*, Editorial Trillas, México, 1973

(11) **González Ramírez, Manuel,** *La Revolución Social de México*, tomo I, Fondo de Cultura Económico, México 1960

(12) **Taibo II, Paco Ignacio, Rosas, Alejandro y Salmerón, Pedro,** *Porfirio Díaz, héroe o traidor.* Evento para leer en libertad, CdMx 2015, https://youtu.be/1I5vwDjuo3M

(13) **Los Conspiradores** (Moreno, Francisco Martín, Rosas Alejandro, Aguirre, Eugenio y Taibo, Benito), *Porfirio Díaz, a un siglo de su muerte.* 2015 https://youtu.be/1FZouksgND4

(14) **Bulnes, Francisco,** *El verdadero Díaz y la Revolución*, Editorial Cien de México para CONACULTA, México 2013

(15) **Saborit, Antonio,** *Febrero de Caín y de metralla.* Editorial Cal y Arena, México 2013

(16) **Márquez Sterling, Manuel,** *Los últimos días del presidente Madero.* Editorial Porrúa SA, México. 1958

(17) **Camacho López, Abraham y González Basúa, Alejandra.** *Francisco Y. Madero.* Editores Mexicanos Unidos, S.A., México 2009

(18) **Arnáiz y Freg, Arturo,** *Madero y Pino Suárez.* Editorial MAPorrúa, serie La Historia, Cd de México 1963

(19) **Grieb, Kenneth J.,** *Standar Oil and the financing of the Mexican Revolution*, California Historical Society Quartery, vol. XI n. 1, march 1971 pp 59-71

(20) **Garcíadiego, Javier,** *La Revolución, en Nueva Historia Mínima de México.* El Colegio de México, Ciudad de México 2004.

(21) **Vasconcelos, José**, *Ulises Criollo, en La Novela de la Revolución Mexicana, Tomo I,* Editorial Aguilar, México 1970

(22) **Taibo II, Paco Ignacio**, *Pancho Villa, una biografía narrativa.* Editorial Planeta Mexicana, México, D.F. 2006

(23) **Bautista Zane, Refugio**, *El movimiento revolucionario de 1910-1920, en Los Díaz sin tregua*. Universidad autónoma de Chapingo. México 1992.

(24) **Siller, Pedro**. *La otra rebelión antimaderista*. Relatos e Historias en México, Año 4, núm. 39, Editorial Raíces, México D.F. 2011

(25) **Vera Estañol, Jorge**, *La Revolución Mexicana. Orígenes y resultados*. Pag. 171. Editorial Porrúa (México) 1957

(26) **El Imparcial, Periódico.** Jueves 25 de mayo de 1911, 1era y 2da planas.

(27) **El Imparcial, Periódico.** Sábado 27 de mayo de 1911, 1 y 3er páginas

(28) **El Imparcial, Periódico,** Jueves 8 de junio de 1911, 1er y 5ta páginas

(29) **Casasola, Gustavo**, *Historia Grafica de la Revolución Mexicana, tomo 2,* Editorial Trillas, México, 1973

(30) **Piña, Joaquín**, *Memorias del general Victoriano Huerta,* editado por el Senado de la República, México 2004, a partir del original de Librería de Quiroga 4ta. Edición 1975.

(31) **Madero González, Francisco,** *Carta a Victoriano Huerta en Madero y Pino Suárez, testimonios históricos* por Arturo Arnáiz y Freg. pag 195. Editorial MAPorrúa, serie La Historia, Cd de México 1963

(32) **Amaya, Juan Gualberto**, *Madero y los auténticos revolucionarios de 1910, I Tomo* (tres tomos), 1946, Editorial Juan Gualberto Amaya, MEXICO

(33) **Madero, Francisco I.**, *La sucesión presidencial en 1910*, Editorial Colofón, México 2013

(34) **Sánchez Azcona, Juan**, *La etapa maderista de la revolución, en Madero y Pino Suárez, testimonios históricos* por Arturo Arnáiz y Freg. pag 83. Editorial MAPorrúa, serie La Historia, Cd de México 1963

(35) **Taracena, Alfonso**, *Francisco I. Madero,* Ediciones Botas, México, 1937

(36) **Molina Arceo, Sandra,** *en 200 años de historia.* Setebec'sWordpress, Blog de Wordpress.com https://web.archive.org/web/20100415053157/http://www.bicentenario.gob.mx/index.php?option=com_content&view=article&id=112:el-plan-de-san-luis-potosi&catid=70:200-anos-de-historia

(37) **Madero González, Francisco**, *Manifiesto a la Ciudad de México en junio de 1911, en Madero y Pino Suárez, testimonios históricos* por Arturo Arnáiz y Freg. pag 190. Editorial MAPorrúa, serie La Historia, Cd de México 1963

(38) **Lara Pardo, Luis**, *Madero (esbozo político),* 2da. Edición. Editorial Botas, México, 1938.

(39) **Gutiérrez Müller, Beatriz, Taibo II, Paco Ignacio y Salmerón, Pedro,** *Debate sobre Madero,* 4ta Feria Internacional de. Libro en Texcoco, 27 de enero de 2016. https://youtu.be/uJW_otYQFko

(40) **Rosas, Alejandro,** *los últimos días del Presidente Madero,* 27 feb 2013, http://Youtu.be/X8Jb7yPsm2Q

(41) **Krauze, Enrique**, *Francisco I. Madero en Biografía del poder/2,* Editorial Tezontle del Fondo de Cultura Económica, México 1987

(42) **Krauze, Enrique**, *Madero Vivo,* Editorial Clio, México 1993

(43) **Villarreal Lozano, Javier,** *Un demócrata en la revolución.* Relatos e Historias en México, Año 4, núm. 39, Editorial Raíces, México D.F. 2011

(44) **Tovar de Teresa, Isabel y Más, Magdalena,** *Recuerdos del Zócalo (IV),* Relatos e historias de México, año X, num. 110, pag 56-65

(45) **Revista Enciclopedia Guerrerense Conmemorativa, Guerrero Cultural Siglo XXI, AC, 2012**

(46) **Rosas, Alejandro**, *Madero contra Madero.* Relatos e Historias en México, Año 4, núm. 39, Editorial Raíces, México D.F. 2011

(47) **De Mauleón, Héctor**, *Huellas de una Decena Trágica (II)* en el Programa El Foco sobre la ciudad de Proyecto 40 adn40 del 10 de febrero 2013 https://youtu.be/gzMkNOmFY6Y

(48) **Ross, Stanley R.,** *Empieza la Decena Trágica, en Madero y Pino Suárez, testimonios históricos* por **Arturo Arnáiz y Freg. pag 207.** Editorial MAPorrúa, serie La Historia, Cd de México 1963

(49) **Gilly, Adolfo**, *Cada quien morirá por su lado,* Biblioteca ERA, México, 2013

(50) **Sánchez González, Agustín**. *El cartón del mes.* Relatos e Historias en México, Año 11, núm. 124, Editorial Raíces, México D.F. 2018

(51) **Serrano Álvarez, Pablo.** *La Revolución en Celaya.* Relatos e Historias en México, Año 11, núm. 124, Editorial Raíces, México D.F. 2018

(52) **Zunzunegui, Juan Migue**l, *La Decena Trágica, 18 febrero 2013,* programa radial, https://Youtu.be/Zn2jbeszJHs

(53) **González Ramírez, Manual**, *El Agrarismo de Madero,* Periódico Novedades, 11 de julio de 1960

(54) **Aguilar, José Ángel,** *Zapata,* Biblioteca del Instituto Nacional de estudios históricos de la Revolución Mexicana. 1980

(55) **Pino Cámara, José, Periódico El Novedades,** 18 de enero de 1963

(56) **Mac Gregor, Josefina,** *Apuntes del senador Guillermo Obregón, en Historia Mexicana* Vol. 68, num 3(271) ene-mar 2019, El Colegio de México ISSN 2448-6531 https://historiamexicana.colmex.mx/index.php/RHM/article/view/3815/3773
DOI: http://dx.doi.org/10.24201/hm.v68i3.3815

(57) **Sánchez Sánchez, Agustín**, Relatos e historias de México, año VI, num. 64, pag 15

(58) **Cruz García, Ricardo**, *Madero y la libertad de prensa,* Relatos e historias de México, año VI, num. 64, pag 56-65

(59) **Fuentes Aguirre, Armando**. *Díaz y Madero. La espada y el espíritu.* Editorial Diana, México 2010

(60) **Harrison, John P.,** *Un análisis norteamericano de la Revolución Mexicana en 1913,* Revista Historia Mexicana de El Colegio de México, Vol 5 Num 4 (20) abr-jun 1956 https://historiamexicana.colmex.mx/index.php/RHM/article/view/656/547

(61) **La División Hispana de la Biblioteca del Congreso de Estados Unidos de América**. https://www.loc.gov/exhibits/mexican-revolution-and-the-united-states/rise-madero-sp.html

(62) **Mayer, Alicia**, *La política del gobierno de Estados Unidos hacia México, noviembre de 1911 a febrero de 1913, en Estudios de Historia Moderna y Contemporánea de México,* de Álvaro Matute y Ricardo Sánchez Flores, México, Universidad Nacional Autónoma de México, Instituto de Investigaciones Históricas, 1990,

(63) **Ampudia, Ricardo**, *México en los informes presidenciales de los Estados Unidos de América,* pp 196-207; Fondo de Cultura Económica, México, 1996

(64) **Taracena, Alfonso,** *La Verdadera Revolución Mexicana (vol II:1912-4),* Editorial Porrúa, México, 2008

(65) **Guzmán, Martín Luis**, *en Madero y Pino Suárez, testimonios históricos* por Arturo Arnáiz y Freg. pag 205. Editorial MAPorrúa, serie La Historia, Cd de México 1963

(66) **Ross, Stanley R.**, *El embajador Wilson mete las manos, en Madero y Pino Suárez, testimonios históricos* por Arturo Arnáiz y Freg. pag 225. Editorial MAPorrúa, serie La Historia, Cd de México 1963

(67) **Reyes, Rodolfo,** *De mi vida, Tomo II* , pp 28-29, Biblioteca Nueva Madrid, 1929

(68) **Harrison, John P.** *Henry Lane Wilson, el trágico de la decena.* Revista Historia Mexicana de El Colegio de México, Vol. 6 Num 3 (23): 374-405, ene-mar 1957

(69) **El Universal, Periódico.** Jueves 27 de septiembre de 1911, página 5

(70) **Fabela, Isidro,** *Historia diplomática de la Revolución Mexicana/I, (1912-1917).* Fondo de Cultura Económica (1958) México

(71) **Tamez, Oscar**. El Horizonte, Periódico. Sábado 3 de agosto de 2019

(72) **Taibo II, Paco Ignacio**, *Madero y la Decena Trágica.* Instituto Nacional de Antropología e Historia. https://youtu.be/b3cUJIoKnrI y https://youtu.be/PbIDUsavmaY

(73) **Krauze, Enrique,** *Manuel Ávila Camacho en la Presidencia Imperial,* pag 41. TusQuets editores, Barcelona, España 1997

(74) **Romano, Sergio.** *Empieza la Decena Trágica.* Blog personal del periodista. 10 febrero 2013

(75) **De Mauleón, Héctor**, *Huellas de una Decena Trágica,* en el Programa El Foco sobre la ciudad de Proyecto 40 adn40 del 5 de febrero 2013 https://youtu.be/Ln5Kmp28hWA

(76) **Taibo II, Paco Ignacio**. *Temporada de zopilotes.* Editorial Planeta (México). 2009

(77) **Díaz Flores, Gerardo**. *El General Villar.* Relatos e Historias en México, año 8, núm. 90.
Editorial Raíces, México D.F. 2017

(78) **Sánchez H, Alberto**, *Imágenes de febrero de 1913,* Relatos e historias de México, año V, num. 54

(79) **Guzmán, Martín Luis**, *en Madero y Pino Suárez,* testimonios históricos por Arturo Arnáiz y Freg. pag 223. Editorial MAPorrúa, serie La Historia, Cd de México 1963

(80) **Prida, Ramón**, *De la dictadura a la anarquía (1871-1913)*, pagina 472, Ediciones Botas
(México), 1958

(81) **Cruz García, Ricardo**, *El fotógrafo Gerónimo Hernández,* Relatos e Historias en México, núm. 36. Editorial Raíces, México D.F. 2011

(82) **Garci, Antonio**, *Pendejadas célebres en la Historia de México,* Editorial Planeta Mexicana, 2010

(83) **Katz, Friedrich**, *Felipe Ángeles y la decena trágica, en Felipe Ángeles en la Revolución,* de Adolfo Gilly, pp 17-36. Biblioteca Era, México 2008

(84) **Villela F., Samuel**, *Los fotógrafos del Cuartelazo,* Relatos e historias de México, año V, num. 54, pp52-57

(85) **Ibarrola, Juan**, en el Coloquio *Crónica de un cuartelazo,* organizada por Javier Garciadiego en el Colegio de México 21 y 22 de febrero de 2013

(86) **Salmerón, Pedro** en *La Imagen Cruenta* (pp. 59-66) de Monroy Nasr, Rebeca y Villela, Samuel. INAH, México, 2017, ISBN 9786074849400

(87) **Garci, Antonio,** *Más pendejadas célebres en la Historia de México,* Editorial Planeta Mexicana, 2011
(88) **Torrea, Juan Manuel,** *La asonada militar de 1913,* capítulo XX, edición cibernética, Biblioteca Virtual La Antorcha
(89) **Sánchez, Luis Carlos,** https://www.excelsior.com.mx/comunidad/2013/02/13/884031
(90) **Romano, Sergio.** *Febrero de 1913.* Blog personal del periodista. Publicado 18 febrero 2018.
(91) **Sánchez Azcona, Juan,** *Madero y Pino Suárez, en Arnáiz y Freg, Arturo,* pag 55. Editorial MAPorrúa, serie La Historia, Cd de México 1963
(92) **La Venganza de Madero.** *La Historia no oficial en Yolo Camotes.* https://youtu.be/pAhL08R2xss
(93) **Ross, Stanley R.,** *Martir de la democracia mexicana, en Madero y Pino Suárez, testimonios históricos* por Arturo Arnáiz y Freg. pag 279. Editorial MAPorrúa, serie La Historia, Cd de México 1963
(94) **La Prensa,** 12 de febrero de 1933
(95) **Mellado, Guillermo,** *Crímenes del huertismo,* México (S.N.) 1915. RB972.0612 M45c
(96) **De Mauleón, Héctor,** *La consumación del crimen,* Nexos, 22 de febrero de 2013
(97) **Cabrera, Rafael.** *Debo olvidar que existí.* Página 134. Editorial Debate, México 2017.
(98) **Rosas, Alejandro: de Madero a Obregón,** https://youtu.be/u2duABXj1PQ
(99) **Garcíadiego Dantán, Javier.** *La revolución mexicana; crónicas, documentos, planes y testimonios* Universidad Nacional Autónoma de México. Ciudad de México. México 2005.
(100) **Lozada León, Guadalupe,** *La fiesta de las balas,* Relatos e Historias en México, año X, número 119, pp 16-23
(101) **Labastida, Horacio.** *Belisario Domínguez y el estado criminal: 1913-14.* Siglo XXI Editores, México 2002
(102) **The Hale Report,** *11 mar 1920. The National Archives of the United States, General Records of the Department of State,* núm . 812.00/779814. Traducción libre de John P. Harrison
(103) **Martínez Assad, Carlos,** *Madero contra Reyes,* Relatos e historias de México, año V, num. 54, pp36-47
(104) **Sefchovich, Sara,** *La suerte de la consorte,* 2002, 2a ed. reescrita y aumentada edición. Editorial Océano. ISBN 9706516433. OCLC 51744451
(105) **Aguirre Benavides, Adrián,** *Semblanza de Madero en Madero y Pino Suárez,* Arnáiz y Freg, Arturo, pag 45. Editorial MAPorrúa, serie La Historia, Cd de México 1963
(106) **ARCHIVO DE DON FRANCISCO I. MADERO** (2), *Epistolario (1900-1909).* Edición establecida por Agustín Yáñez y Catalina Sierra. Edición conmemorativa del cincuentenario de la muerte de Don Francisco I. Madero. Ediciones de la Secretaria de Hacienda. MEXICO, 1963. pp.8-9.
(107) **Bosques, Gilberto,** *Madero y Pino Suárez* en Arnáiz y Freg, Arturo, pag 99. Editorial MAPorrúa, serie La Historia, Cd de México 1963
(108) **Puente Ramón,** *La dictadura, la revolución y sus hombres.* Editorial Manuel León Sánchez, México, D.F., 1938

(109) **Molina Arceo, Sandra**, *101 villanos en la Historia de México*, Editorial Grijalbo (México), 2008

(110) **Flores Torres, Oscar**, *Bernardo Reyes*, Relatos e Historias en México, núm. 36. Pp 32-41, Editorial Raíces, México D.F. 2011

(111) **Tellez Rodriguez, Fermin.** Blog del autor oct 2011 http://fermintellez.blogspot.mx/2011/10/explanada-de-los-heroes.html?=1

(112) **Cólogan, Bernardo J.**, *Declaraciones para El Correo Español del 2 de agosto de 1914*, transcritas en Arnáiz y Freg, Arturo, Madero y Pino Suárez, pag 297. Editorial MAPorrúa, serie La Historia, Cd de México 1963

(113) **Salmerón, Luis A.**, *Victoriano Huerta y Félix Díaz*, Relatos e historias de México, año V, num. 54, pp 94 y 95

(114) **García Naranjo, Nemesio**, *La génesis de los cuartelazon, en Febrero de Caín y de metralla, de Antonio Saborit*, Editorial Cal y Arena, México 2013, pp 321-8

(115) **Taracena, Alfonso,** *Francisco I. Madero*. Biografía, Editorial Porrúa. México 1998

(116) **Zepeda Trejo, Valeria**, *Henry Lane Wilson y el derrocamiento del Presidente Madero*, ITAM México, 2018

(117) **Archivo de Colotlán, Jalisco,** *Biografía de Victoriano Huerta*, en http//www.colotan.gob.mx, julio 2012

(118) **Azuela, Mariano**. En periódico *Novedades*, 22 de febrero de 1945

(119) **Muñoz y Pérez, Daniel**, *Madero y Pino Suárez en Arnáiz y Freg, Arturo*, pag 113. Editorial MAPorrúa, serie La Historia, Cd de México 1963

(120) **Alonso Romero, Miguel**, *Madero y Pino Suárez en Arnáiz y Freg, Arturo*, pag 121. Editorial MAPorrúa, serie La Historia, Cd de México 1963

(121) **Osegueda, Rodrigo**, *¿Cuánto tiempo se necesita para cambiar la historia?* Wikipedia, leido el 05 de agosto 2019

(122) **Garro, Elena,** *Los recuerdos del porvenir*, Editorial Laurel de Joaquín Mortiz, 2da edición, México 1993

(123) **Luis Guzmán, Martín**, *A orillas del Hudson*, Editorial Andrés Botas e Hijo, México, 1920

(124) **Krauze, Enrique**, *Porfirio Díaz, Biografía del Poder Tomo I*, FCE, México 1987

(125) **González Bustos, Marcelo**, *Reflexiones sobre la Revolución de 1910, en Los Díaz sin tregua*. Universidad autónoma de Chapingo. México 1992.

(126) **Plascencia de la Parra, Enrique,** *El ejército mexicano durante la segunda guerra mundial*, pp 9-58. Editorial Siglo XXI/UNAM, Cd. Mx, México 2017

(127) **Fabela, Isidro.** *Madero, el inmaculado*, en *Excelsior*, 29 de febrero de 1962

drvelarde@gmail.com

CUARTELAZO Y TRAICIÓN

CRÓNICA DE UNA TRAGEDIA

trabajo documental de **Héctor Joel Velarde Mora**
se terminó de imprimir en mayo del 2022,
en los talleres de Ex libris

Teléfono móvil: +52 1 5584837044

www.ingramcontent.com/pod-product-compliance
Lightning Source LLC
LaVergne TN
LVHW091259150826
845673LV00006B/1473